VAN PRAAG

Achter de coulissen van het voetbal

Willem Vissers

Van Praag

Achter de coulissen van het voetbal

INSIDE

Omslagontwerp: Studio Wesseling
Omslagfoto: Studio Wesseling (naar idee van David Vissers)
Binnenwerk: Crius Group, Hulshout
Fotografie binnenwerk: archief Michael van Praag, Ajax, KNVB

ISBN 978 90 488 5500 1
ISBN 978 90 488 5501 8 (e-book)
NUR 491

www.overamstel.com

OVERAMSTEL
uitgevers

Inside is een imprint van Overamstel uitgevers bv

Voor Yvonne en Nicoline

Inhoud

Voorwoord Louis van Gaal

'Zeg Louis, zullen wij even een wandeling maken?'

Het is een vroege morgen in Izmir. En al is het januari, de temperatuur is aangenaam. Ajax is hier, het is net 1991, om na deelname aan een zaalvoetbaltoernooi in Istanbul ook nog een wedstrijd tegen Galatasaray te spelen. Michael van Praag, die nog niet zo lang voorzitter is van Ajax, maar als persoonlijkheid wel al een grote impact heeft, vraagt mij op de van hem bekende vriendelijke manier of ik, voordat we aanschuiven voor het gezamenlijke ontbijt, even een wandeling met hem wil maken… Dat is geen willekeurige, laat staan vrijblijvende vraag. Al ben ik nog niet zo lang als trainer bij de club in dienst, ik weet inmiddels wel dat Michael dat niet zomaar langs zijn neus weg zegt, er schuilt een bedoeling achter, de vraag is met charme geladen maar heeft tegelijkertijd iets indringends, helemaal Michael.

Nee is geen optie en bovendien vind ik zo'n ochtendwandeling helemaal niet verkeerd, zeker niet in de milde temperatuur van Izmir, waar je ook niet elke dag komt. Maar ik ben alert. Ambitieus als ik ben heb ik mijn zinnen gezet op een loopbaan als hoofdtrainer, ik voel dat ik daar klaar voor ben, maar bij Ajax lijkt die positie niet voor mij weggelegd. Leo Beenhakker is de hoofdtrainer, ik ben één van zijn assistenten. De drang om op eigen benen te staan is groot, en bij een aantal Nederlandse clubs heb ik gesolliciteerd. Tijdens de wandeling in Izmir blijkt Michael van Praag daarvan op de hoogte te zijn en hij spreekt mij daarop aan. Niet verontwaardigd of boos, nee, hij begrijpt mij wel, maar voorziet mij van een advies. "Blijf bij Ajax, Louis," zegt hij en zijn intonatie ontgaat mij niet. "Blijf bij Ajax, want wij (hij bedoelt het bestuur) zien in jou een toekomstig trainer van het eerste elftal, en dat kan sneller gebeuren dan jij nu denkt." De manier waarop Michael dat zegt, is voelbaar méér dan een vage voorspiegeling. Herkende hij mijn ambitie? Het is een boodschap, een duidelijke boodschap, gebracht in de aimabele verpakking die de man zo kenmerkt.

Ik staakte mijn sollicitaties. En inderdaad sneller dan ik, en wellicht zelfs Michael van Praag, had gedacht, werd zijn boodschap bewaarheid. Toen ik negen maanden na de wandeling eenmaal hoofdtrainer van 'mijn' club was, was het logisch dat mijn banden met de voorzitter nog meer werden aangetrokken. Ik leerde de mens Michael beter kennen en moest terugdenken aan de tijd toen zijn vader, de ook indrukwekkende Jaap van

Praag, voorzitter van Ajax was en tijdens de 'onderhandelingen' over mijn eerste profcontractje als voetballer mijn moeder volledig inpakte met zijn charmes. Die kwaliteit had Michael ook: charmant, elegant, maar zonder verlies van inhoud. Indien nodig ook doortastend, rechtlijnig en overtuigd van zijn inzichten.

Het is niet vanzelfsprekend dat een in de aard zakelijke band zich ontplooit tot vriendschap, maar in ons geval gebeurde dat wel. Ik kan volmondig zeggen dat Michael en ik vrienden zijn. Daar is meer dan een wederzijds vertrouwen voor nodig. Op belangrijke momenten in mijn leven heb ik ervaren dat Michael er voor mij was, vaak met een lach, soms met een traan. Meer nog dan als voorzitter of official heb ik hem ervaren als een hulp biedende en beschermende man. Een sprekend bewijs daarvan was de wijze waarop hij mij bij het overlijden van mijn vrouw Fernanda, in 1994, terzijde stond. Die situatie van een kansloos tegen de dood strijdende echtgenote én de waan van de dag van voetbal kon ik eigenlijk niet aan, en Michael nam een deel van de regie krachtdadig ter hand. Charme maakte plaats voor doortastendheid en wijsheid. Hij regelde de uitvaart, bood mij daarmee ruimte. Ik ben hem daar eeuwig dankbaar voor. Ook dat is de echte Michael, los van de charme en elegante uiterlijkheden: doortastend, veelzijdig en wijs, met aandacht en zorg voor de menselijke factor.

Goede wijn behoeft geen krans, zijn loopbaan als rasbestuurder spreekt voor zichzelf. Daarbij is het onvermijdelijk dat er ook weerstanden worden opgeroepen. Ook die zult u, naast de kroniek van de glorieuze momenten, in deze biografie tegenkomen. Wie een hoge boom wordt, weet dat hij veel wind zal vangen. Al ben je beminnelijk, dat wil niet zeggen dat je door iedereen wordt bemind. Michael van Praag is de hoge boom geworden, nationaal en internationaal. Met als gevolg dat hij naast lof en waardering ook de wind van oppositie ving. Maar hij heeft bewezen dat zijn kwaliteit, als bestuurder én als karaktervol mens, te diep geworteld is om zich uit het lood te laten slaan.

"Zeg Michael, zullen we eens..." Ik kan het niet met dezelfde aangeboren charme die Michael bezit zeggen, maar hij is een man met wie ik onveranderd en met groot plezier graag even een wandeling maak. Niet noodzakelijkerwijs om een boodschap uit te wisselen, maar als vrienden onder elkaar.

Louis van Gaal

VAN PRAAG

'Hij is echt van teflon'

Zij die het meest van hem houden, echtgenote Yvonne en dochter Nicoline, duiden Michael van Praag op verzoek in korte zinnen. Nicoline: 'Ik lijk heel erg op papa. Als hij ergens binnenkomt, valt het meteen op. Hij is aanwezig, rechtdoorzee. Lekker duidelijk. Hij denkt altijd aan een ander. Bij papa kun je altijd terecht. Iedereen. Het maakt niet uit. Voor alles. Hij houdt ervan mensen te leiden en te helpen.'

Yvonne: 'Hij is een helper. Hij heeft charisma. Dat vindt hij soms lastig. Hij zegt geregeld tegen me dat mensen op bijeenkomsten hem niet aanspreken, of niet durven aan te spreken, terwijl hij juist heel benaderbaar is. Door de wereld om hem heen hebben mensen een ander beeld van hem dan wie hij is. Hij staat klaar voor iedereen. Hij gaat de volle honderd procent voor iets, of het nu is om privé iemand te helpen of om het zakelijk goed te doen. Hij heeft een goed beeld van de wereld en is wars van corruptie, terwijl hij natuurlijk in een wereld zat... ik heb weleens gedacht: je bent als een Don Quichot die tegen windmolens vecht. Hij heeft juist geprobeerd zijn stempel te drukken en dat wordt niet door iedereen gewaardeerd. Dat is lastig. Maar als je kijkt naar de binnenwereld, op kantoor bij de UEFA bijvoorbeeld, daar hebben ze hem juist graag. Omdat hij een verbinder is en omdat ze weten waar hij voor staat. Hij gaat juist niet mee in machtsspelletjes. Je kunt alleen niet in je eentje opboksen tegen al die organen. Maar hij gaat ergens volledig voor.'

Nicoline: 'Dat is niet altijd goed, want hij cijfert zichzelf soms weg. Of hij wordt meegesleurd, en dan tast het zijn stemming aan. Dat heb ikzelf ook, dat je met die energie van een ander zit. Oh, ik zie zoveel van hem in mij terug. Qua uiterlijk ben ik mijn moeder, maar qua innerlijk honderd procent mijn vader. Dat is soms lastig.' Ze lacht: 'Voor mama. Die driftigheid, directheid, mensen willen helpen, niet tegen onrecht kunnen. Humor heb ik gelukkig ook van mijn vader.'

Yvonne: 'Hahaha.'

Zomaar, staccato, een dwarsdoorsnee van Michael van Praag, uitgesproken door zijn geliefden. Van Praag is bekend als bestuurder. Een rasbestuurder misschien. De ene mens wordt geboren als musicus, de andere als leraar of voetballer. 'Michael van Praag is geboren als bestuurslid,' zegt voormalig topvoetballer Ruud Gullit. 'Hij kon standpunten altijd zo mooi verwoorden.' Met een gulle lach: 'Ik zag hem altijd in het vliegtuig. Daar kwam ik hem het meest tegen. Echt een leuke vent.'

Michael is Michael, zeggen kennissen over Michael van Praag, in de zoektocht naar het karakter van de hoofdpersoon van deze biografie. Alsof ze willen zeggen: Michael van Praag (1947) is een aparte man. Aardig, sympathiek, empathisch. Wie hem niet goed kent, vermoedt arrogantie. Hij is een Ajacied immers, die eens zei dat een Ajacied nooit zijn jasje uittrekt bij een ruzie, en die voorstelde dat Ajax de koninklijke status verdiende als cadeau voor het eeuwfeest.

Een zelfverzekerde man, en anderzijds ook verlegen. Vroeger al helemaal, toen hij als adolescent bewonderend keek naar zijn vriend Johan Cruijff, hoe die meisjes inpakte en soms de tweede keus naar hem stuurde. 'Michael had het vaak net niet,' zegt zijn zus Peggy. 'Als iedereen op een zwarte Puch met een hoog stuur reed, kwam hij aanzetten op een witte Puch met een laag stuur.

'Abe Meijer, in de musical bij het eeuwfeest van Ajax, dát is Michael van Praag,' stelt sportverslaggever en presentator Tom Egbers. In een zelfgeschreven lied speelt Van Praag een Joodse vader met een pasgeboren zoon. Hij hoopt dat het kind furore zal maken bij Ajax. Dat is belangrijker dan een studie. Dat is dus Van Praag: zingen, muziek maken, aanhankelijk zijn aan de Joodse identiteit. Hij is volgens de Joodse wetten geen Jood, hoewel hij het graag had willen zijn. Van Praag mag het graag ontkennen, maar volgens vrienden heeft hij zijn vader Jaap in alles willen overtreffen. Ook die was voorzitter van Ajax, ook die was zakenman. Ook die trouwde meermaals. Zijn vader vier keer, hij zelfs vijf keer.

Van Praag - Achter de coulissen van het voetbal, heet dit boek. Michael van Praag was een belangrijk bestuurder, bij Ajax, bij de KNVB en bij de UEFA. Eind 2019, bij zijn afscheid van de KNVB in de Johan Cruijff Arena, was zelfs voorzitter Gianni Infantino van de FIFA ingevlogen met een privéjet om de loftrompet over hem te steken en om hem te bedanken. 'Zonder Michael was ik nooit president geweest,' beweerde hij. 'Michael zei in 2014 in Sao Paulo wat wij allemaal dachten.' Infantino doelt op een toespraak waarin Van Praag president Blatter dringend vroeg af te treden in 2015, om de FIFA niet nog meer schade te berokkenen dan al was gebeurd. Infantino: 'Velen vroegen Michael om niet te spreken. Dat deed hij toch.'

Zijn loopbaan als bestuurder begint stormachtig. Als vrijwel onbekende is hij in 1989 opeens voorzitter van Ajax. David Endt, destijds perschef: 'Ik wist helemaal niet dat Jaap ook nog een Michael had. Pamela en Beryl, zijn halfzussen, die kende ik goed. Michael was een verrassing als verschijning. Maar het college met Uri Coronel en Arie van Os manifesteerde zich.

Het was een welkome frisse wind die woei. Michael speelde daarin de hoofdrol, omdat hij van nature graag de leider wil zijn. Dat is een capaciteit. Hij was het boegbeeld. Hij had ook de naam mee. Die refereerde aan Jaap, en die stond voor het gouden Ajax van de jaren zeventig. Het was de wens van het Ajax-volk dat de aanstelling van Michael een omen was voor de terugkeer naar de top. Alleen al door zijn naam behoorde hij bij onze bloedgroep. Hij benutte dat sentiment.'

Frits Barend, sportjournalist: 'Michael heeft met Uri Coronel en Arie van Os de voorwaarden gecreëerd waardoor Ajax kon terugkeren aan de wereldtop.' David Endt: 'Hij was charmant, attent, welbespraakt en doortastend. Hij was ook een toneelspeler, iemand die van de bühne hield. Hij wist het nieuwe elan goed te verpakken en te verkopen, kon luisteren en een ander op zijn gemak stellen. Hij volgde zijn eigen koers. Om zijn ambitie waar te maken, kon hij ook weleens misleiden. Hij kon met de F-side in gesprek gaan, zodat de supporters dachten: eindelijk een luisterend oor. Maar uiteindelijk kwam van sommige beloftes weinig terecht. Door supporters is dat soms als pijnlijk ervaren. Dat was zijn schaduwkant. Daartegenover hing een overweldigende gloed van energie, van sfeer creëren. Kijk hoe hij zijn voeten neerzet, een beetje naar buiten gedraaid. Hij loopt rechtop. Bij de eerste indruk denk je: hier staat iemand met zelfbewustzijn, iemand die de wereld aankan. Dat hoort ook bij Ajax, en dat neigt soms naar arrogantie. Soms ís het ook arrogantie. Ik heb met hem vaak gesproken over het woord arrogantie. Ik vond dat hij dat nooit mocht gebruiken. Vertaal het maar naar zelfbewustzijn. Met het woord arrogantie geef je de ander een wapen in handen om je aan te vallen. Hij weet dat hij die uitstraling van arrogantie soms heeft, al zal hij nooit van zichzelf zeggen dat hij arrogant is.

Een loopbaan als bestuurder in het voetbal is nu voorbij, na ruim 30 jaar. Van Praag zal inderdaad nooit zeggen dat hij arrogant is. Hij kan leven met de betiteling dat hij soms naïef is geweest, in zijn Twittergedrag bijvoorbeeld. Hij noemt zichzelf graag een verbinder. Als 'on-Nederlands' charmant, zo omschrijft secretaris-generaal Gijs de Jong van de KNVB hem. 'Daarom heeft hij het internationaal ook zo goed gedaan. Hij onthoudt van mensen of hun hond overleden is, of hun vrouw ziek is. Je hebt echt contact met hem. Michael heeft oog voor iedereen, zodat iedereen denkt: hé, ik word gezien. Zo zijn wij Nederlanders gemiddeld niet. Wij kijken vooral naar de agenda en naar wat iemand goed of fout doet.'

Van Praag is een echte bestuurder. Hij houdt van het spel, van dineren en van de wandelgangen, van een praatje hier en een arm om een schouder daar. Gijs de Jong: 'Iedereen in het voetbal weet dat deals niet altijd in de vergadering worden gesloten, maar daarbuiten. Michael beheerst dit spel. Door hem snappen we dat bij de KNVB. We moeten ergens zíjn. Dat heeft hij telkens aangegeven. Voor het binnenhalen van een toernooi heb je ook de gunfactor nodig. De clubs in Nederland verweten hem soms dat hij te weinig voor hun belangen opkwam, maar Michael heeft echt veel betekend voor het Nederlandse voetbal, voor Ajax, voor de bouw van de Arena, voor de KNVB en voor de UEFA. En dat terwijl hij helemaal geen echte voetballiefhebber is. Hij vindt voetbal best leuk, maar alles daar omheen is veel interessanter. Hij kan rustig een halve wedstrijd naar zijn telefoon kijken.'

Van Praag is graag een goede gastheer. In maart 2020, kort voor de uitbraak van de coronapandemie, houdt de KNVB een congres in de Beurs van Berlage, met een optreden van illusionist Hans Klok, die Van Praags opvolger Just Spee even wegtovert. Op zo'n avond loopt Van Praag geregeld langs de tafels, of iedereen het naar de zin heeft. Hij staat de hele dag op Schiphol om alle gedelegeerden welkom te heten in Nederland. Hij probeert charmant en empathisch te zijn. Alleen als hij dat nodig acht, wordt hij boos. Echt boos. Dan is hij bikkelhard, zonder aanzien des persoons. Hij pakt als enige Sepp Blatter aan, omdat die volgens hem moet opstappen wanneer de FIFA snel aan populariteit inboet.

Hij kent zijn mindere punten. Zijn gedrag op social media bijvoorbeeld. Hij fabriceert soms niet-begrepen tweets, over een 'indrukwekkend' stadion in Bakoe, terwijl het nog helemaal leeg is. Hij hóúdt gewoon van de aanblik van een leeg stadion – al mist hij dan even de context. Er is in die tijd veel te doen om de finale van de Europa League, omdat supporters van Arsenal en Chelsea helemaal naar Azerbeidzjan moeten reizen, voor veel geld. Of hij doet een uitspraak over het jammerlijk verdwijnen van Fortuna Sittard uit het betaald voetbal, terwijl Fortuna nog gewoon bestaat. Die uitspraak noemt hij later een black-out.

Tijdens een top in Istanbul, in het chique Shangri La Hotel, met bestuurders onderuit hangend in luie stoelen in een gouden omgeving, twittert hij dat wij in Nederland niet zo moeten zeuren over de VAR, terwijl de meesten 'hier' niet eens geld hebben voor ballen en voetbalspullen. De wereld valt over hem heen, terwijl zijn bedoeling juist goed is. Want een deel van de wereld moet het inderdaad met weinig doen. Het is begrijpelijk om voor zo'n probleem aandacht te vragen, maar die roep past niet bij de geplaatste foto van onderuitgezakte bestuurders. Directeur Pieter de Waard van Telstar, die geregeld botste met Van Praag, kan hem ook uitvoerig prijzen: 'Heel Nederland rolt dan over hem heen, terwijl hij net als Trump nog meer kolen op het vuur gooit. Het is soms beter een fout te erkennen.'

Op dezelfde dag van de foto uit het Shangri La Hotel, eten de bestuurders bij Salt Bae, de bijnaam van de beroemde kok Nusret Gökçe, waar je een 'gouden' biefstuk kunt eten. Van Praag weet helemaal niet hoe beroemd die kok is met wie iedereen op de foto wil... Hij stuurt een foto naar zijn dochter.

Nicoline reageert: 'Wát... ben jij bij de *salt man*?' Dan denkt Van Praag: toch even een foto posten op social media. Opgeteld bij de foto van eerder die dag, kan hij al vermoeden dat hij nog meer lieden op de kast zal jagen. Dat doet hij dan expres, omdat in hem soms ook de provocateur schuilt.

Hij is gewoon rechtstreeks, eerlijk en integer. De Waard: 'Michael heeft een goede inborst. Ik vind hem een geweldige vent die je af en toe achter het behang wilt plakken. Andersom had hij dat ook met ons. Ik heb met hem zeer openhartige, warme gesprekken gevoerd over de belangrijke zaken des levens. Geen praatje pot. Dat is dan meer een verbond van vrienden dan van voetbalvrienden. Hij is echt een man van niveau. Zelfs als je vlammende ruzie met hem hebt gehad, kan hij later weer normaal doen. Dat is echt klasse die je niet vaak treft in het voetbal.' Gijs de Jong: 'Toen ik tijdens de bestuurlijke crisis in het gedrang kwam bij de KNVB, waren er weinig mensen die me belden. Maar hij wel. Zo van: dit laat ik niet gebeuren. Dan maakt het niet zoveel uit of hij dat kan waarmaken.' Wanneer Johan Derksen bij een val van de trap zwaar gewond raakt, is Michael van Praag de eerste die hem belt, vertelt Derksens dochter Marieke, terwijl de tv-persoonlijkheid geregeld verbaal uithaalt naar de bestuurder.

Van Praag kan ontzettend boos zijn en zijn kwaadheid snel weer vergeten. Directeur Hans Nijland van FC Groningen belt een keer naar Gijs de Jong, midden in de nacht. Nijland is woedend. Een wedstrijd moet van het programma. De Jong noteert de bezwaren en schrijft een mail aan Van Praag en directeur betaald voetbal Bert van Oostveen. Een tijd later treffen Van Praag en Nijland elkaar toevallig in München, bij een wedstrijd van Bayern. Van Praag negeert Nijland totaal, nadat hij hem eerst de oren wast over zijn gedrag. De Jong: 'Michael kan heel boos zijn, maar op een gegeven moment is het klaar. Dan gaat hij gewoon naar Nijlands afscheid. Ik houd daar wel van. Hij heeft dat sterk: je moet verder, zonder haatdragend te zijn. Iedereen in het bondsbureau zal hem attent noemen en vriendelijk. Hij koopt een kaartje en gaat kijken bij het amateurkoor van Barbara Nierkens, de assistent van de voorzitter. Dat vindt hij mooi.'

De voormalig directeur van Ajax, Arie van Eijden, zit in de selectiecommissie voor de opvolger van Van Praag als voorzitter van de KNVB. Van Praag komt langs, in de Koninklijke Loge bij Ajax. Van Eijden: 'Michael zei eerst dat we aan een vrouw moesten denken. Daarna aan iemand met een migratieachtergrond. Dat zou goed zijn. Ik zei: laten we gewoon eerst kijken naar kwaliteit. Als die vergelijkbaar is, zien we wel. Hij wil dan de eerste zijn die zoiets brengt. Michael is aardig en charmant. Michael is Michael. Je kunt niet boos op hem worden. Hij is kleurrijk, mede door zijn opvoeding. En hij is kort van memorie, althans als het over details gaat. Hij zegt algauw: dat weet jíj wel. Dat is knap, kunnen delegeren.'

Bert van Oostveen, voormalig directeur van de sectie betaald voetbal van de KNVB: 'We hebben lang en intensief samengewerkt. We waren complementair. Hij heeft dingen die ik niet kan, en ik heb dingen die hij niet kan. Zonder dat we dat naar elkaar uitspraken, respecteerden we dat. Zonder duidelijke rolverdeling. Hij is een van de laatste der Mohikanen. Hij is, zonder dat hij heel erg op de inhoud zit, in staat om er te staan als het moet. Of dat nu gevoel is, geluk of wat dan ook. Hij weet wanneer hij moet blijven zitten, maar ook wanneer hij moet opstaan. De inhoud en de strategie lagen wat meer op mijn bord, maar hij kon het honderdduizend keer beter verkopen dan ik. Ik heb hem dingen horen verkopen op een manier waarvan ik wist dat het anders in elkaar zat. Zo overtuigend, dat ik het zelf begon te geloven. Hij kan een leugentje verkopen met flair en verve, zodat niemand het in twijfel durft te trekken. Dat is een kwaliteit. Wat ze van Mark Rutte zeggen, geldt ook voor hem. Hij is echt van teflon. Alles valt van hem af. Een voorbeeld: hij was tot op het bot beledigd door John Delaney uit Ierland, bij de verkiezing van het voorzitterschap van de UEFA. Michael nam het op tegen de latere winnaar Aleksander Ceferin. Delaney zei: "I vote for you, Michael," maar de eerste die achter Ceferin aanrende, was Delaney. Dus Michael boos, die relatie stond op scherp. Maar dan neemt hij drie maanden later het vliegtuig naar Dublin voor een ontbijt met Delaney, en dan is alles weer koek en ei. Dat is knap. Hij is realist genoeg om te weten hoe de hazen lopen. Hij is ook een overlever. Dat is inherent aan de wereld waarin we zitten.'

David Endt: 'Ik vind het opvallend dat hij prikkelbaarder wordt sinds hij terrein prijsgeeft. Dat hij niet meer de natuurlijke macht heeft van: oh, dit waait wel over. Er zijn mensen die hem graag zien vallen. Daarvan moet je je bewust zijn. Het mag geen verrassing zijn dat velen op Twitter geen consideratie tonen. In algemene zin heb ik glorieuze jaren met hem meegemaakt en schaduwpunten gezien. Dat hoort bij ieder mens. Alleen: hij staat in het licht, en dan zie je de schaduw sneller.

'IJdelheid is ook een onderdeel van zijn persoonlijkheid. Daarmee is hij opgegroeid. Dat is niet per se een negatieve kwalificatie. Zijn rol was om de charmante, innemende, verbindende persoonlijkheid te zijn, maar hij hoorde ook graag dat hij het goed had gedaan. Hij was ook bezig om zichzelf te profileren. Maar als ik alles op een weegschaal leg, is het aandeel van hem en zijn college bij de herrijzenis van Ajax enorm geweest.'

Endt herinnert zich het staafincident, wanneer het bestuur bij Ajax net is aangetreden. Een supporter raakt doelman Franz Wohlfahrt van Austria Wien met een staaf, gegooid vanaf de tribune. De Europese wedstrijd wordt gestaakt. 'Iedereen voelde: dit gaat helemaal fout. Jan Wouters had de staaf aan de zijkant gegooid. Ik liep weg met die staaf, ook omdat ik dacht: dat is straks erfgoed. In het halletje bij de kleedkamers nam Michael die staaf meteen van me over. Hij liep te bemiddelen, met die staaf. Bijna als een scepter droeg hij die staaf mee. Hij had iets heel directs. Zo van: hé, dit is een belangrijk moment, nu moeten we het juiste doen en zeggen.'

Gijs de Jong: 'In Nederland bestaat veel waardering voor dossierkennis, en minder voor de man of vrouw daarbuiten. Maar die man of vrouw is in het buitenland veel belangrijker dan de kenner van dossiers. Dossierkennis is iets voor Noord- en West-Europa. In België al niet meer. Daar willen ze gewoon gezellig eten. Michael beheerst het spel en begrijpt waar de principiële punten liggen. Als de Bert van Oostveens en Mark Boetekezen (KNVB-jurist) zeggen dat iets niet kan, doet hij dat tóch. Hij toont dan lef en laat hij zich niet tegenhouden. Zolang hij overtuigd is van de juiste weg, gaat hij door. Hij durft, als een van de weinigen, zich ook te mengen in het publieke debat. Ik ben met hem bij de burgemeesters Cohen, Van der Laan en Halsema geweest. Hij kent ze allemaal en zij kennen hem. Hij kan iedereen bellen. Hij kwam overal. Ze noemen hem overal nog president. Hij was immers voorzitter van Ajax en van de KNVB, ten tijde van de tweede en derde plaats op het WK.'

FIFA (I)

'Doe het niet Sepp, stel je niet herkiesbaar'

In Sao Paulo, op 11 juni 2014, aan de vooravond van het WK in Brazilië, staat Michael van Praag op tegen Sepp Blatter. Het gaat slecht met de wereldbond. Corruptie is overal. Blatter is voorzitter sinds 1998. Al is hij zelf nooit veroordeeld, hij is het symbool van de slechte reputatie van de FIFA. En de Zwitser is niet weg te krijgen van het pluche. Hij kan niet zonder de FIFA. Het liefst zou hij slapen in zijn kantoor – op momenten dat hij níét over de wereld reist.

In 2011, voor het congres van de FIFA in Zürich, wil de KNVB al van hem af. Michael van Praag: 'Wij wilden niet voor zijn herverkiezing stemmen.' Overleg volgt met het bondsbestuur. 'De FIFA was in de ogen van de mensen synoniem voor corruptie. We hadden een lijstje met veertien hervormingsplannen.

Dat ging van transparantie tot een andere manier van kiezen van bestuursleden. Wij zitten dus op dat congres, met directeur betaald voetbal Bert van Oostveen, secretaris-generaal Harry Been en ik als bondsvoorzitter. Sepp hield daar een toespraak waarin hij allerlei hervormingen aankondigde. Elf daarvan stonden ook op ons lijstje. En hij beloofde dat het zijn laatste termijn was. Wij keken elkaar aan. Als dit nu zijn laatste termijn was en Sepp was bereid elf van onze veertien punten aan te nemen, waarom zouden wij dan tegenstemmen? Dan maakten we ons impopulair, ook bij de Afrikanen bijvoorbeeld.'

De Nederlandse delegatie overlegt met het thuisfront en besluit alsnog op Blatter te stemmen. 'Alle ogen van de media waren op ons gericht. De mening bij de media, bij de supporters, bij iedereen eigenlijk, was duidelijk: Blatter moest weg. Na terugkomst uit Zwitserland moesten we alles uitleggen, want ons besluit werd verdeeld ontvangen. Sepp begon met zijn hervormingen, maar de corruptie bleef.'

Toenmalig directeur betaald voetbal Bert van Oostveen brengt een nuance aan in de woorden van Van Praag: 'De discussie was niet zozeer: op wie moeten we stemmen, want er viel niets te kiezen. Er was maar één kandidaat: Blatter. We zaten daar een beetje als klapvee in de zaal. Toen maakten we met een aantal andere bonden, ik noem het maar het meer fatsoenlijke deel van de UEFA, een afweging. We konden opstaan, blanco stemmen en daarmee een deel van de UEFA isoleren, en dan kwamen we nog meer op achterstand te staan. Of we realiseerden ons dat we toch met hem te maken hadden, hoe we ook stemden. We probeerden hem daarom harde toezeggingen te laten doen op bepaalde punten in zijn hervormingsprogramma. Het was een duivels dilemma. We kenden de opinie in Nederland, inclusief de anti-Blatter stemming. Terwijl het lastig is voor een groot publiek uit te leggen hoe de internationale voetbalwereld in elkaar steekt. De makkelijkste boodschap was geweest: zoek het maar uit en we gaan oppositie voeren. Daarvoor kozen we niet. De andere oplossing was ingewikkeld, omdat die zo moeilijk was uit te leggen. Het Nederlandse volk vrat dat niet. Delen van zijn plan zijn toen uitgevoerd, maar niet met de gevraagde snelheid en urgentie. Onze voorwaarde was overigens wel dat het klaar zou zijn met Sepp in 2015, en liefst eerder. Geen grappen met een herverkiezing.'

Terug naar het congres aan de vooravond van het WK van 2014, in Sao Paulo. Van Praag: 'In de wandelgangen hoorde ik dat Sepp weer van plan was zich kandidaat te stellen in 2015, terwijl hij in 2011 had toegezegd dat het zijn laatste termijn was. Als hij zijn belofte verbrak, konden wij ons naar de buitenwereld toe echt niet meer vertonen. Dan was al onze geloofwaardigheid weg. Ik dacht: verdomme, hier moet ik een stokje voor steken. Hij belazert ons.'

Op 9 juni meldt Van Praag aan de toenmalige directeur nationale bonden van de UEFA, Theodore Theodoridis, dat hij het woord wil voeren als hij het vermoeden heeft dat Blatter zich herkiesbaar stelt. Voor elk congres houden de continentale bonden een onderlinge vergadering. Gebruikelijk is dat ook de voorzitter van de FIFA even langskomt bij die vergaderingen en een praatje houdt. Die vergaderingen van de confederaties zijn zo gepland, dat de voorzitter ze allemaal kan bezoeken. Het overleg van de UEFA is op 10 juni in Sao Paulo.

Van Praag: 'Ik zei ook tegen Michel Platini, de voorzitter van de UEFA: "Als Sepp zich tijdens onze vergadering meldt, of zelfs alleen maar hint dat hij zich nog een keer herkiesbaar stelt, moet je mij het woord geven, en liefst voordat Greg Dyke het woord krijgt." Dyke was destijds de voorzitter van de Engelse voetbalbond. Een straatvechter eerste klas. Die ging er met gestrekt been in, met messen aan de schoenen. Als ik na hem aan het woord zou komen, had niemand meer willen luisteren naar mijn argumenten.' Zo gezegd zo gedaan. Het vermoeden van Van Praag komt uit. Blatter overweegt zich weer herkiesbaar te stellen in 2015, zo blijkt uit zijn toespraak tot de UEFA. Het is verder geen bijzondere speech. Een beetje standaard: de UEFA is zo mooi en zo belangrijk. Van Praag: 'Ik stak dus meteen mijn vinger op en Platini gaf mij het woord.'

'Ik zeg: "Sepp, je moet de groeten van Yvonne hebben." Hij kent mijn vrouw goed. Ik wilde het verhaal persoonlijk maken. Dat we hem allemaal heel graag mochten, maar dat mijn advies persoonlijk was. Het advies om geen kandidaat meer te zijn. En waarom? Vanwege de belofte dat het de laatste keer was geweest. Ik verzekerde hem dat hij met pek en veren door de zijdeur zou afgaan, omdat hij zijn geloofwaardigheid kwijt was. Hij hoefde alleen maar op social media te kijken. Ik zei dat ik hem veel te graag mocht om dat te laten gebeuren. Doe het niet Sepp, stel je niet herkiesbaar, was de boodschap.'

Blatter trekt volgens Van Praag wit weg, met de mondhoeken naar beneden gekruld, maar hij houdt zich groot. Van Praag: 'Wolfgang Niersbach stond op, de toenmalige voorzitter van de Duitse voetbalbond. Hij zei: "Dames en heren, we mogen Michael dankbaar zijn. Hij verdient een applaus. Hij heeft op een keurige en discrete manier gezegd wat wij allemaal denken." Enkele oudere bestuursleden vonden mijn speech een schande. Sepp was toen inmiddels vertrokken, zwaar beledigd als hij was. Vooral door Greg Dyke denk ik, want die herhaalde ongeveer wat ik had gezegd, maar dan in wat andere bewoordingen. Mijn woorden waren niet leuk, maar wel beschaafd. Ik hield een goed gevoel over aan mijn speech, hoewel de boodschap voor Sepp niet leuk was.'

Sepp Blatter trekt zich formeel overigens weinig aan van de kritiek. Hij meldt op een persconferentie dat hij zwaar beledigd is. Dat hij dit nog nooit heeft meegemaakt. Dat hij is geschoffeerd. In Nederland krijgt Van Praag waardering voor zijn optreden, al is het maar omdat vrijwel iedereen vindt dat Blatter moet vertrekken. 'Ik was best een beetje trots. Tot op de dag van vandaag krijg ik te horen dat ik de enige bestuurder in de wereld was die tegen Sepp Blatter is opgestaan. Niemand durfde. Ik heb daar verder niets aan, maar op een of andere manier krijg ik nog steeds waardering.'

Per mail, en later in een telefoongesprek, kijkt Blatter terug op die tijd rond het congres in Brazilië. Of hij boos was? 'Ik was eerder verrast dan boos. Ik had nog helemaal niet besloten kandidaat te zijn. Die beslissing nam ik pas definitief op het eind van 2014, tijdens het WK voor clubs in Marokko. Michel Platini liet daar weten dat hij geen poging zou doen president te worden in 2015. Daarom kreeg ik de vraag van voorzitters van verschillende confederaties of ik me opnieuw kandidaat wilde stellen. Dat heb ik toen uiteindelijk gedaan, officieel in februari 2015, waarbij ik me ook verzekerd wist van de steun van een aantal Europese bonden.'

De aanval van Van Praag blijft ook niet helemaal zonder gevolgen, zelfs tijdens dat voor Nederland zo succesvolle WK, afgesloten met de derde plaats. Bert van Oostveen: 'Het was complex. De aanval werd breed gedeeld. Daarvoor werd Michael uitgebreid geprezen, al bracht hij mij in een moeilijke positie. Ik had als delegatieleider van het Nederlands elftal te maken met de FIFA. Vanaf onze eerste wedstrijd op het WK, Nederland-Spanje, bemerkte ik een enorme aversie vanuit de FIFA. Dat werd me in een onderonsje al bevestigd door Jérôme Valcke, de secretaris-generaal. Dat gevoel haalde ik nog sterker uit de houding van Ángel Villar, de voorzitter van de Spaanse voetbalbond en prominent fan van Blatter. Die 5-1 was daarom lekker, ook politiek gezien. Bij onze wedstrijden kwam telkens een lage bestuurlijke vertegenwoordiging van de FIFA kijken. Blatter heeft zich tot de wedstrijd om de derde plaats tegen Brazilië niet laten zien bij ons. Hij was volgens mij niet eens bij de halve finale tegen Argentinië. En er was tegenwerking. We kregen slechtere kaarten. Geen extra kaarten. We moesten in verhouding veel in het uitshirt spelen, wat slecht was voor de internationale verkoop van het Oranjeshirt, en ga zo maar door. Het sterkst was dat gevoel in de wedstrijd tegen Costa Rica, de kwartfinale. Kantje boord, met die strafschoppen. Ik ben van het ereterras weggelopen om mezelf in bescherming te nemen. Er hing een enorme anti-KNVB-sfeer, bij iedereen die bij de FIFA hoorde.'

Van Oostveen: 'Wij Nederlanders vonden dat zo'n aanval van Michael moest kunnen. Het buitenland ervoer dat als gestrekt been. In die wereld wordt de directe confrontatie niet gezocht, maar word je stilletjes tegengewerkt. Je ziet zoiets dan terug in scheidsrechtersaanstellingen, of in de toewijzing van finales, posities in commissies. Zijn idee om op te staan is volgens mij toen spontaan ontstaan. Het was ook geen uitgedokterde strategie. Sterker nog: ik was er niet bij. In mijn optiek was het een spontane opwelling van Michael. Het was in elk geval niet uitvoerig besproken vooraf. Het congres was bedoeld als een kabbelende bijeenkomst. Vandaar ook dat ik al in Salvador zat, bij het Nederlands elftal. Maar zijn irritatiegrens was blijkbaar hoog. Zijn geluid was goed en het beschreef een van zijn markantste periodes als bestuurder, zeker internationaal gezien.'

'Het grappige was: Michael ging na de halve finale naar huis. Ik deed de wedstrijd om de derde plaats tegen Brazilië, en daar was Sepp. Wij wonnen met 3-0. Daar merkte ik nervositeit bij Sepp. Op een gegeven moment, in de lift naar beneden, hoorde je al gefluit uit het stadion, voor hém bestemd. Ik had ook weer ontzettend met hem te doen. Tegelijkertijd paste dat beeld perfect bij iemand die vijf jaar te lang was doorgegaan. Later dat jaar vierden we het 125-jarig bestaan van de KNVB, met een afsluitend diner in een tent naast het Olympisch Stadion. Michel Platini, de voorzitter van de UEFA, en Blatter waren allebei te gast. Hij kwam dan wel, Blatter, ondanks de ruzie eerder. Het was nog wel een gezellige avond. De onderlinge verhoudingen waren niet slecht, als het niet zakelijk was.' Op die dag, op 12 december, vertelt Blatter in de auto overigens aan Van Praag dat Amerikaanse justitie onderzoek doet naar het reilen en zeilen bij de FIFA.

Bij Van Praag leeft al sinds zijn actie voor het WK het besef dat het niet goed is voor de KNVB om een slechte verhouding met Blatter en de FIFA te houden. Van Praag wil hem een brief sturen, met een welgemeend advies, doch vinnig, zelfs venijnig van toon. Nu stelt hij: 'Als ik deze brief had verstuurd, was het alleen erger geworden.' Van Oostveen, onderkoeld: 'Het niet versturen van die brief is een verstandig besluit geweest. Laten we het daarop houden. Tegelijkertijd gaf die originele brief het onderbuikgevoel weer. Kijk, er waren maar vier mensen bij de KNVB die de wereld van de FIFA een beetje snapten. Michael voorop, zijn manager communicatie en officiële afgevaardigde bij FIFA- en UEFA-congressen Renske Bruinsma, voormalig secretaris-generaal Harry Been en ik. Michael was vaak wat leniger dan ik. Hij zei dan: ach, laat toch gaan, terwijl ik me vreselijk kon ergeren aan zaken. Zo van: waarom willen we dit? Wat heeft dit met voetbal te maken? Ik heb mij altijd enorm geërgerd aan de onechtheid van die wereld.'

Dit is de brief aan Blatter, in vertaling. De brief die dus nooit is verstuurd, omdat Van Praags assistente, Renske Bruinsma, het schrijven 'censureert' voordat Van Praag op de verzendknop drukt. Bruinsma: 'Ik zei tegen Michael: "Die brief is heel leuk om te lezen, maar ik zou hem niet sturen." Maar de strekking blijft hetzelfde. Heel geestig.'

Geachte Sepp,

'Na het congres gaf je een persconferentie. Ik hoorde je zeggen dat je meerdere tikken kreeg tijdens de vergadering van de UEFA voor het congres. Nog nooit in je hele leven had je zo'n gebrek aan respect ervaren.
Natuurlijk begrijp ik dat mijn woorden onverwacht kwamen en dat je overrompeld was. Misschien werd je

zelfs boos en opgewonden, wat resulteerde in een situatie waarin niet alles wat ik zei goed is overgekomen. Daarom schrijf ik deze brief, om mijn standpunt te verduidelijken, want het was niet mijn bedoeling je aan te vallen. Integendeel. Ik ben achteraf geprezen voor de manier waarop ik tot je sprak, kalm en met waardigheid.

Laat me allereerst stellen dat ik je aardig vind. Ook mijn vrouw is gesteld op jou. Daarom wilde ik je proberen te beschermen voor iets dat ongetwijfeld zou gebeuren na je aankondiging opnieuw voor het presidentschap te gaan, aangezien je van gedachten bent veranderd.
Sepp, de president van de FIFA is een uitvoerend president, wat betekent dat hij de volledige en finale verantwoordelijkheid draagt voor alles wat er gebeurt bij de FIFA. In de meeste gevallen neemt de president de uiteindelijke besluiten. Ik weet ook dat je soms beslissingen neemt zonder de EXCO (het bestuur) te raadplegen. Deze verantwoordelijkheid betreft de goede en de kwade zaken, zoals ik dat in mijn speech heb aangehaald.
Nou, gedurende de laatste zes, zeven jaar is de goodwill en reputatie van de FIFA ingestort. Het punt is bereikt dat, als de naam FIFA ook maar wordt genoemd, de link wordt gelegd met omkoping, corruptie, old boys network, dictatoriaal gedrag, et cetera. In de afgelopen jaren is van bestuursleden bewezen dat ze corrupt waren. Ze zijn verdwenen. Sommigen is (tijdelijk) het lidmaat-

schap van de FIFA ontnomen, anderen zijn geschorst voor het leven. Jij bent niet persoonlijk betrokken, dat weet ik, maar je draagt wel de verantwoordelijkheid voor dit alles, Sepp. Sorry dat ik het zeg.

O ja, er zijn afgevaardigden uit landen die niets geven om dat alles en die je als schapen zullen volgen. Maar als je kijkt naar #Blatter of #Fifamaffia op Twitter of op Facebook, zul je merken dat miljoenen mensen een hekel hebben aan de FIFA en aan jou, vanwege de lelijke reputatie die in de afgelopen jaren is opgebouwd. Ze zien jou simpelweg als de personificatie van de FIFA en zijn slechte reputatie. En terecht: als uitvoerend president ben jij ook verantwoordelijk voor de naam die de FIFA tegenwoordig heeft, en voor de slechte reputatie, de geloofwaardigheid en betrouwbaarheid. Of je dat nou leuk vindt of niet.

Dat hangt nu eenmaal samen met de baan, zelfs als je persoonlijk niet betrokken bent bij bepaalde zaken. Wat ik niet zei tijdens de vergadering, maar wat ik nu wel wil noemen is het volgende: de FIFA moest 80 miljoen euro betalen als compensatie aan MasterCard (voor een conflict over sponsorrechten tussen MasterCard en Visa). Iedere president van elke organisatie zou daarvoor zijn ontslagen. Je kunt het vergelijken met een minister in een kabinet. Als iets slechts gebeurt op zijn departement, zelfs als hij daarvan niets weet, is hij verantwoordelijk en bestaat de kans dat hij moet vertrekken.

Hetzelfde geldt voor de president van de FIFA, of die nu Blatter heet of Meneer X.
Verder maak je het niet makkelijk voor jezelf. Voortdurend vernietig jij je persoonlijke geloofwaardigheid. Je imiteert Ronaldo. Je herdenkt Nelson Mandela met elf seconden stilte. Je spreekt ter gelegenheid van het 125-jarig bestaan van de FA een vreselijke speech uit. Opeens verklaar je dat de keuze voor Qatar een fout was. Om een paar voorbeelden te noemen.
Ja, je geeft leiding aan de hervormingen bij de FIFA die op dit moment plaatsvinden. Maar dat zijn hervormingen die noodzakelijk waren door gebeurtenissen in de afgelopen jaren, de jaren dat jij kantoor hield, de jaren dat jij de eindverantwoordelijkheid droeg. Dat is gek, zo niet te zeggen onacceptabel.

Dus als de FIFA en jijzelf echt schoon schip willen maken, als de FIFA en jij echt al deze hervormingen willen doorvoeren, moet dat worden gedaan door een nieuweling, en niet door de huidige president die verantwoordelijk is voor de neergang van de reputatie van de FIFA. Je hebt simpelweg niet meer de geloofwaardigheid en betrouwbaarheid om dit te doen, Sepp. Dat is jammer, maar het is de waarheid. Daarom adviseerde ik jou geen kandidaat meer te zijn. De ontwikkelingen binnen de FIFA zullen de komende jaren stagneren als jij president blijft. Ik wil niet dat dat gebeurt.

En dan is er nog iets anders dat me reeds opviel in Mauritius, en tijdens het congres in São Paulo was het nog erger.
Je begint langzamer en langzamer te praten, je begint zaken te herhalen, je hebt vaak hulp nodig van Jérôme (Valcke, de toenmalige secretaris-generaal; *red.*) om erachter te komen bij welk agendapunt we zijn. Je haalt steeds vaker zaken door elkaar. Je presidentiële speech bestaat uit woorden zonder betekenis of boodschap. Tijdens een serieus congres maak jij opmerkingen over voetbalwedstrijden op andere planeten.
En dan nog iets over de manier waarop je het congres afsloot, Sepp. Eerst nog eens herhalen hoeveel extra geld bonden en federaties zullen ontvangen, en dan snel toevoegen dat het jouw missie is om niet te stoppen maar bij ons te blijven in de toekomst. Geen wonder dat je applaus krijgt. Het was een droevig optreden.

Om alles samen te vatten:
Als je volgend jaar zou opstappen, zou je de FIFA verlaten met je hoofd omhoog, door de voordeur. Je zou de geschiedenis ingaan als de man die de FIFA de kans gaf op een nieuwe start, en die de waardigheid en wijsheid had om het roer over te geven aan iemand die de wereldwijde geloofwaardigheid en betrouwbaarheid van de FIFA kan herstellen. In de tussentijd zou jij erevoorzitter kunnen worden. We zouden kunnen denken aan het

opzetten van een 'Sepp Blatter fonds' of iets dergelijks. Dat is wat ik wil zien gebeuren Sepp, omdat jij een goed mens bent. Maar als je blijft, voorspel ik dat je beschaamd afgaat door de achterdeur. Daartegen wil ik je beschermen, Sepp. Dit is geen aanval, maar een vriendelijk advies.'

Bruinsma redigeert de brief. De scherpste randjes verdwijnen, zoals de opmerkingen over mogelijke tekenen van dementie bij Blatter, maar de inhoud blijft overeind. Het is nu een redelijk nette brief met de ondubbelzinnige boodschap dat Blatter dient op te stappen. Die brief gaat op de post naar Blatter.

Van Praag: 'Zo stond ik erin. Ik trek ten aanval als ik meen dat ze mij onrecht aandoen. Maar die tweede brief was diplomatieker en beter. Renske heeft me behoed voor een hoop gedonder. Ze zei gewoon: "Niet doen." Het is goed dat je zo iemand hebt. Renske is fantastisch in communicatie. Later ging ze veel mee op reis, toen ik opging voor de verkiezing van FIFA-voorzitter.'

Het antwoord op de brief blijft uit. Van Praag regelt daarop een lunch bij Blatter. 'Ein Wiedergutmachung', op 20 oktober 2014. De FIFA bezit een restaurant op een berg in Zürich. Restaurant Sonnenberg. Blatter en Van Praag lunchen buiten op het terras, in de zon. 'Ik had met Sepp Blatter persoonlijk een goede relatie. Ik vond en vind hem een aardige man. Ik heb daar ook geen sorry tegen hem gezegd. Wel begreep ik dat mijn woorden op het congres en de brief hard moesten zijn aangekomen, en dat hij door zijn emotie misschien niet meer helemaal goed had gehoord wat er was gezegd. Want in de persconferentie zei hij: "Ik treed niet af." Maar dat had ik helemaal niet gevraagd. De vraag was: Sepp, stel je volgend jaar niet meer herkiesbaar.'

Van Praag legt tijdens de lunch nog een keer uit dat het goed zou zijn als Blatter zich in 2015 niet herkiesbaar stelt, met alle redenen omkleed. 'En je stelt je bloot aan een groot gevaar dat het fout gaat. Waarom? Al die kritiek? Waarom geen erevoorzitter die zich laat vieren, overal ter wereld?' Hij prijst hem om zijn zogenoemde legacy, zijn erfenis. De FIFA was bijna failliet toen Blatter begon in 1998 en deelde nauwelijks geld uit aan bonden, om het voetbal te promoten.

Blatter opende de ogen van de wereld voor Afrika. Hij begreep dat beledigende opmerkingen over Afrika ongepast waren, dat Afrika oneindig veel talent herbergt. Hij was tegen het WK in Qatar, hij was voor de ontwikkeling van het vrouwenvoetbal. Hij was een hervormer.

Blatter pareert de kritiek tijdens de lunch. Hij beweert dat die kritiek vooral uit het verwende Europa afkomstig is. In andere continenten adoreren ze hem. Hij vertelt over voorzitter Michel Platini van de UEFA als zijn gedroomde opvolger. Hij noemt Platini altijd 'Nr10', naar diens rugnummer als voormalig topvoetballer. In de aantekeningen van Van Praag over de lunch in Zwitserland staat onder meer dat volgens het oorspronkelijke plan Platini het voorzitterschap in 2015 zou overnemen. Platini wil de aparte confederaties meer macht geven.

Van Praag, in zijn notulen van het overleg met Blatter: 'Maar de andere confederaties vinden Europa te arrogant. Europa zet zich te veel af tegen de FIFA. De UEFA heeft al het geld, de Champions League en Europa League, de grote competities als Premier League, Serie A en Primera Division. De beste voetballers van de wereld spelen in Europa. De grote clubs worden alleen maar rijker en willen hun rijkdom niet delen. Kortom: het voorstel van Platini zou betekenen dat niet de confederaties de macht krijgen, maar de UEFA. Daarvan zijn de andere confederaties niet gediend. Ze hebben zich daarom tegen '10' gekeerd. Ze hebben Blatter gevraagd alsjeblieft door te gaan, omdat ze '10' simpelweg niet willen en überhaupt geen andere Europeaan dan Blatter. Daarom stelt Platini zich niet beschikbaar voor het presidentschap, omdat hij beseft toch niet van Blatter te kunnen winnen.'

Tijdens het congres in juni, voor het WK, was Platini nog officieus kandidaat. Blatter, zo vertelt hij tijdens de lunch, is ervan overtuigd dat het optreden van Van Praag in Brazilië een 'door de UEFA en Platini georkestreerde daad is geweest. Vandaar ook dat hij zich zo onheus bejegend en aangevallen voelde.' Van Praag legt uit dat zijn toespraak een soloactie was, dat Platini pas de avond tevoren op de hoogte was.

Nog tal van zaken komen ter sprake tijdens de lunch in Zwitserland. De weerstand van Blatter tegen het WK in Qatar, omdat het hoofdkantoor van Hamas daar volgens hem zetelt en omdat Qatar een mogelijke financier is van terreurorganisatie IS. Uit het verslag van Van Praag van de lunch: 'Twee weken voor de verkiezing in 2010 (van de landen die de organisatie van het WK's in 2018 en 2022 kregen toegewezen), was Sepp met 'Nr10' overeengekomen dat het WK van 2022 naar de Verenigde Staten moest gaan. Een week daarna belde '10' Blatter op dat alles nu anders was, omdat hij met Sarkozy (de toenmalige Franse president) en de Emir van Qatar had gedineerd op het Élysée. Sarkozy wilde dat Platini op Qatar zou stemmen.'

De twee praten ook nog over integriteit van bestuurders, omkoopbaarheid of onkreukbaarheid. Van Praag, nu: 'Blatter was alleen naïef als de pest. Je kunt mij niet vertellen dat hij niet heeft geweten dat er mensen waren die hun zakken vulden. Het was ook niet transparant dat op de jaarrekening van de FIFA stond: *president's office, 35 million*. Zonder verdere specificatie. En het was ook raar dat Allan Hansen, mijn vroegere collega van de Deense voetbalbond, tevens lid van de auditcommissie die intern de boeken goedkeurde, ook niet meer wist dan: *president's office 35 miljoen*. Waar ging dat geld heen? Wat was het salaris van de president? Waar gingen al die reizen heen? Dat wist Allan Hansen allemaal niet. Dat is nu onder Gianni Infantino (de huidige voorzitter van de FIFA) veel transparanter. Enfin, er is best veel op Sepp Blatter aan te merken, maar hij heeft veel gedaan voor het voetbal. Op een gegeven moment tijdens de lunch zei hij: "Ik begrijp het ook wel. Prima. Zand erover." Het was heel gezellig. Op het einde van de lunch hadden we twee, drie grappaatjes op. We gingen verbroederd uit elkaar.'

Maar dat is iets anders dan dat Sepp Blatter luistert. Hij stelt zich uiteindelijk dus opnieuw kandidaat. 'Mijn missie is nog niet voltooid,' zegt hij. In 2015 wordt hij herkozen. Kort daarvoor zijn de Zwitserse autoriteiten in opdracht van de FBI binnengevallen in Hotel Baur au Lac in Zürich, waar de bestuurlijke wereld van het voetbal bijeen is voor het congres. Zeven functionarissen worden opgepakt, op verdenking van corruptie.

JEUGD

'Van mijn vader hoorde ik nooit dat ik iets goed deed'

Tijdens de Tweede Wereldoorlog zit Jaap van Praag drie jaar lang ondergedoken boven een fotowinkel op de Overtoom in Amsterdam.

'Ik vertel het omdat hij door dat beperkte leven enorm is gevormd,' vertelt zijn zoon Michael. 'De mensen in die fotowinkel wisten niet dat hij daarboven zat ondergedoken.'

Zodra de winkel om 9.00 uur opent, zit Jaap van Praag op een stoel. Hij mag de hele dag niet bewegen, want als ze beneden iets horen kraken, vraagt de eigenaar van de winkel zich af wat daar aan de hand is. Hij mag niet naar de wc. 's Avonds, wanneer de winkel is gesloten, komen zijn vrienden André Kraan en Ton Brandsteder klaverjassen en vertellen ze hoe de oorlog verloopt. Toon Renes, een andere vriend, brengt hem eten.

Kort voor de oorlog is de Jood Jaap van Praag getrouwd met

Lenie, een christelijke vrouw, mede in de hoop daardoor niet gedeporteerd te worden. 'Ik geloof dat hij haar ook wel leuk vond. Op een gegeven moment mochten Joden niet meer uitgaan. Dat zei hij tegen Lenie: "Ga jij de stad maar in, ik blijf thuis."' Kort daarna moet hij onderduiken. Op een avond komt een van zijn vrienden, André Kraan, hem vertellen dat Lenie er met een andere man vandoor is. 'Dan zit je daar op je stoel. Je vrouw is weg en je weet niet wat er met je ouders en je zusje is gebeurd.'

'Mijn vader nam een koffer mee met vijf kostuums toen hij ging onderduiken. Plus een Nederlandse vlag. Hij droeg altijd een jasje, een kostuum met een das. Dat is de tragiek. Hij zat daar in zijn kostuum en hij dacht: de oorlog kan zó zijn afgelopen, dan moet ik naar buiten, dan moet ik er goed uitzien. Met de Nederlandse vlag. Het is altijd zo gebleven: hij in kostuum. Heel erg netjes. Dat heeft hij toch meegekregen van Joodse mensen. Zij zagen er altijd keurig uit.'

Na de oorlog hoort Jaap van Praag dat zijn vader, moeder en zusje zijn omgekomen in Auschwitz. Vergast. 'Ik weet niet eens precies wie hem dat heeft verteld. Mijn vader behoorde tot de Joden die na de oorlog alles wat ze hadden meegemaakt, wegstopten en er nooit meer over spraken. Met mij niet. Met zijn echtgenotes niet. Met zijn kinderen niet. Wij weten niks.'

Michaels twee jaar jongere zus Peggy weet iets meer dan niks. 'Ik heb onze vader geregeld aangetroffen in de slaapkamer. Dan zat hij op zijn knieën op de grond voor het bed te huilen. Ik vroeg hem wat er aan de hand was, maar hij zei bijna niks. Het had met de oorlog te maken, met het vertrek van zijn vrouw. Ik denk dat Michael die huilbuien nooit heeft meegemaakt.'

Michael reageert zelfs verbaasd, na het gesprek van de biograaf met zijn zus. 'Peggy heeft me hierover nooit eerder verteld. Ze vertelde het me aan de telefoon, na jullie gesprek. Ik hoorde dit echt voor het eerst.' Deze anekdote zegt vooral iets over de nooit verwerkte, vreselijke gevolgen van de oorlog voor Jaap van Praag.

Voor Michael is de oorlog van zijn vader een blinde vlek. 'Ik zal een voorbeeld geven: ik zat eens in een tv-programma van Karel van de Graaf. Hij vroeg wat de oorlog voor me betekende. Ik antwoordde dat de oorlog van mijn vader een zwart gat voor mij was, want daarover sprak hij nooit. Terwijl Max, mijn vaders broer, er honderduit over praatte. Hij had ondergedoken gezeten in Boskoop en was heel open over zijn verleden. Hij en zijn vrouw Sari gingen nog op bezoek bij hun onderduikouders. Mijn vaders houding was, en dat bepaalt zijn karakter en zijn succes: oké, ik heb die oorlog overleefd, het was vreselijk. Nu ga ik laten zien dat ik besta. Nu ga ik er iets van maken.'

Zus Peggy en Michael vragen na de oorlog voortdurend wat er nu precies is gebeurd. 'Hij wilde daarover nooit praten. "Ja, maar papa..." zeiden wij dan. Nee, daar praatte hij gewoon niet over. Heel veel mensen nemen alle frustraties en angsten mee hun graf in. Wat ik wel weet, maar dat dateert nog van voor het onderduiken, is dat hij werd aangehouden. Dat hij tegen een muur moest staan, met Duitsers om hem heen. Dat er een auto met loeiende sirene voorbijkwam en dat hij gebruik maakte van de ophef en wegrende.'

Na de uitzending van Van de Graaf krijgt Michael van Praag een telefoontje. Een mevrouw uit Zandvoort belt, met de mededeling dat ze tijdens de oorlog het haar van zijn vader knipte op het onderduikadres. Michael van Praag is zelf niet Joods, vanwege zijn moeder die Nederlands Hervormd is. 'Maar ik voel me heel Joods. Ik heb altijd veel Joodse vrienden gehad en speelde met mijn band op Joodse feesten. Op bruiloften en bar mitswa's. Op bruiloften is de traditie dat de bruid en bruidegom op een stoel worden gezet en omhoog getild. Dan gaan ze zo door de zaal en speelt de band. Dan zat ik achter mijn drumstel en dacht ik: Jezus, ik wilde zo graag dat ik Joods was. Ik had altijd het gevoel dat ik er niet bij hoorde.'

Michael van Praag is op 28 september 1947 geboren in het Onze Lieve Vrouwengasthuis in Amsterdam. Zijn vader Jaap, geboren in 1910, heeft een winkel aan het Spui. Hij verkoopt grammofoonplaten en apparatuur. 'In de oorlog is de zaak van hem gestolen door de Duitsers.'

Na de oorlog ontmoet Jaap van Praag zijn tweede vrouw, de moeder van Michael: Johanna Hendrika Graber uit Utrecht, geboren in Groningen, eveneens Nederlands Hervormd. Roepnaam Joep. 'Ik moest een voornaam krijgen met een M, want

Jaaps vader heette Mozes. Hij wilde me geen Joodse naam geven, want hij was bang dat het opnieuw oorlog werd, dat de Duitsers zouden terugkomen. Daarom heet ik Michael.'

Een nieuw, naoorlogs leven is begonnen. Een andere vrouw, een zoon, later een dochter en een zaak. Jaap van Praag pakt aan wat hij kan aanpakken. Hij is ijdel en op zichzelf. Hij gaat stiekem naar de zonnebank, want hij wil er goed uitzien. Dat vindt hij prachtig, ook later, in zijn tijd als voorzitter van Ajax. Ook Jaap van Praag is voorzitter van Ajax geweest. 'We zouden het nu narcisme noemen. Alle Van Praagen vinden het prachtig om applaus te krijgen, met de schijnwerpers op zich.' Al ziet zus Peggy dat anders: 'Ik ging vaak met hem mee naar de zonnebank. Hij had psoriasis en de straling hielp bij de bestrijding.'

Het aanvankelijk harmonieuze gezin woont boven de zaak aan het Spui. Jaap verwent Michael enorm, hoewel hij aanvankelijk nauwelijks geld heeft en de winkel opnieuw is begonnen met geleend geld. 'Met een koevoet heeft mijn vader na de oorlog de planken van de ramen en deuren gehaald en heeft zo zijn zaak teruggevorderd.'

Jaap van Praag heeft een goede vriend, Piet Smit, afkomstig uit de diamantwereld. Smit is al voor de oorlog naar Amerika gevlucht en leent hem geld. Ger Oord van platenmaatschappij Bovema levert grammofoonplaten op krediet. De winkel raakt weer gevuld. Het is een bijzondere winkel, omdat klassieke muziek het aanbod in populair overtreft. Dat is vrij opmerkelijk in die tijd.

Michael: 'Ik heb de opkomst van de Beatles nog meegemaakt. Rijen mensen voor de deur die platen wilden kopen. *Abbey Road* met name. Wij woonden boven de winkel. Ik kan me de Taksteeg herinneren, achter het Spui. Heel smal. Ik had een trapauto. Die was er nog niet in Nederland. Piet Smit had die auto opgestuurd vanuit Amerika. Het stond zwart van de mensen wanneer ik door de steeg manoeuvreerde met dat autootje. Zoiets hadden de mensen nog nooit gezien. Mijn zus en ik werden heel erg verwend, volgens ons gevoel ook omdat Jaap dat zelf in zijn jeugd allemaal had gemist.'

'Het was een mooie tijd. Mijn vader speelde ook Sinterklaas. Dan deed hij 's ochtends de kolenkachel open en riep hij naar boven: "Nou, Sinterklaas, ik vind het helemaal niks hoor." Dan zei ik: "Papa, dat kun je toch niet zeggen?" En mijn moeder: "Ja Jaap, nu kun je er niet bij zijn vanavond. Als Sinterklaas weet dat jij van die onaardige dingen hebt gezegd, loopt het niet goed met je af. Blijf jij maar weg." Dan bleef hij zogenaamd in de winkel, maar hij was dus Sinterklaas. Op woensdag keken we televisie. Dan mocht ik vriendjes uit de straat uitnodigen. Keken we naar *Dappere Dodo* en tante Hannie. Dan moest je zwaaien naar het beeldscherm. Het was een wonder. Verjaardagen waren heel leuk. Mijn vader zorgde voor een goochelaar. Echt top.'

De jeugd verloopt vlekkeloos, tot de verhuizing naar Amstelveen – Michael is dan vijf jaar. Aanvankelijk is het leven onbezorgd. Lagere school, openbare school, met vader naar Ajax. Vader rijdt in een Amerikaanse slee, want hij is erg op Amerika. 'De Amerikanen hadden ons bevrijd. We hadden als eerste in de straat televisie. Hij verkocht die dingen, dus hij nam ze ook mee naar huis.'

Het zijn televisies met merken als Grundig en Philips. 'Philips heeft veel betekend voor mijn vader en voor mij. Vandaar dat ik ook altijd een goed gevoel bij PSV heb gehad. Phonogram was de platenmaatschappij van Philips en mijn vader kende alle topmensen. Henk van Riemsdijk, Frits Philips en Jack Philips, de directeur van Phonogram, zoon van een van de oprichters.'

Jack Philips speelt een cruciale rol in de breuk tussen zijn ouders. 'Ik merkte dat mijn ouders ongelooflijk veel ruzie hadden. Het was een heel slecht huwelijk. Ik denk dat meespeelde dat mijn vader de oorlog had overleefd. Hij dacht: ik leef nu. Wat anderen vinden en doen, moeten ze lekker zelf weten. Ik denk dat hij niet altijd even aardig is geweest voor mijn moeder. Maar mijn moeder komt ook uit een gezin dat is vervormd door de oorlog, al zat ze niet ondergedoken. Mijn moeder woonde in Amsterdam en er was gebrek aan eten. Er hoefde maar weinig te gebeuren of er was ruzie. Mijn moeder had vier zussen en twee broers. Met twee ging ze goed om, met de anderen minder. De zussen hadden vaak ruzie, mijn opa en oma hadden vaak ruzie.'

'Op een gegeven moment kwam Jack Philips veel over de vloer. Als directeur van Phonogram was hij rijk. We kregen cadeaus. Autootjes, vliegtuigjes. Mijn moeder ging op vakantie naar Piet Smit in Amerika. Met de boot, met de Holland Amerika Lijn.' Zus Peggy: 'Onze vader heeft moeder naar Amerika gestuurd.' Een week varen, twee weken daar blijven, een week terugvaren.

Michael: 'Vlak voordat mijn moeder weer thuiskwam, zei mijn vader: "Nou jongens, ik denk niet dat mama hier blijft. Ik denk dat ze ergens anders gaat wonen." Ik was toen negen of tien.'

Later horen ze de verhalen. Dat Jack Philips mee is met die boot naar Amerika. Dat zijn vader een telefoontje krijgt, na allerlei doorverbindingen. Piet Smit aan de lijn. "Jaap, je wordt belazerd. Jack Philips was ook aan boord." Piet Smit had mijn moeder opgehaald en had ook Jack Philips van boord zien komen. Ze hebben elkaar daar verschillende keren ontmoet. Het draaide uit op een scheiding. Mijn moeder kreeg advies van haar advocaat, mevrouw Heijermans. Het was beter dat ze ons even bij haar man liet, dan zouden wij later wel worden toegewezen aan moeder. In die tijd kon je niet scheiden als je huwelijk gewoon alleen maar niet goed was. Er moest sprake zijn van overspel; en dat was er dus ook. Mijn moeder kwam met heel veel cadeautjes en ze ging meteen weer weg. Daar zaten we. En daar zat mijn vader. Hoe moest hij dat doen? Toen heeft hij een van haar zussen ingeschakeld, tante Wil, die een tijdje op ons zou passen. Haar man was oom Theo. Hij werkte bij mijn vader in de zaak, bij de technische dienst. Wij waren heel blij met tante Wil. Maar mijn moeder, haar zus dus, vertaalde dat als verraad, want haar zus koos partij voor Jaap. Dit in plaats van dat ze blij was dat tante Wil voor haar kinderen zorgde. Weer ruzie dus. Mijn moeder heeft jaren niet met tante Wil gesproken.' Peggy: 'Toen ze uit Amerika terugkwam, leek mijn moeder wel een andere vrouw. Ik herkende haar bijna niet meer.'

Michael ziet zijn moeder bijna nooit in die tijd, terwijl hij dol is op haar. Zus Peggy: 'Ik heb toch een andere kijk op onze jeugd dan Michael. Ik had juist een geweldige verhouding met mijn váder. Ik vond hem een fantastische man die alles voor ons deed. Soms had ik ook het idee dat ik een vervanging was voor zijn zusje, dat was vergast in de oorlog. Hij vroeg ook altijd aan me: "Hou je nog van me?" Ik sliep soms ook bij hem in bed en was altijd vreselijk bang dat hij ook zou weggaan, net als onze moeder. Wanneer hij moest overwerken, was ik bang dat hij niet terugkwam. Ik had ook heel snel door dat onze moeder een verhouding had met een andere man. Michael daarentegen was erg gesteld op onze moeder. Hij hing letterlijk aan haar rokken toen ze wegging – *blijf toch alsjeblieft*. Ik denk dat hij daardoor een soort verlatingsangst heeft gekregen. Met zijn eerste serieuze vriendin ging hij vrij snel trouwen.'

Hun ouders liggen in vechtscheiding. Jack Philips moet aftreden bij Phonogram, omdat hij er met de vrouw van een van zijn beste klanten vandoor is gegaan. En tante Wil kan niet voor Peggy en Michael blijven zorgen, want ze heeft zelf ook twee kinderen. Uiteindelijk komt de zus van Michaels oma, van moederskant, op de kinderen passen. Tante Joke uit Naarden. 'Toen was mijn moeder weer kwaad op tante Joke.'

Het gevecht om de kinderen is hevig. De rechter zegt tegen Michaels moeder dat zij is weggegaan, en dat de vader de kinderen wil houden, want hij is door de oorlog al alles kwijtgeraakt. Jaap wint de rechtszaak. Michael: 'Dat was een erg vooruitstrevend besluit, hoewel best logisch. Mijn moeder was vertrokken op een boot met Jack Philips en ze liet de kinderen bij vader nadat ze terugkwam. Wij werden toegewezen aan mijn vader. Zij ging bij Jack Philips wonen.' Daarbij blijft het niet. Moeder gaat in hoger beroep. 'Mijn vader vond het verschrikkelijk. Hij had inmiddels een nieuwe vrouw, Maud, een mannequin. Prachtige vrouw. Een heel goede tweede moeder voor ons. De fout van mijn ouders was dat de ruzie zo hevig was. Wij mochten ook niet meer naar onze moeder toe. Ze woonde op een kwartier fietsen. Dan gingen we stiekem. Als ik de eerste twee uur vrij had van school, ging ik naar mijn moeder. Dat heeft me veel verdriet gedaan. Liegen omdat je naar je moeder wilde.' Peggy: 'Ik heb daarover nooit gelogen. Ik ging gewoon. Michael nam altijd de schuld op zich als hij naar moeder ging.'

Moeder start allerlei procedures om de kinderen terug te krijgen. Op een zaterdag trekt het gezelschap naar de Raad van Kinderbescherming, naar dokter Wendeholt. Verslag doen, vele zaterdagen achter elkaar. De dokter schrijft alles op, ook om te controleren of je de ene keer hetzelfde zegt als de andere keer. 'Uiteindelijk hebben mijn ouders gezegd: "Nou is het mooi geweest." We mochten kiezen. We kozen voor onze moeder, die in een groot huis in Amstelveen woonde. Het was een moeilijke tijd. Ik weet nog dat dokter Pauw, rector van het Casimir Lyceum, me een keer uit de klas haalde en zei dat ik naar mijn moeder mocht. Maar ik weet ook nog dat mijn moeder heel kinderachtig was. In 1958, ik was elf, mocht ik een grammofoonplaatje opnemen met oom Max. In die tijd waren mijnwerkersliedjes populair. Er was een liedje: '... waarom pappie, waarom, roept men glückauf bij het dalen...' Ik ken de tekst nog helemaal uit mijn hoofd. Wat is er leuker voor een kind? Ik zong heel hoog. Er kwam een meisje uit de klas naar me toe dat vroeg of ik ook nog een nichtje had dat Michael van Praag heette, vanwege die hoge zang. Dan kwam ik thuis en zei ik tegen mijn moeder: "Mam, ik heb samen met oom Max een liedje ingezongen." En dan werd ze boos. Want dat was iets van onze vader.

'Ik merkte al snel dat ik talent had voor tekstdichten, dat ik muzikaal was. Ik kreeg ook pianoles en kende alle liedjes van Jules de Corte uit mijn hoofd. Van de pianoleraar mocht ik ze niet spelen, want dat zou slecht zijn voor mijn aanslag. Later ging ik in bandjes spelen.'

Michael is een matige leerling, met vijven, zessen, zevens en veel bijles. 'En ik had totaal geen gevoel voor de bal. Wanneer wij op straat weleens een partijtje voetbal speelden, bleef ik altijd over na het poten. Dan wezen ze mij toe aan een ploeg. Ik kon er niets van. Later ben ik gaan golfen. Daar ligt het balletje stil. Ik bedacht daarbij veel voordeel te hebben, maar bij mij maakt dat niets uit. Ik had totaal geen sjoege van voetbal. Een vriendje van me was tijdens een wedstrijdje op een veldje scheidsrechter. Ik maakte een goal, ik weet niet hoe, vermoedelijk ketste de bal van me af. Maar hij keurde mijn doelpunt af. Toen dacht ik dat het misschien leuk was om scheidsrechter te zijn. Met 16 jaar was ik dus al scheidsrechter bij de afdeling Amsterdam. Maar ja, Van Praag was de naam, en ze kenden mijn vader goed. En mijn vader werd in die tijd voorzitter van Ajax. Hij was vierde keus. Als ik bij mijn vader kwam, om het weekeinde en op de woensdagmiddagen, vond ik dat prachtig. Hij deed alles om het leuk voor ons te maken en hij genoot. Wij ook. Vanaf mijn zesde, zevende nam hij me al mee naar Ajax. Hij speelde jaren in het tweede elftal en heeft één keer op de bank gezeten bij het eerste. Hij leverde de grammofoonplaten die in de rust werden gedraaid. Dan hoorde je de omroeper: "De grammofoonplaten die u nu beluistert, zijn verkrijgbaar bij His Masters Voice, Spui 6, Amsterdam."'

Michaels vader heeft succes als voorzitter van Ajax. Vader en zoon zien elkaar weinig, ook omdat Michael zijn wedstrijden fluit. 'Mijn vader wilde nooit laten blijken dat hij zijn zoon voordeel gunde. Als ik een kaartje wilde voor een wedstrijd in de Europa Cup, was het altijd lastig. Dan vroeg Kees Timman, met wie ik nog steeds bevriend ben, kaartjes aan zijn vader Henk, de toenmalige penningmeester. Ik volgde Ajax eigenlijk altijd op een afstand.' Peggy, verbaasd: 'Oh, ik ging overal mee naartoe. Papa vroeg altijd of ik naar wedstrijden wilde. Volgens mij was ik bij bijna elke thuiswedstrijd.'

Wanneer Michael zeventien is, vraagt trainer Rinus Michels: 'Jij fluit toch? Ik heb iemand nodig die fouten maakt. Kom jij woensdagmiddag maar het eerste fluiten, met al die grote namen.'

'Op mijn zeventiende heb ik tientallen wedstrijdjes van Ajax 1 gefloten op het veld bij De Meer. Maar mijn vader kwam nooit kijken. Hij is in zestien jaar tijd twee keer geweest. We speelden eens in het stadion. Hij stond boven vanaf de tribune te kijken en begon zich te bemoeien met een situatie. "Fluiten!" riep hij naar beneden. Dat heb ik hem nooit vergeven. Ik heb toen expres niet gefloten. Van mijn vader hoorde ik nooit dat ik iets goed deed. Maar als ik scheidsrechter Leo van der Kroft weleens tegenkwam, zei hij dat mijn vader trots op me was.

'Mijn vader vertelde weinig privézaken aan mij. Op een gegeven moment deelde ik hem mee te stoppen met fluiten. Een jaar of twee later vroeg hij me of ik eigenlijk nog floot. Totaal niet geïnteresseerd. Ik denk dat mijn vader een beetje een narcist was. Een slachtoffer van de oorlog. Een charmeur ook. Een geweldige zakenman en een fantastische netwerker.

'Mijn zusje Peggy heeft andere gevoelens voor hem. Ik denk

dat het verdriet in mijn jeugd de leuke momenten die er natuurlijk ook waren te veel overheerst, waardoor ik zo over hem denk en het zo voel.'

Cruijff

'Johan kwam nooit binnen als de grote Johan Cruijff'

'Johan was mijn beste vriend, maar ik was niet de beste vriend van Johan.'

Michael van Praag duidt zijn vriendschap met Johan Cruijff in één, bijna poëtische zin. In zijn huis in Aerdenhout klapt hij de laptop open en zoekt hij een filmpje van Cruijff die hem begin jaren negentig toespreekt in het tv-programma van Mies Bouwman: *In de Hoofdrol*. Hij kreeg de beelden onlangs toegestuurd van vriend Map Nihom.

'Wat een avond,' verzucht de jeugdige Van Praag van toen, ergens in het begin van de jaren negentig dus. 'Enig.'

Mies zegt, nadat velen Van Praag al lof hebben toegezwaaid: 'Er is nog één man die al zo lang in de profwereld rondloopt, als voetballer, als trainer, als technisch directeur. En dan bedoel ik... deze man.'

Beelden van Johan Cruijff starten in, onder een rockende riff van Jimmy Hendrix. Van Praag lacht de lach van herkenning. 'Het zijn altijd dezelfde beelden. Maar wat een wereldgoals.'

Dan klinkt de stem van Cruijff, uit duizenden herkenbaar, met het taalgebruik dat hem zo typeerde. Hij is dan trainer van Barcelona. 'Oké, Mike, ik denk dat je nu een beetje de pineut bent. Veel mensen hebben meegewerkt, en eigenlijk had ik op dit moment in Nederland moeten zitten. Zoals gebruikelijk is het op het laatste moment weer de mist in gegaan. Maar ja, ontbreken kan ik ook niet. We zijn al zoveel jaren bij elkaar. Of met elkaar.'

Cruijff raakt op stoom: 'Laat ik een voorbeeld geven van vriendschap tussen ons. We zien elkaar soms een halfjaar of een jaar niet. En op de een of andere manier, als we dan bij elkaar zitten, is er geen tijd voorbijgegaan. Dan krijg je altijd de vraag: "Hoe is het dan begonnen?" Nou, ik heb een geheugen als een vergiet. Het is 26 of 28 jaar geleden. Of jij toen net al die wedstrijdjes floot die wij op donderdag speelden met het eerste, of dat je ze net daarna ging fluiten, dat weet ik echt niet meer. Maar jij hebt een beter geheugen dan ik. Daar is het begonnen. De basis was humor en verschrikkelijk lachen. Natuurlijk hebben we ook onze problemen gehad. Nou ja, niet onze problemen, de buitenwereld heeft onze vriendschap eigenlijk op de proef gesteld door verschillende situaties. De situatie tussen je vader en mij bij Ajax. Dat jij daar een beetje tussenin zat. Maar, en dat is de basis van de vriendschap:

de rust in het geheel tussen ons. En hoofdzakelijk de eerlijkheid. Ik weet niet of je nog weet dat we naar Londen gingen. Met de auto. En dat de auto stukging en ik helemaal geen gereedschap had. Maar dat is voor de mensen geen leuk verhaal. 'Wat wel een leuk verhaal is, is dat we met de metro gingen. Voor de mensen tegenwoordig is een metro normaal. In die periode bestond de metro nog niet in Amsterdam. Dus wij voor het eerst in die metro. En op een gegeven moment moesten we er bij een of andere halte uit. En dat ik tegen jou zei dat je even op dat belletje moest drukken. Want ja, dan weet die man dat we eruit moeten. Zoals het vroeger in de tram was. Jij nog naar een belletje gezocht. Maar ja, die metro stopt automatisch bij elke halte. We hebben toen zo verschrikkelijk gelachen. Wij hadden een heel goed contact buiten het veld. Ik was niet die voetballer, of die bekende persoonlijkheid.'

Cruijff vertelt en vertelt: over klaarstaan voor elkaar, over eerlijkheid. 'Door die eerlijkheid zal je ook een paar keer op je gezicht vallen. Dat is al eens gebeurd. Maar we weten dat we altijd op elkaar kunnen rekenen.'

Als hij klaar is met zijn verhaal, zegt Cruijff tegen de cameraman: 'Zag je dat het er in één keer op gegaan is.'

In Aerdenhout klapt Van Praag de laptop dicht. Hij is zichtbaar geroerd. 'Jonge jongen nog.'

Hij belicht de vriendschap vanuit zijn optiek. 'Rinus Michels kwam erachter dat ik scheidsrechter was. Johan en ik waren 17. Op mijn zestiende was ik gaan fluiten. Ik kon er nog geen mieter van. Maar Michels en assistent-trainer Bobby Haarms zeiden dat dat juist goed was. Er moesten fouten worden gemaakt. Al te eerlijk fluiten was niet de bedoeling. We moesten de spelers oppeppen.'

Ajax speelt in die tijd op donderdagmiddag steevast tegen een amateurclub uit de omgeving. 'Als 'groenzoeter' in de scheidsrechterij mocht ik dan het eerste van Ajax fluiten, met Johan Cruijff, Sjaak Swart, Piet Keizer, met Cootje Prins, met Henk en Cees Groot, Nuninga. Al die beroemdheden. Na het douchen gingen Johan en ik vaak biljarten. Johan was heel goed in biljarten en ik was een gewillig slachtoffer.' Van het een komt het ander. De jonge Michael komt bij de Cruijffs thuis in de Weidestraat, bij Nel en ome Henk Angel, Cruijffs tweede vader. Ze gaan uit. 'Hij was heel erg met meisjes. Velen vielen op hem. Hij was een knappe jongen en hij was Johan Cruijff. Dan gingen we uit in the Lucky Star of zo. Hij stapte meteen op meiden af. Ik was verlegen en wist niet zo goed hoe ik een meisje moest benaderen. Dan zorgde hij voor aanvoer. Zei hij: "Ga jij daar maar even mee." Dat waren afdankertjes van hem. De leukste hield hij voor zichzelf.

"s Avonds gingen we naar Zandvoort. Vroeger had je van die grote, rieten strandstoelen. Hij ging met een meisje in zo'n stoel zitten, en ik ook. Maar hij draaide de rug van die grote rieten stoel naar mij toe. En dan hoorde ik op een gegeven moment zo'n meisje zeggen: "Johan, niet doen. Afblijven."

De vriendschap ontwikkelt zich. Michael studeert scheikunde in Delft en rijdt op zijn brommertje naar Amsterdam, twee uur reizen. Binnendoor, via Boskoop, Nieuwveen en Amstelveen. Want Cruijff heeft niet zoveel tijd. Ze eten samen bij Cruijffs moeder, Michael slaapt bij zijn eigen moeder. In de avond gaan ze vaak nog even de stad in. 'Johan wilde per se zijn middenstandsdiploma halen. Ik heb hem nog overhoord. Hij was niet zo'n studeerder, omdat hij een beetje lui was.'

En dan is daar dus die vakantie naar Londen. Daar woont Gordon Spurgeon, de broer van Keith Spurgeon, de voormalige trainer van Ajax. 'Johan heeft veel te danken aan Keith en diens vrouw Sylvia. Johan was een scharminkeltje. Keith nodigde hem uit om tussen de middag warm te komen eten. Toen wij dus 18 of zo waren, zijn we op vakantie geweest naar Gordon, want daar konden we slapen.'

Ze rijden met de witte Austin Glider 1100 van Johan, en vertrekken met de boot vanaf Hoek van Holland. In Engeland krijgen ze pech. Michael: 'Ik was een studentikoos type. Pijproker. En ik had verstand van auto's. De stroomverdeler was stuk. Met tabaksschrapertjes heb ik de contactpunten in die stroomverdeler schoongemaakt. Toen deed de auto het weer. Johan had helemaal niks van gereedschap bij zich. Hij was onder de indruk.'

Johan heeft vrienden in Engeland die hij kent van het voetballen. 'We sliepen bij Gordon in een tweepersoonsbed. Dat was onze uitvalsbasis om Londen te zien, om vrienden van Johan te bezoeken. Gordon was gymnastiekleraar. Die vond het prachtig dat Johan naar een les kwam. Al die jochies wilden een handtekening van Johan. Op een gegeven moment wilden ze voetballen: Johan en ik tegen de rest, twaalf jongetjes. Dat wonnen we. Niet door mij, want ik heb geen balgevoel. Ik heb ook nog tegen Johan gespeeld toen. Ik heb hem daar nog gepoort. Dat is mijn enige wapenfeit in het voetbal. Daar kon hij helemaal niet tegen.'

Op een gegeven moment komt Danny Coster in het leven van Johan. 'Zij was knap en leuk en ze gaf Johan tegengas. Als ze het niet eens was met hem, was hij opeens Cruijff. "Nou Cruijff, jij moet niet denken dat je dat en dat kunt doen." Terwijl ze anders Johan zei. Ik vond haar voor hem een verschrikkelijk lieve vrouw en een stimulans. Want zij heeft hem ook proberen te vormen, in zijn manier van doen.

'Ze woonden in Vinkeveen. Regelmatig hadden we 's avonds gezellige avonden. Kaarten en zo. Fonduen. Ik heb het fonduen nog geïntroduceerd bij de familie Cruijff. Ik nam de fonduepan mee. In plaats van spiritus gebruikte ik lampenolie. Wist ik veel. En wat doet lampenolie? Die geeft roet. Dus onder aan die pan kwam roet te zitten, het verwarmde niet meer. Elke keer werd die olie koud. Het was een geweldige afgang voor mij. Dan kon Danny echt jennen. "Nou Van Praag, het is leuk dat je dat meeneemt, maar het is niet te eten." En Johan maar lachen. Zij is nog een schoenenzaak in de Kinkerstraat begonnen, waar ik de geluidsinstallatie heb opgehangen. Mijn vader leverde de spullen.'

Het was een mooie vriendschap. Maar: 'De beste vriend van Johan was Rolf Grootenboer. Hij heeft die contacten kunnen onderhouden met Johan. Hij ging vaak naar Barcelona en had veel tijd.'

Cruijff gaat in die tijd ook een keer mee naar Delft, naar de studentensociëteit van Michael. 'Johan wilde weleens weten hoe ik leefde. Om een uur of vijf kwam hij aan bij sociëteit Phoenix. Al dat bekijks. Ik was trots. We hebben op de sociëteit gegeten. Een bal gehakt, aardappelen en snijbonen. Dat was prima voor Johan. Daarna gingen we biljarten in een café op de Koornmarkt. Johan was vreselijk goed. Dan zei hij: "Speel jij maar gewoon vrij, dan speel ik driebanden." Zelfs dan won hij. Allerlei mannen zaten te kijken. Op een gegeven moment komt er een man naar me toe en die vraagt: "Is dat soms die jongen van Struif?" Johan moest daar vreselijk om lachen. Wij hadden gewoon een vriendschap om wie wij waren, en niet omdat hij Johan Cruijff was. Johan kwam nooit binnen als de grote Johan Cruijff. Hij was zelfs een beetje gewoon. Hij zette zichzelf nooit op een voetstuk.'

De vriendschap komt toch onder druk te staan. Danny wordt Cruijffs vrouw, haar vader Cor Coster de zaakwaarnemer van Johan. Er zijn conflicten tussen Johan en Ajax, waarvan Michaels vader Jaap voorzitter is. En er zijn conflicten tussen Cor Coster en Ajax. Over contracten of verzekeringen. 'Ik herinner me nog dat Johan op de dag van een Europese wedstrijd belde met de mededeling dat hij niet speelde. Daar was zelfs Cor

Coster kwaad om. Zo ging dat. Cruijff had handelsgeest.' In de biografie van Auke Kok zijn daarover tal van voorbeelden te lezen. Michael: 'Johan vond dat ook leuk. Alleen: door die conflicten kwam ik daar een beetje tussen te zitten en werd ik weleens op afstand gehouden. Want misschien zou ik iets verklappen aan mijn vader. Ik zal nooit vergeten dat ik eens in Vinkeveen binnenkwam. Danny was in de keuken bezig. Johan en Cor waren in gesprek over Ajax. Ik kwam binnen en er viel een ijzige stilte. Toen wist ik dat ik eigenlijk even weg moest. Maar dat hoefde niet. Ik ging erbij zitten en het gesprek ging over andere zaken.'

'Johan heeft daarmee ook geworsteld. Hij heeft altijd zijn best gedaan om het niet te laten gebeuren, maar het gebeurde wel. En ik weet ook niet welke consignes hij van Cor Coster kreeg, die verder trouwens heel aardig was tegen mij. Ik heb ook weleens tegen Johan gezegd: "Je kunt mij vertrouwen. Onze vriendschap is belangrijker dan jouw problemen met mijn vader." Ik zal nooit wat verklappen. Maar ik begrijp goed dat het lastig was.'

De vriendschap blijft, maar de frequentie van elkaar zien wordt minder. 'Hij zei altijd tegen me: "Als ik eens iets voor je kan betekenen bij Ajax, ben ik er." Toen ik net voorzitter was, heeft hij me nog eens gebeld over Leo Beenhakker, die toen voor de tweede keer trainer was van Ajax. Hij vertelde wat niet goed ging. In een uur was hij dan 58 minuten aan het woord. In de tijd van Johan bij Barcelona hebben we de contacten onderhouden. Hij leefde daar, ik hier. Ik ben een paar keer bij ze thuis geweest. Super gezellig.'

Van Praag betreurt het dat het later misgaat tussen Cruijff en Uri Coronel, die voorzitter is ten tijde van de in 2010 ontketende, zogenoemde 'revolutie van Cruijff'. Van Praag is dan erevoorzitter. 'Ik steunde de ideeën van Johan. Tegelijkertijd vond ik dat ik me er als erevoorzitter van de club inhoudelijk niet te veel mee moest bemoeien, maar een verbindende rol diende te vervullen. Dat is ook de taak van een erevoorzitter. Zo wilde Uri Coronel op een gegeven moment absoluut niet meer met Johan praten, omdat die hem had beledigd. Johan zat anders in elkaar. Die zei gewoon: "Oké, ik ben het niet eens met Uri, maar hij is wel Ajacied. Dus ik praat met hem." Voor de kerst zaten ze uiteindelijk toch bij elkaar. 'Uri zei later tegen me: "Michael, het was zo'n goed gesprek. Onze vrouwen kusten elkaar zelfs." Zo zie je maar weer.

'Ook voormalig directeur Maarten Fontein nam destijds nog het initiatief om met een aantal anderen te praten over de ideeën van Johan, en hoe we die ideeën op vreedzame manier konden implementeren bij Ajax. Arie van Eijden was daarbij, Piet Keizer, Maarten Fontein, nog een paar mannen, en ik. Het was geen pressiegroep. Nee, wij wilden helpen de veranderingen, onder meer in trainingsmethoden bij de jeugd, door te voeren. Het ging dan niet om hoe een bepaalde jeugdtrainer moest werken, maar om het bedenken van een vreedzame manier waarop de zittende macht bereid zou zijn te luisteren naar de ideeën van Johan. We kwamen een paar keer bij elkaar op het eiland van Fontein, in zijn boerderij op De Kaag. Het voelde als *Sjors van de Rebellenclub*. We spraken dan bijvoorbeeld af wie het woord zou nemen bij vergaderingen, zodat het geen Poolse landdag werd.' Allerlei pogingen mislukken.

'Ontluisterend was een ervaring met Steven ten Have, de toenmalige voorzitter van de raad van commissarissen. Die vroeg mij ergens in oktober 2011 om met hem te lunchen. Het ging over de moeizame relatie van hemzelf en de rest van de RvC met Johan. Toen ik vroeg of hij al eens met Johan om de tafel had gezeten, antwoordde hij: "Nee, dat heb ik niet." Ik zei toen: "Je hebt nog nóóit met hem om de tafel gezeten, terwijl hij al meer dan twee maanden lid van de RvC is?" Ze wisten gewoon niet hoe ze met hem moesten omgaan. Kijk, ik weet best dat Johan heel onaangenaam kon zijn als hij met personen sprak die het niet met hem eens waren. Hij kon nu eenmaal niet tegen mensen die allerlei voetbaltechnische discussies met hem aangingen en die daarvoor totaal niet waren gekwalificeerd. Die er geen verstand van hadden en zich louter baseerden op het feit dat ze de baas waren. Dan ontspoorde het gewoon. Dat was terecht. Ik liet mij ook nooit uit over voetbaltechnische zaken, omdat ik daar nu eenmaal geen verstand van had. Uri en Steven hebben dat nooit begrepen. Dat is erg jammer.'

'Johan leidde me eens rond in Camp Nou, in Barcelona. Dertig meter voor de kleedkamer was op de vloer een gele streep getrokken. Toen ik vroeg waarvoor die streep diende, antwoordde Johan: "Tot hier mag het bestuur komen. Verder niet." Als je Johans gevoeligheden op dat punt niet kende of wilde kennen, kwam je niet ver met hem. Johan is in die revolutie bij Ajax tegengewerkt – op politieke gronden en hier en daar met misleiding. Doodzonde. Zo ga je niet om met helden.'

Een paar jaar voor zijn dood vraagt Cruijff aan Van Praag om zitting te nemen in het bestuur van de Cruyff Foundation. 'Eens per twee maanden hadden we vergadering in het kantoor in het Olympisch Stadion. Dan kwam hij binnen en begroette hij eerst mij, met de mededeling: "Eerst Michael. Wij kennen elkaar al zo lang." Dan omhelsden we elkaar.'

'Cruijff bagatelliseerde zijn ziekte. "Niks aan de hand," zei hij dan. "Pilletjes gehad van de dokter. Het gaat goed." Vooral de laatste twee vergaderingen zat hij zijn kover op te houden – zoals Joodse mensen dat noemen. Het was een enorme schok dat het opeens over was. Hij heeft zich groter voorgedaan dan hij was, qua gezondheid.'

De vriend Cruijff blijft eeuwig voortleven in zijn hart. De prachtige herinneringen koestert hij. 'We hebben weleens gegolfd. Hij speelde dan zo vals als de pest, want hij kon niet tegen zijn verlies. Als een bal slecht lag, legde hij hem even handig goed met zijn voet. Als hij maar won. Met kaarten, klaverjassen. Hij won bijna altijd. Hij had een gave. Die gozer kon alles goed. Hij vertelde Danny precies hoe ze zaken moest doen, terwijl zij daar meer verstand van had dan hij. Er was alleen een enorm verschil tussen Johan alleen en de Johan wanneer Danny erbij was. In zijn jonge jaren niet, want dan ben je verliefd en is het leven onbezonnen. Maar later merkte je wel dat Danny enorme invloed op hem had. Dan was zijn gedrag anders. Dan kon je echt zien dat het Danny weinig interesseerde, zo'n wedstrijd. Voetbal ook niet. En dan was hij geremd. Als Danny had gewild, was hij in 1978 naar het WK in Argentinië gegaan. Maar ik denk ook dat Johan haar sturing nodig had. Danny komt uit een intelligent gezin, is zelf ook een intelligente meid. Die heeft misschien gevaren gezien in alle zaken die Johan ondernam, en die Johan niet zag. Hij was veel te goed van vertrouwen. Zij zei daar iets van, op een prettige, lieve, maar duidelijke manier. Danny was direct. Een beetje sarcastisch, met een bepaalde blik. Maar Johan was daardoor een beetje geremd.'

Cruijff is de Amsterdamse volksjongen, Van Praag niet zo. Die is wat deftiger. 'Ik heb een soort onzichtbaar scherm om me heen. Veel mensen vinden mij arrogant. Op feestjes en recepties komt soms niemand op mij af. Ze durven niet, of ze denken: hij is arrogant. Maar dan loop ik zelf op ze af en dan denken velen: ach, hij is eigenlijk best aardig, die Michael van Praag. Met Johan had ik dat nooit. Johan trok mij door dat scherm heen. En het was ook niet nodig tussen ons. Ik was natuurlijk de student met mijn pijp. Tante Nel, zijn moeder, was een heel gewone vrouw, die trouwens heerlijk kon koken. Een schat. "Neem wat mee naar Delft," zei ze dan, "want als student zul je wel niet zo goed eten." Ik ging ook nog vaak naar tante Nel toen Johan in Barcelona zat. Ik voelde me, als ik het oneerbiedig mag zeggen, verschrikkelijk thuis in die gewone wereld. Bij ons thuis was het altijd wat deftig. Mijn moeder was getrouwd met Jack Philips, van het concern, hij was een zoon van een van de oprichters. Dat ging dan zo: "Michael, wil jij even twee biefstukjes van een ons halen, als je uit school terugkomt. Het mag op rekening." Als ik dan tegen de slager zei: "Zet maar op rekening van Philips," zei de slager: "Oh, is het voor Philips." En dan haalde hij dat zakje weer weg en sneed hij een ander stuk vlees aan. Een beter stuk vlees.'

'Johan kwam ook vaak bij ons in Amstelveen. We woonden op een eilandje met een bruggetje. Daar stond een kolossaal huis. Hun huis paste bij ons op de helft van het oppervlak van de begane grond. Maar dat verschil maakte niets uit. Omdat hij ook zag dat ik het geweldig gezellig vond bij tante Nel. Ik smulde van de gezelligheid, van het normaal doen. Van de grappen. Ik was ook bevriend met Hennie, de broer van Johan. Ik had gewoon wat met die Cruijffen. Gewoon gezellig. Voor het huis hadden ze een bankje staan. Daar zat ik dan met Johan zijn huiswerk te doen.'

'Van Johan heb ik strijdbaarheid geleerd. Strijden tegen onrecht. Dat zat al een beetje in me. Maar hoe Johan heeft geprobeerd om, middels ruzie met de KNVB, ruzie met mijn vader, de omstandigheden voor spelers te verbeteren, daar heb ik hem voor bewonderd. Kijk, ik deed het anders, want Johan ging er altijd met gestrekt been in. Hij was een straatvechter. Altijd. Zo zit ik niet in elkaar. En bovendien heb ik geleerd dat het zo niet altijd werkt. Je moet weleens een omweg maken, zeker in de wereld van de bestuurders. Maar we kwamen altijd weer bij elkaar terug. We hadden een toprelatie.'

Familie

'Hij had een vouw in zijn spijkerbroek'

Marga van Praag (1946) is de vrolijke nicht van Michael. Dochter van oom Max, de broer van Michaels vader Jaap. De oud-journaliste, onder meer bekend als presentator en verslaggever van het (Jeugd)journaal en van tal van andere programma's en documentaires, zit vol verhalen die ze met jeugdige levenslust opdient.

Ze springt op een verleidelijke manier van de hak op de tak, nadat ze eerst een rondleiding geeft door haar huis in Hilversum. Ze verontschuldigt zich voor de halfgeopende deur vanwege schilderwerk, waardoor de frisse herfstdag door het huis waait. Ze is getrouwd met Ben Haveman, voormalig sterverslaggever bij *de Volkskrant*. Hij schuift een poosje aan bij het gesprek op de middag van de dood van Diego Maradona.

'Waarom ik zo dol ben op Michael?' vraagt ze aan zichzelf, waarna ze vrijelijk alle kanten op schiet. 'We houden van dezelfde dingen. Dezelfde humor. Kip. Ja, kip vindt hij heel lekker.' Ben Haveman, met een minzaam lachje: 'Heel belangrijk, kip.' Marga: 'Bemoei je er niet mee. Het is jouw neef niet. We houden van dezelfde muziek. Hoewel. Hij zat met een bandje bij Omroep Max; muziek met een tamelijk hoog gezelligheidsgehalte. Daar is Michael heel erg van, van gezellig. Overigens kan hij vooral heel lief zijn. En ik ben sentimenteel, want hij is mijn enige neef aan de kant van mijn vader. Hij is een lieve, verkreukelde man die volgens mij ook bindingsangst heeft. Hij heeft thuis warmte gemist. Liefde. Hij heeft altijd moeten manoeuvreren. Dan mocht hij het een van zijn vader niet zeggen tegen zijn moeder en het ander van zijn moeder niet tegen zijn vader. Hij heeft zich altijd in allerlei bochten gewrongen. Mede om dat verleden is mijn liefde voor hem zo groot.'

'De ingehouden woede die er nooit helemaal uit is gekomen, die zie ik nu pas soms. De ouderdom doet hem goed. Hij laat meer van zichzelf zien. Michael heeft veel meegemaakt, ondanks al die welvaart. Hij heeft een verknipte jeugd gehad en heeft zich altijd willen bewijzen, voor zijn vader en voor zichzelf. Nu krijgt hij eindelijk rust, en daarom is het zo leuk met elkaar. Het is een warme lieverd.' In haar opsomming probeert ze volledig te zijn: 'Alles wat ik zeg is vol compassie, medeleven en liefde.'

'Mijn moeder zei eens tegen mij: "Bij jullie Van Praagen moet altijd tienduizend Volt door het lichaam stromen. Voortdurend zijn jullie op zoek naar prikkels. Er moet altijd iets gebeuren." Dat heeft Michael ook. Daarom is hij ook vijf keer getrouwd, denk ik. En als hij verliefd was, voorzag hij ook familie van de vrouw van banen. Dat heeft hij altijd gedaan, ook omdat hij aardig gevonden wil worden. Ik ben zelf zo vaak verliefd geweest. Als ik met al die mannen was getrouwd, was ik minimaal tien keer getrouwd geweest.'

Michael van Praag noemt zijn nicht liefkozend Margsteltje. Ze voelt zich vereerd. 'Zo noemde verder alleen mijn vader mij. Is dat niet lief? Als hij geen neef van me was geweest, had ik zo met hem willen trouwen. Maar vroeger wilde ik niets met hem te maken hebben. Dan zei ik: "Michael, je bent niet ludiek genoeg." Ik werkte bij de VARA en hij was in mijn ogen zo rechts. Man. En oom Jaap ook. VVD, *Telegraaf*. Hallo. Verschrikkelijk. En hij had een vouw in zijn spijkerbroek. Dat is toch bizar. Dat mag je rustig in het stuk zetten, want het is waar.'

Ze wil Michael van Praag mooi neerzetten, want ze is dol op hem, al ziet ze ook zijn mindere kanten helder. 'Michael belooft van alles, maar het komt er niet altijd van. Dan spreken we iets af, en dan horen we daarna maandenlang niets. Hoewel ik moet zeggen dat ik verandering zie sinds corona, sinds hij afscheid nam van de KNVB. Hij is familieziek, maar het kwam er nooit van.' Ze vertelt dat ze voor het eerst gaat eten in zijn 'nieuwe' huis, waar hij dan al meer dan tien jaar woont. 'Als we een keer samen zijn, is er niets op de wereld dat leuker is. Het is vertrouwd en gezellig. We weten hetzelfde, we voelen hetzelfde. Warmte. Sentimentaliteit. Alles met de mantel der liefde bedekken en niet uitpraten. Ook daarin is Michael sterk, vermoed ik.'

Ze vliegt vrolijk naar een andere tak: 'Michael is heel genereus. Hij is Sinterklaas.' Ze houdt wel van psychologiseren. 'Misschien is die goedgeefsheid ook compensatie, omdat hij door zijn vader altijd klein is gehouden, zoals mijn broer Chiel en ik ook zijn gekleineerd door onze vader. Die jongens zijn vermalen, gemangeld. We zijn eens met een familieweekend op Vlieland geweest. Michael schoot alles voor. Tijden heb ik achter hem aangezeten: "Michael, ik moet nog betalen." Ik heb hartstikke mooie cadeaus van hem gekregen. Maar dan hoor je opeens een tijd niets meer. Dat had zijn vader ook. Michael kan ook heel chagrijnig zijn, en heel boos worden. Hij houdt vaak de schijn op, hoewel ik ook dát zie veranderen nu.'

Marga van Praag schreef een boek over de familie, samen met journalist Ad van Liempt. Dat boek is een bitterzoet portret, want de jeugd van Michael is zwaar geweest, zwaarder misschien dan hij zelf zal toegeven. 'Michaels vader Jaap is in de steek gelaten door zijn eerste vrouw Lenie, terwijl hij ondergedoken zat in de oorlog. Dat zegt iets over het latere gedrag van Jaap. Oom Jaap is in feite verraden door zijn eerste vrouw, terwijl hij machteloos zat opgesloten op een kamertje op de

Overtoom. Michael heeft dat nooit precies geweten allemaal. Hij wist niks eigenlijk. Toen trouwde Jaap met tante Joep, een hele mooie en hartstikke leuke vrouw. Ze heette eigenlijk Jopie, maar Joep vond ze chiquer. Het was allemaal buitenkant. Uit dat huwelijk is Michael geboren, en later zijn zus Peggy. Michael was gek op zijn moeder, net als wij allemaal. Maar ze ging ervandoor met Jack Philips, de beste vriend van zijn vader. Jaap is toen voor de tweede keer verraden. Dat doet iets met je.'

Vrijwel de hele familie duikt tijdens de Tweede Wereldoorlog onder in Boskoop. Oom Jaap wil dat niet. Hij heeft vertrouwen in de goede afloop, hij zegt dat hij van Ajax is, hij denkt dat hem niets kan gebeuren. Hij duikt uiteindelijk onder op de Overtoom, met bonnen voor eten van de familie uit Boskoop. De opa en oma van Marga en Michael zijn verraden. Op 19 november 1943 zijn ze meteen na aankomst in Auschwitz vergast. Opa, oma, en het zusje van Jaap en Max.

'Michael wist weinig van zijn familiegeschiedenis, ook omdat Jaap daarover nauwelijks sprak. Max wel. Mijn ouders spraken veel over de oorlog, maar altijd in sjablonen, met dezelfde intonatie. Het echte verhaal heb ik nooit gevraagd. Toen ze dood waren, heb ik vaak gedacht: "Hoe hebben jullie eigenlijk verder kunnen leven?" Mijn moeder hield ontzettend veel van Michael. Hij zei altijd, als hij bij haar zat: "Tante Sari, mag ik nog een stukje haring, want dat is gezond voor mij.'Tot ze dement werd heb ik dat van haar gehoord."'

Wanneer Michaels dochter Nicoline naar het concentratiekamp wil waar haar overgrootouders zijn omgebracht, belt Michael met Marga. 'Dat verbaasde me. Ik heb over zijn grootouders verteld. Hun tragische geschiedenis komt voor in de biografie die ik over onze vaders Max en Jaap heb geschreven. Wéét hij dat niet? Hij heeft het eerste exemplaar van het boek gekregen. Alles staat in dat boek.'

'Mijn moeder had een hekel aan oom Jaap, omdat hij zijn broer altijd kleineerde. Toch heeft ze hem geholpen, want zijn kinderen waren het enige dat Jaap nog had. Mijn moeder vond het onrechtvaardig: een moeder die haar kinderen in de steek liet, was geen echte moeder. Ze is als getuige naar de rechtbank geweest, in de strijd om de kinderen van oom Jaap. Er zijn tal van processen geweest om Michael en Peggy. Dat was heel ongebruikelijk in de jaren vijftig, dat kinderen aan hun vader werden toegewezen.'

Terwijl ze af en toe met de schilder praat, koffie zet of aan Ben vraagt nog even bij het gesprek te blijven, vertelt Marga de ene na de andere anekdote. 'Ik herinner me dat oom Jaap in een chique Plymouth reed. Hij was een handige zakenman. Mijn vader was zanger, creatief en geestig, met veel minder geld. Toch deed oom Jaap mijn vader na. En Michael trok altijd een beetje naar oom Max en tante Sari. Hij heeft zelfs een plaatje gemaakt met mijn vader, en hij zingt nog steeds de liedjes van oom Max, in een van zijn bandjes.'

'Hij zocht altijd warmte. Bij ons was het gezellig druk, met gekrijs en chaos. Mijn moeder zei altijd: "De Van Praagen zijn buitenspelers." Naar buiten leuk, naar binnen vaak chagrijnig. Alles voor de bühne, en veel was de schuld van hun zonen. Dan zat ik achter in de auto bij mijn vader en oom Jaap, en hoorde ik oom Jaap zeggen dat Michael veel te veel had ingekocht voor de zaak. Jaap kwam nooit kijken wanneer Michael een wedstrijd floot. Michael kwam eens in een trui in de winkel toen hij alleen in het magazijn moest zijn. Toen zei oom Jaap: "Ga je tennissen?" Michael kon weinig goed doen. Hij moest op zijn zevende een vlinderdasje voor, met een blazer. Zie je het voor je? Bij ons hoefde dat niet. Hij is in een keurslijf gedwongen. Dat heeft hij vooral van zijn vader, die met vijf pakken in een koffer ondergedoken zat op de Overtoom. Elke dag een schoon pak. Hij was een goede zakenman, terwijl mijn vader alles weggaf aan iedereen.'

'Oom Jaap nam de zaak over van zijn vader. Mijn vader ging zingen. Oom Jaap heeft de zaak opgebouwd. Alleen. Mijn moeder vroeg eens of ze mee kon helpen. Toen zei hij: "Nee Sari, dat hoeft niet. Je ziet er te Joods uit." Hij wilde niets meer met de oorlog en het jodendom te maken hebben, terwijl hij er zelf nota bene ook heel Joods uitzag.'

Zaken

'Michael was heel bijdehand als zakenman'

De jonge Michael van Praag wil eigenlijk niet bij zijn vader in de zaak werken, en de twee hebben ook te weinig vader- en zooncontact om een samenwerking aan te gaan. Enerzijds door de gescheiden en nieuwe levens, na het uiteengaan van zijn ouders, anderzijds door zijn vaders drukke leven bij Ajax en in de zaak.

Als middelmatige leerling moet hij toch íéts, de jonge Michael. Tegen het einde van het examenjaar HBS-B doet hij hard zijn best en hij haalt een 8 voor scheikunde. Dat is een mooi vak. Hij gaat scheikunde studeren aan de TH in Delft, wordt lid van het corps en speelt muziek in de Delftsche Studenten Dans Harmonie. Hoempa, jazz en dixieland. Hij is drummer.

Maar er is al een drummer, dus speelt hij ook piano en sousafoon, wat jaren later van pas komt als hij voor een interland

Nederland-Frankrijk op zijn gigantische toeter de volksliederen meespeelt. 'Ik viel ten prooi aan het studentenleven. Dat was zo geweldig, omdat ik kon doen wat ik wilde.'

Eindelijk kan hij zich losmaken van het leven thuis, van zijn vader die elders woont, die druk is en naar Michaels smaak te weinig interesse in hem toont, en van zijn moeder die nogal bezitterig en overbezorgd is. 'Ik moest bijvoorbeeld met het Kwartet Kees Staats spelen, voor de aquariumvereniging in de wijk. Dan zei mijn moeder dat onze bakker daar ook zat. Dat was dan beneden mijn stand, volgens haar. Mijn moeder was Philips met één l. Dat zei ze ook altijd bij de slager: "Philips, met één l." Mijn moeder wachtte altijd tot ik thuiskwam. Dan zag ik die spleet licht onder de deur. "Michael, ben je thuis? We zijn nog wakker. Vertel eens, hoe was het?" Ik vond het verschrikkelijk. We werden altijd bedisseld.'

Op zijn studentenkamer is hij vrij. Hij gaat naar de bioscoop wanneer hij wil. Om elf uur 's avonds kan hij nog naar de Zaak, zoals ze de Sociëteit noemen. Van studeren komt weinig terecht. Hij switcht van scheikunde naar metaalkunde, om dichter bij een droombaan in de vliegtuigindustrie te geraken. Het liefst wil hij piloot worden, maar hij draagt een bril. Professioneel drummer zijn kan ook al niet, al is het maar omdat Jack Philips zegt dat daarmee geen droog brood te verdienen valt. Michael gaat ook nog in militaire dienst en laat zich opleiden tot radiotelegrafist in Ede. Maar al met al is hij vooral een gesjeesd student. Een feestnummer met een hang naar cabaret en muziek.

'De zaak van mijn vader was mijn redding. Ik vertelde alleen niet meteen dat ik bij papa in de zaak wilde, terwijl de meeste vaders dat juist wensen. Zeker Joodse vaders. Dan weten ze dat het goed zit. Mijn vader had eens een jubileumreceptie. Ik wilde toch iets zeggen, terwijl we dus weinig contact hadden. "Nou pap, ik zal ervoor zorgen dat de naam Van Praag voor altijd aan de zaak verbonden blijft." Hij vatte dat op als: Michael komt in de zaak. En hij had net een concessie gesloten voor een winkel op Schiphol, in 1967.'

Schiphol is een klein vliegveld in die tijd. In een enkele winkel staan radio's te koop. Er zijn een kapper, een parfumerie en een drankwinkel. Dat is het wel zo'n beetje, totdat in 1967 het nieuwe Schiphol opent. Philips aast op die winkel, maar de luchthaven wil niet alleen Philips-spullen in de etalage. De leiding van Schiphol komt dankzij Philips bij Jaap van Praag terecht als uitbater.

'Mijn vader was een grote, loyale klant van Philips. Ik zei dat ik het wel wilde proberen in de zaak, maar niet wist of het me zou liggen. Mijn vader vroeg daarop aan de familie Van Rijsselberghe van Radio Modern of ik stage mocht lopen. Daar kreeg ik de smaak te pakken.'

Platen verkopen op de Pleinweg in Rotterdam, bij meneer Van der Zijde, de mentor van Michael. 'Hij leerde mij dat de verkoper bij wijze van spreken in aanmerking kwam voor de doodstraf als iemand zonder plaat de deur uit ging. Als een klant voor de Vijfde van Beethoven kwam en die had je niet, was dat erg jammer, maar dan moest je ervoor zorgen dat hij met een accordeonplaat of iets anders vertrok. Zonder plaat ging niemand de deur uit. Ik heb daar goed leren verkopen.'

Van Praag leert het vak verder aan de Karel Doormanstraat bij meneer Danser – een 'verschrikkelijke man' – tot de directie van Radio Modern meedeelt dat hij een nieuw zaakje mag openen op de Walenburgerweg. Een buurtzaakje. Hij mag het assortiment zelf vullen. Heerlijk. 'Rotterdammers bleken geweldig toffe mensen. Sindsdien heb ik een zwak voor ze. Dan had ik een bepaalde plaat niet en verwees ik ze door naar een andere zaak. Dan zeiden ze: "Nee, we kopen bij jou. Bestel de plaat maar. Dan kom ik hem volgende week halen." Dat is Rotterdams. Top.'

Michael verkoopt ook tijdelijk wasmachines, in Tilburg, en krijgt vragen op hoeveel toeren een machine centrifugeert. Hij zegt soms maar wat, met het zweet in de handen. 'Op een gegeven moment zei ik tegen mijn vader dat ik mijn bestemming had gevonden. Ik wilde terug in de zaak. Ik haalde mijn middenstandsdiploma, werkte eerst op het Spui en later op Schiphol. Altijd grammofoonplaten, later cd's, en weer later inkoop van geluidsapparatuur. Ik kreeg door dat ik een betere inkoper was dan een verkoper.'

Oppervlakkig gesteld gaat het goed met Michael. 'Maar eigenlijk ging het niet goed. Mijn vader zei nooit dat hij tevreden was. Hij was veeleisend en ook vaak ontevreden. Dan ging hij achter mijn rug om, terwijl ik al de inkoop deed op Schiphol, naar de inkoper van de platenafdeling op het Spui, en vroeg hij: "Hoe vind jij dat Michael het doet?" Hij heeft ook nog eens alle chefs op Schiphol bij elkaar geroepen om over mij, zijn zoon, te praten. Over mijn inkoopbeleid. Ik heb er nog de notulen van, die ik nooit meer heb willen inkijken. Verschrikkelijk.' Het begint met één zaak op Schiphol. Later volgt er eentje op de pier, en weer eentje ergens anders. Het bedrijf groeit en groeit. Hij trekt personeel aan, zijn zus Peggy bijvoorbeeld. Zij zegt: 'Ik heb tien jaar bij Michael gewerkt, op de afdeling verkoop. Hoe geweldig ik hem ook vond als broer, daar werken was weleens moeilijk. Ik zat altijd tussen de baas en de collega's in als er iets was. Daar voelde ik me niet zo lekker bij soms.'

Van Praag ontwikkelt een praktische manier voor het oplossen van problemen. Zo neemt hij Bep Thomas aan, die hij kent uit de wereld van de scheidsrechters. Van Praag is arbiter bij de amateurs, Thomas haalt het betaald voetbal.

Bep Thomas: 'Michael trainde soms met ons mee.' Van Praag vraagt Thomas de chaos in het magazijn op Schiphol te beteugelen. 'Ik was stratenmaker,' vertelt Thomas in zijn gezellige woning in Amstelveen. 'Dat wilde ik ook echt. Mijn vader zei dat ik niet goed bij mijn hoofd was, maar vanaf mijn veertiende wilde ik niets anders dan stratenmaker zijn. Later heb ik mezelf ook weleens een sukkel gevoeld om die keuze, maar ik heb een goed leven gehad. Ik was een gewone jongen, met zes jaar lagere school. Dertig jaar lang was ik stratenmaker.'

'Op een gegeven moment was ik opzichter bij de gemeente.

Michael belde en vroeg of ik bij hem in het magazijn op Schiphol wilde komen werken. Hij had daar veertien, vijftien man rondlopen, maar het was een puinhoop. Het ziekteverzuim was zestig tot zeventig procent. Op mijn eerste dag riep ik de jongens bij elkaar en zei: "Jongens, ik ben vanaf vandaag jullie chef. Als er problemen zijn, kom je naar mij. Dan regel ik het." Er was ook een directrice uit het bedrijf van Michael en zijn vader, van wie de man bij ons in het magazijn werkte. Hij verried alles. Allemaal toestanden. Af en toe moest ik bij Michael komen. Dan had hij iets gehoord, bijvoorbeeld dat ik iemand later had laten beginnen met zijn werk omdat hij met zijn kind naar de dokter moest. Dan zei ik: "Luister Michael, ik heb de leiding in het magazijn. Het is zoals ik het zeg. En als ik niemand meer naar de dokter mag laten gaan met zijn kind, ga ik weg."

Met zo'n duidelijke uitleg is Van Praag doorgaans tevreden. 'Hij vroeg vaak hoe ik het zag met al die mannen in zo'n magazijn. Dan vertelde ik over de problemen van ieder mens. Op een gegeven moment zag hij dat het goed ging. En het ziekteverzuim daalde zienderogen.'

Bep Thomas werkt een jaar of vijftien in het magazijn. Op een dag roept Van Praag hem bij zich op kantoor. Of Thomas weet dat hij met de vut kan. Het hoeft niet, maar hij moet weten dat hij dan slechts vijf procent van zijn salaris hoeft in te leveren. 'Ik heb mooi afscheid genomen. Het was een wereldtijd. Michael was heel bijdehand als zakenman. Hij sprak zoveel talen en hij toonde begrip voor iedereen, ook voor jongens achter in de winkel of in het magazijn. Hij was een goede baas. Meegaand en intelligent.'

Michaels vader Jaap is in die beginjaren op Schiphol vaak weg: als voorzitter van Ajax en met zijn klussen bij de UEFA. Michael: 'Dan kwam er een scheidsrechter uit Oost-Europa, midden in tijden van de Koude Oorlog, om een overstap te maken voor een wedstrijd in Engeland of Frankrijk. Geen cent te makke. Mijn vader kocht dan eten en drankjes voor de scheidsrechter en zijn assistenten. Hij bleef bij ze en zette ze weer op het vliegtuig.'

Als inkoper maakt Michael furore. 'Ik had een neus voor wat mensen wilden hebben. Op Schiphol is dat overigens heel makkelijk. Je hoeft alleen het laatste model te hebben, en het verkoopt.' Mensen gaan immers op vakantie, of op zakenreis. Het geld brandt in hun zakken, ze willen iets kopen, ze zijn goedgeluimd. 'En je kunt niet zeggen: meneer, komt u dinsdag even terug, dan bestel ik het voor u. Je moet het meteen hebben. Wat mij een goede inkoper maakte, althans dat vind ik zelf, is dat ik wegen vond om ervoor te zorgen dat ik altijd voorraad had. Altijd het nieuwste model.'

Hij noemt voorbeelden. Sony levert bepaalde apparaten slecht en duur. Michael zegt tegen zijn vader, terwijl die vaak narrig is vanwege de grote voorraden: 'Als iemand een Philips niet wil, maar wel een Sony, dan verkoop je die Philips niet.' Het conflict tussen vader en zoon loopt soms hoog op.

Zoon Michael stelt voor de Hongkong Trade Development Council te bezoeken, voor contact met leveranciers. 'Mijn vader vond het meteen goed. Ik wist niet wat ik meemaakte, want op alles had hij normaliter commentaar. Toen ben ik begonnen met reizen naar Hongkong. In de loop der jaren heb ik de inkoopmogelijkheden uitgebreid, tot leveranciers in Taiwan, Singapore, Hongkong, Japan en de Verenigde Staten. Om altijd voorraad te hebben, tegen betere prijzen. Ik kocht een wereldontvanger van Sony, de ICF 7600, goedkoper in dan Sony Nederland dat deed. Tot op de dag van vandaag begrijp ik daar nog steeds niets van. Bij Sony Nederland kostten die iets van 120 gulden in die tijd. In Singapore kocht ik ze voor 95 gulden. Dat is een hoop margeverschil. Daarin was ik goed, in die manier van inkopen.

'Wat ik ook aardig beheerste, was contact leggen met mensen. In de radio- en televisiebranche was de gunfactor belangrijk. Bij mijn eerste bezoek aan Hongkong kon ik een container autoradio's kopen, 1500, 2000 stuks. Dan zei ik: "Lieve mensen, ik ben winkelier, geen groothandel. Dat kan ik niet doen." De eerste keer kwam ik zonder order thuis. Ze wilden eerst eens zien wat voor vlees ze in de kuip hadden. Is die Van Praag te vertrouwen? Wat heeft hij voor winkel? De keer daarna kon ik 250 stuks kopen. Mensen gunden mij iets. Mijn vader bleef overigens bang dat er iets verkeerd ging. Hij vond ook dat het bedrijf te groot werd, omdat hij de controle verloor. Hij was er vaak niet en hij zei nooit: "Michael, dat heb je goed gedaan." Misschien één of twee keer in al die jaren. Dat zei hij dan meestal tegen anderen en hoorde ik het via via. Achter mijn rug om viste hij allerlei dingen uit.'

'Op een gegeven moment ben ik weggelopen, met de mededeling te vertrekken en voor mezelf te beginnen. Een week ben ik niet op de zaak geweest. Ik ging naar de Kamer van Koophandel en schreef me in als Van Praag Trading. Mijn vader vond dat geen goed idee. We praatten het conflict uit en toen was het weer goed. Om nog een voorbeeld te geven over hoe onze relatie was: ik stelde voor om één keer per maand samen te gaan eten. Dat hebben we een hele tijd gedaan, waardoor onze verhouding weer verbeterde.'

Van Praag wil overigens de indruk wegnemen dat al zijn zakelijke beslommeringen succesvol zijn geweest. 'Schoenmaker blijf bij je leest, is mijn les. Ik speelde in een band, Friends for Life. Via mijn vriend Map Nihom kwam ik in contact met Janke Dekker. Zij werd de zangeres van Friends for life. Een fantastische zangeres en een moordwijf, zoals wij in Amsterdam zeggen. Ze was een musicalster. Ze was bijvoorbeeld de eerste Evita in Nederland. Ze hield van theater, musicals en toneel. Nou, ik ook. Ze wilde eigenlijk theaterproducent worden. Nou, ik ook. Dus zei ik tegen haar: "Dan doen we dat toch samen." Weer in het diepe gesprongen, zonder me goed te verdiepen in die wereld. Wij richtten Janke Dekker Theaterproducties op. Op zich was dat een succesvol bedrijf, in de zin van de producties. Die waren mooi.

'Onze eerste productie samen was *Contrapunt*, naar een boek van Anna Enquist. We deden kleine musicals, waarin we jonge, aankomende musicalsterren de kans wilden bieden. *Garland & Minnelli. Willem Ruis, de show van zijn leven. Dansen met de vijand, naar een boek van Paul Glaser.* Het ene stuk nog mooier dan het ander. Allemaal vier sterren gehad. En toch kwam er te weinig publiek op af. We waren wel goed in het maken van de productie, maar we konden dat niet vertalen naar volle zalen. Het was een schoenmaker-blijf-bij-je-leest-geval voor mij, vond ik. Wij dachten de marketing zelf wel te doen. Zo werkte dat niet. Zo'n boekingskantoor verkoopt een voorstelling aan de theaters. Gemiddeld hadden we 54 voorstellingen. Eigenlijk moet je er 70 hebben, maar 54 ging nog wel. Alleen: de titel, de poster, de trailer, dat zijn de eerste zaken waarop mensen beslissingen nemen of ze ergens naartoe gaan of niet. Als dat niet helemaal goed is, kunnen wij nog zo'n mooie productie maken en kunnen de mensen in de zaal nog zo enthousiast zijn... en dat waren ze.'

Janke Dekker: 'De start van het bedrijf was vlak na de grote crisis in theaterland. De bezuinigingsronde onder staatssecretaris Halbe Zijlstra zorgde voor een slagveld in de sector en was er de oorzaak van dat tournees kleiner en goedkoper moesten dan voorheen. Het lag echt niet alleen aan onderschatting van zijn eigen marketingvaardigheden.'

Van Praag: 'Bij *Contrapunt* reed ik zelf op de bus met de cast, het hele land door. Je zat na afloop bij de techniek en dan staken de mensen hun duim op. Heerlijk dat ze het mooi vonden. "Zonde alleen dat er zo weinig mensen waren," kreeg ik dan te horen.'

Dekker: 'Michael was binnen de sector een enorme aanjager. Tomeloos in zijn pogingen alles beter te krijgen en mensen te verbinden en tot samenwerking over te gaan. De acteurs droegen hem op handen, want hij was loyaal en altijd aanwezig op de vloer om iedereen te motiveren. Ik heb veel van hem geleerd als het gaat om vanuit het niets iets opbouwen.'

Van Praag: 'Toen ik al weg was, maakten ze ook nog *FIFA Blatter*, over de ondergang van Sepp Blatter. Geweldig. Theatermaker Tom de Ket had het geschreven. Ik heb hem bij de presentatie aan de programmeurs van de theaters zelfs nog mijn FIFA-jasje omgehangen, zo enthousiast was ik erover. Wij vonden het fantastisch. De recensenten ook. Alleen het publiek kwam niet. Vóór de werkelijke productie over Blatter ben ik uit het bedrijf gestapt, ook omdat ik vond dat de bondsvoorzitter geen medewerking mocht verlenen aan die musical. Dat kreeg ik ook te horen van enkele mensen bij de KNVB, dat het eigenlijk onverenigbare zaken waren. Het was een heel kritisch stuk. Daarna was ik alleen nog adviseur van het bedrijf. Het was een van de leukste periodes van mijn leven. We zaten in Amsterdam, we waren creatief en we maakten van niets iets.'

Janke Dekker: 'Michael besloot in maart 2016 te stoppen met Janke Dekker Producties, omdat hij ambities had om voorzitter van de UEFA te worden. Die werkzaamheden konden niet samengaan met een kritische theatervoorstelling over

Blatter. Deze voorstelling is pas na zijn vertrek uit het bedrijf gerealiseerd. De première was in januari 2017 in Hoorn, daar was Michael bij.' Het bedrijf bestaat overigens nog steeds, maar dus zonder Van Praag.

Van Praag: 'Ik kan er nog slapeloze nachten van hebben. Hoe heeft dit nu verkeerd kunnen gaan? Waarom omringden we ons niet met betere marketingmensen? Janke was verantwoordelijk voor de artistieke kant en kreeg vier sterren. Mijn relatie met Janke is nog steeds fantastisch, maar ik vind het vreselijk jammer dat het niet is geworden wat we ervan hadden verwacht.'

In het zakenleven buiten de theaters is het Michael vrijwel altijd goed gegaan. Vader Jaap overigens sluit in 1975 de zaak op het Spui. Deels heeft hij de neergang zelf bespoedigd. Hij heeft bijvoorbeeld een hekel aan het geven van korting. Allerlei andere zaken komen op, ook met grammofoonplaten in het assortiment, en zij geven korting. Een plaat kost daar geen 19,50 gulden, maar 17,50. 'Dat kostte hem klanten. We verkochten draagbare radio's. Dan liep ik met iemand naar de kassa, waar mijn vader stond. Want niemand mocht aan de kassa komen, behalve hij. Dan zei ik tegen mijn vader: "Meneer van Praag, ik heb de batterijen erbij gegeven." Dan kreeg ik onderuit de zak, in aanwezigheid van de klant. Wat moet dat voor indruk hebben gemaakt?'

Op Schiphol daarentegen gaat het steeds beter en makkelijker. Vader verkoopt de zaak op Schiphol aan Michael. Zo wordt het ook besproken met Pia, Jaaps laatste vrouw, en de kinderen van die twee: Pamela en Beryl. 'Op zijn sterfbed moest ik nog even bij hem komen: "Jij zorgt wel voor Peggy." Dat heb ik gedaan.'

Peggy: 'Dat heeft hij zeker gedaan. Michael is altijd een geweldige broer geweest. Dat is hij nog. Ik kon en kan altijd bij hem terecht. Hij heeft me vaak behoed voor grotere ellende. Ik was niet zo goed terechtgekomen als Michael niet mijn broer was geweest.' Vader Jaap blijft tot zijn dood betrokken bij de zaak. Hij helpt met de boekhouding. 'Hij had Fingerspitzengefühl voor geld. Als hij naar de bankrekening keek, wist hij precies hoe het met de zaak ging.' Wat Michael trouwens ook al doet in die tijd: grote hoeveelheden videorecorders verkopen aan Saoedie-Arabië, de Golfstaten en Nigeria. Op Schiphol lopen de zaken goed bij de gratie van schaarste.

Michael richt een groothandel op: Duty Free Electronics. De invoering op Schiphol van de creditcard is ook een belangwekkende ontwikkeling. De eerste is American Express. Alleen wil die maatschappij 4,75 procent commissie. Van Praag heeft een winkel of acht, negen, en hij zit in een commissie om die toeslag omlaag te krijgen. Het gaat om miljoenen omzet per jaar. 'Dat lukte, maar ik heb mijn vader nooit zo kwaad gezien als toen, omdat wij creditcards zouden gaan accepteren tegen 2,5 procent. Hij had het schuim op zijn mond staan van woede.'

'Op Schiphol betaalde je huur, plus 12 procent commissie over de omzet. Plus 3,5 procent voor de marketingcommissie. Exclusief huur was je dus al ruim 15 procent kwijt. Dat was een groot deel van je winst. Het winkelpersoneel kreeg toeslagen vanwege onregelmatige werktijden. Je was een soort supermarkt en moest heel, héél veel verkopen. De enige manier om goed te verdienen was om aan de inkoopkant minder te betalen. Vandaar die buitenlandse reizen van mij.'

Zijn vader brengt hem persoonlijk naar de gate voor die reizen. Van Praag ontwikkelt zelfs een eigen merk in Taiwan. Mitone – dat nog steeds verkrijgbaar is. Oortelefoontjes, autoradio's. Al is het maar om marge te blijven maken. 'Na twaalf, dertien reizen vroeg mijn vader, terwijl we naar de gate liepen: "Hoe vlieg jij eigenlijk? Welke klasse?" Ik: "Economy."'

'Hij was net met Ajax naar Buenos Aires geweest, en zei: "Economy? Komt niks van in." Is hij nog naar Singapore Airlines geweest om mijn plaatsbewijs in te ruilen voor een eersteklasticket. Vanaf dat moment mocht ik alleen eerste klasse reizen. "Jij werkt zo hard. En je hebt tijdverschil en gaat meteen door. Ik wil dat je uitgerust vliegt," zei hij. Soms gingen de luiken bij hem open en dan was hij een moordvent. Dat was het wonderlijke van mijn vader.'

Het bedrijf groeit en groeit, breidt uit met winkels in het buitenland, tot in Singapore toe. 'Het werd best een groot concern.' En dan, in 1987, krijgt Jaap van Praag een fataal ongeluk. 'Mijn vader zou een speech houden voor de Rotaryclub. Hij reed naar Castricum, naar zijn assistente Caty, om de toespraak te laten uittikken. Hij had het altijd koud in de auto. De verwarming stond dus voluit en hij droeg principieel geen autogordel. Op de A9, komend vanaf Castricum, is hij in slaap gevallen. Zijn auto kwam tegen een vrachtauto terecht en caramboleerde tegen de wegafscheiding. Hij is net op een plek waar geen vangrail was een weiland in gedoken en tegen een talud tot stilstand gekomen. Hij lag in het VU. Prima aanspreekbaar. Ik ben zelfs nog op de zaak geweest om een videorecorder te halen en zijn auto te filmen, om hem te kunnen laten zien hoe die eruitzag. Dat was op een vrijdag. Op zaterdag werden we gebeld of we met spoed naar het ziekenhuis konden komen. Hij had inwendige bloedingen, met name van het stuur dat tegen zijn borstbeen was gekomen. Hij is binnen anderhalve dag overleden. Dat was het meest onwerkelijke moment in mijn leven. Hij lag daar op de intensive care, met allerlei apparaten. Je ziet dan van die grafieken. Het ene na het andere apparaat ging piepen. Hij gleed weg. De grafieken werden strepen. Totdat hij dood was.'

Zus Peggy: 'Ik was in die tijd net gescheiden en mijn hele wereld stortte in. Ik was er helemaal kapot van.'

Michael: 'Het was een tragische dood. Ik heb van hem geleerd goede relaties te onderhouden. Hoe hij dat deed, was ongekend. In mijn eerste jaren bij de UEFA was het alleen maar: "Hoe is het met je vader? Leeft hij nog? Wat een kerel was dat." En mijn vader begon elk gesprek met een mop, ook zakelijk. Heel goede Joodse moppen. Hij hield ook vaak een wedstrijd met zijn broer Max, wie de beste mop vertelde. Zij wisselden altijd moppen uit.'

'Ik denk dat ik nu ook wel kan verklaren waarom mijn vader in de zaak altijd zo afstandelijk deed, en nooit zei dat hij trots op me was, blij of tevreden. Ik moet mij realiseren dat mijn vader in de oorlog alles is kwijtgeraakt. Zijn vader, zijn moeder, zijn zusje, zijn eerste vrouw. Toen kreeg hij kinderen, Peggy en ik, en die is hij uiteindelijk ook kwijtgeraakt, want na de vechtscheiding van mijn ouders kozen wij voor onze moeder. Al die emotie heeft zich waarschijnlijk vertaald in afstand. Dat hij me kwalijk nam dat ik voor mijn moeder koos, begrijp ik wel. Het is veel minder een zaak van karakter dan van verdriet. Toen ik op die receptie zei dat de naam van Van Praag altijd aan het bedrijf verbonden zou blijven, dacht hij: gelukkig. Mijn zoon komt terug. Hij heeft me toen op een geweldige manier omhelsd. Op dat moment voelde ik dat hij veel meer van me hield dan ik had gedacht, en ik hield van hem. Heel even die Joodse nesjomme (ziel; *red.*). Kan er nog om huilen soms. Had ik hem dan al die jaren toch verkeerd begrepen?'

Ajax (I)

'We waren allemaal haantjes'

Meer dan een voetbaldier of een scheidsrechter is Michael van Praag een muzikant. Muziek betekent voor hem meer dan voetbal, zeker in zijn jeugd. 'Ik had niks met voetbal. Tot mijn 32ste heb ik gefloten. Daarna moest ik kiezen tussen muziek en fluiten. Voor het betaald voetbal was ik niet goed genoeg, als scheidsrechter bij de tweede klasse amateurs.'

Voormalig topscheidsrechter Bep Thomas, bevriend met Van Praag, kan hem goed nadoen. In zijn huiskamer in Amstelveen doet hij het loopje voor. De kont een beetje naar achteren, de voeten wat naar buiten gedraaid. Hij noemt Van Praag een degelijke scheidsrechter in zijn tijd. Geen groot talent. Van Praag zelf is de laatste om die kwalificatie tegen te spreken. 'Ik had bovendien tegen dat ik de zoon van Jaap van Praag was. Oh, het zoontje van Van Praag denkt ook... zo ging dat dan. Dat heb ik aan den lijve ondervonden in rapporten. Ik zal nooit vergeten dat ik het eerste bij St. Martinus floot, met een warming-up op een bijveld. In het rapport stond hoe belachelijk het was dat ik zo pontificaal een warming-up deed. Wat dacht die Van Praag wel.'

Hij speelt liever muziek, onder meer in de coverband Airport Convention, het orkest van Schiphol. In de weekenden is hij geregeld om vijf uur 's nachts thuis, terwijl hij de volgende ochtend moet fluiten. Hij maakt een keuze. 'Ik floot mijn laatste wedstrijd, stuurde de volgende dag een brief naar de scheidsrechterscommissie en stopte.' Hij blijft actief in de scheidsrechterscommissie van Amsterdam, want daarin heeft hij aardigheid. Besturen, misschien is dat iets voor hem.

Scheidsrechters coachen, omstandigheden voor arbiters verbeteren: het voetbal zelf raakt steeds verder op de achtergrond.

'Ik keek niet eens meer naar voetbal. In de negen jaar voorafgaand aan mijn voorzitterschap bij Ajax ben ik misschien zeven keer naar Ajax geweest. Ik had geen seizoenkaart en keek niet naar voetbal op televisie.' Als hij al gaat, is het ten tijde van het voorzitterschap van zijn vader, soms met vriend Kees Timman, de zoon van oud-penningmeester Henk Timman. 'Tijdens de periode met Ton Harmsen als voorzitter, kocht ik af en toe een kaartje. Er kwam een crisis bij Ajax, waarin het bestuur van Harmsen opstapte. Het bestuur had te maken met een inval van de FIOD (Fiscale inlichtingen- en opsporingsdienst; *red.*) en met het opstappen van Johan Cruijff als trainer. De vijfde colonne ging werken.' Een commissie onder leiding van Mr. Nico Gianotten formeert een nieuw bestuur, met Uri Coronel, Arie van Os, Hennie Henrichs en André Kraan. Van Os is penningmeester, als onderhandelaar en rekenwonder. Coronel behartigt commerciële zaken, Henrichs technische zaken en Kraan is gevraagd voor algemene zaken. Er is alleen geen voorzitter. Van Praag: 'Op een gegeven moment hadden al drie mensen afgezegd. Toen zei ik wat ik altijd in mijn leven heb gedaan: dat ik wel in het diepe wilde springen en verder zou zien.' Hij meldt bij ome Henk Timman, commissaris in zijn bedrijf, dat hij interesse heeft, mochten ze niemand vinden. 'Henk zei alleen: "Zo zo zo."'

Van Praag weet niet eens wat het voorzitterschap precies inhoudt. Weken verstrijken, er gebeurt niets en Van Praag vraagt aan Timman: 'Ik hoor niets meer. Willen ze geen Van Praag meer?' Zijn vader was immers een dominante voorzitter geweest. Of, zoals voormalig bestuurslid en oud-directeur Arie van Eijden het uitdrukt: 'Jaap was echt een flamboyante man. Michael is vooral heel charmant, als geen ander.'

Volgens Timman is er geen sprake van een familiekwestie. Ze vinden Michael met 41 jaar simpelweg te jong. Van Praag: 'Ik ging naar een verjaardagsfeest van mijn vriend Jacques Noach, en daar was Uri Coronel ook. Hem kende ik van Joodse feestjes. Hij vroeg of het niets voor mij was, voorzitter zijn. Ik vertelde Uri dat ik me allang had gemeld en te jong was bevonden. Uri vond dat allemaal gelul. Ze hadden hem, toen

42, ook gevraagd voorzitter te worden, maar hij wilde dat niet. Hij wilde commerciële zaken doen.'

Tijdens het feestje zondert Coronel zich even af om telefoontjes te plegen. Een paar dagen later zit Van Praag bij de commissie Gianotten. De donderdag daarop is hij voorzitter. Het is januari 1989. Zelfs de media zijn verrast. Wie de kranten van toen terugleest, waarvan de knipsels bewaard zijn gebleven in de plakboeken van Michael van Praag uit de begintijd van zijn loopbaan als bestuurder, ziet dat er nauwelijks tijd ligt tussen de eerste keer dat Van Praag in de kolommen verschijnt en de daadwerkelijke benoeming.

'Ik was een pure outsider. Arie van Os wilde aanvankelijk ook niet dat ik voorzitter werd. Ik kende hem oppervlakkig van de Beursbengels, een voetbalclub waar alleen mensen komen die bij de beurs werken. Ik was bevriend met Hans Kroon, de compagnon van Van Os in het beursbedrijf Van der Moolen. Bij Beursbengels was ik vaste grensrechter van het eerste elftal, en er waren veel feestjes. Volgens mij dacht Arie, hoewel hij dat toen nooit hardop tegen me heeft gezegd, dat ik dan wel even de dienst zou gaan uitmaken. Terwijl Arie ook wel een haantje was. We waren allemaal haantjes. Arie was misschien bang dat ik me met transfers ging bemoeien, met financiën.'

Een goed gesprek met Arie van Os verandert de situatie. 'Ik zei tegen hem dat hij nergens bang voor hoefde te zijn, want ik ben een slechte onderhandelaar, die alles meteen weggeeft. Ik was niet van plan me te bemoeien met transfers en financiën, waarvoor ik in mijn bedrijf goede mensen had. Een van mijn beperkingen is juist financiën. Toen was Arie akkoord. Ieder bestuurslid was voorzitter van zijn eigen portefeuille. Ik ben zelfs nooit bij het sluiten van een transfer aanwezig geweest. Dat deed Van Os, met Arie van Eijden. Net als Uri heel autonoom de nieuwe sponsors zocht en ik publiciteit en supporterszaken deed. Doordat we elke week bij elkaar kwamen, waren we een homogeen en collegiaal bestuur. Bij verrassing werd ik voorzitter.'

In de dagen dat het nieuws al rondwaart maar nog niet officieel is, belt Bert Dijkstra van *De Telegraaf* hem thuis op. Hij vraagt of het klopt, dat Michael van Praag voorzitter van Ajax wordt. Van Praag antwoordt dat het nog onzeker is. 'Het was mijn eerste confrontatie met de pers. Journalisten weten dat soort zaken vaak eerder dan jijzelf.' Als het nieuws eenmaal openbaar is, schuift het gordijn weg voor de geheimen van een andere wereld. Nicht Marga meldt dat ze vreselijk trots is. Felicitaties stromen binnen. Michael van Praag is voorzitter van Ajax, de directeur van Electric Gramophone BV en van Duty Free Electronics BV. Zoon van Jaap van Praag, die de functie bekleedde van 1964 tot 1978, die Rinus Michels had aangesteld, onder wiens voorzitterschap drie keer de Europa Cup I was gewonnen.

De verwachtingen zijn hoog, terwijl Van Praag junior dus nauwelijks bestuurlijke ervaring heeft en Ajax een club is in last. Er speelt een zwartgeldaffaire, ontstaan onder het vorige bestuur. De club vreest een miljoenenstrop. Ajax raakt zijn beste spelers te makkelijk kwijt. De Meer is een gedateerd stadion met supportersproblemen. Van Praag kent Arie van Os en Uri Coronel een beetje, en Hennie Henrichs nauwelijks. Alleen André Kraan behoort tot zijn kennissen, want hij was een van de beste vrienden van zijn vader.

Het begin is onwennig. 'Ik herinner me de allereerste uitwedstrijd, tegen Veendam, op de Langeleegte. Ik had tien jaar nauwelijks naar voetbal gekeken en weet nog dat ik op een gegeven moment op mijn horloge keek en tegen mezelf zei: Jezus, pas twintig minuten gespeeld. Straks krijgen we ook nog een tweede helft van 45 minuten. Ik vond er niets aan. Dat veranderde gelukkig snel. Als je elke dag met zo'n club bezig bent, gebeurt er iets met je. Dan raak je betrokken, je wilt winnen. Na twee, drie wedstrijden kon ik van de zenuwen nauwelijks meer kijken. Ik ben in dat eerste jaar zelfs naar de dokter gegaan, voor mijn nervositeit. Hij gaf me Inderal, een middel dat de toevoer van adrenaline remt, om het eenvoudig te houden. Je blijft rustig, zonder dat je slaperig wordt. Op een gegeven moment werkte één Inderalletje niet meer, dan neem je er twee. Ik zat daarna op drie. Arie van Os zei eens: "Wat hang jij er stom bij, het is al 3-0." Dat had ik niet eens in de gaten. Ik was versuft van die rotzooi.' Hij stopt subiet met de pilletjes.

Ajax dreigt in een moeras van problemen weg te zakken. Het vorige bestuur, van Harmsen, dient voor de rechtbank te verschijnen voor de FIOD-zaak. Arie van Eijden is al vanaf 1977 bestuurslid geweest onder Jaap van Praag en blijft actief in het bestuur van Harmsen, vanaf 1978. In 1986 wordt hij de eerste operationele directeur van Ajax, tot 1994. In een café in het winkelcentrum van Diemen stelt Van Eijden: 'In 1989 heb ik overwogen om samen met het bestuur van Harmsen op te stappen. Harmsen zei dat ik dat niet mocht doen, naar mijn gezin toe. Het was mijn eten, het was niet aan de orde. Ik werkte ook gewoon mee aan het verschaffen van informatie over de FIOD-zaak, onder leiding van de latere minister Fred Teeven. We hadden niets te verbergen. Dachten we. Alleen kwam ik erachter dat er over die laatste periode een geheime rekening was in Zwitserland. Ik wist daar niets van. Het ging vooral om geld van het Mundialito-toernooi uit 1981, met Johan Cruijff in Milaan, geregeld door diens schoonvader en zaakwaarnemer Cor Coster. Daarvoor was een voorschot betaald, dat op de bankrekening in Zürich was gestort.'

Zwart geld is destijds vrij normaal in het betaald voetbal. Van Eijden: 'De eerste keer dat ik met een andere manier van betaling in aanraking kwam, was bij trainingskampen eind jaren zeventig, in Odoorn, Drenthe. Ik was net bestuurslid, terwijl achter de bus werd afgerekend. Niet aan het bestuur, maar aan de spelers. Dergelijke praktijken waren gegroeid in de jaren daarvoor, terwijl Ajax de kosten betaalde. Dat hebben we toen omgedraaid. Spelers kregen alleen nog premies.'

Zo gaat dat in die dagen, in feite de pionierstijd van de professionalisering. Vermogende Amsterdamse zakenlieden geven soms envelopjes met geld aan spelers. In het kielzog van het bestuur van Harmsen gaat Van Eijden mee ten onder. 'Na de uitspraken in de FIOD-zaak hoorde ik vanuit de ledenraad dat ik geroyeerd zou worden als lid. Dat is uiteindelijk pas in februari 1994 gebeurd. Michael en Arie van Os vroegen me met klem directeur te blijven. Dat deed ik, maar ik was gevoelig voor avances. Tijdens het WK in 1994 ben ik benaderd door voorzitter Jos Staatsen om bij de KNVB directeur te worden. Het was moeilijk om dat te vertellen aan de bestuursleden van Ajax. Ik zal nooit vergeten dat Arie van Os zei: "Goh, dat ze jou nemen, met jouw verleden." Ik zei: "Als je nog een keer zoiets zegt, krijg je een stomp voor je harses."'

Van Eijden vertrekt in 1995, om vijf jaar later terug te keren, op verzoek van Van Praag en Van Os. 'Michael zei: "Arie, we hebben een fout gemaakt. Ook de ledenraad vindt dat. We hadden jou nooit mogen royeren. Wil je weer lid worden?" Toen heb ik heel stoer gezegd dat ik er nog even over wilde nadenken.'

Van Praag, nu: 'Arie van Eijden was fantastisch. Hij begreep de club goed.'

Van Os, tegen Van Praag: 'Ik weet nog dat ik aan jou vroeg: "Zullen we het weer proberen met Arie van Eijden?" Jij dacht niet dat het zou lukken, want hij was heel boos op ons. Maar hij was toch genegen om te komen, als wij zijn pensioen maar regelden.'

Van Praag: 'Arie had een hoge gunfactor. Hij kreeg veel voor elkaar voor Ajax. Het was een dieptepunt dat we hem hebben moeten wegsturen, maar het was niet persoonlijk bedoeld. Het was vreselijk. Ik heb er altijd spijt van gehad.'

Van Os: 'Achteraf gezien hadden we hem de hand boven het hoofd moeten houden. Maar hij is gelukkig teruggekomen en heeft nog een goede tijd bij Ajax meegemaakt.'

Van Eijden kan goed werken met het bestuur Van Praag, in beide periodes. Zij beheren allemaal hun eigen portefeuille en brengen geregeld verslag aan hem uit. Hij vergezelt Van Os naar transfergesprekken. De wereld van het voetbal verandert in razend tempo, het is een interessante tijd. Van Eijden: 'Er was zo'n sterke en snelle ontwikkeling gaande. Ik werd contractspeler onder Jaap van Praag, voor 2600 gulden (bijna 1200 euro) bruto per jaar. In 1965. Alles stond toen in de kinderschoenen. De verhoudingen waren zo anders. Ook Jaap van Praag bouwde zijn zaak nog op.'

Over het bestuur met Michael van Praag als voorzitter is hij duidelijk. 'Inhoudelijk was Uri Coronel de beste. Arie was financieel heel sterk, al heeft hij in menselijk opzicht soms wat mindere trekjes. Michael was de man die boven alles hing, die alle betrekkingen in de gaten hield. Ook zijn eigen betrekkingen. Het voorzitterschap heeft hem ook zakelijk geen windeieren gelegd, dat is duidelijk. Michael hield de boel bij elkaar, ondanks alle onrust in die tijd. In mijn ogen hebben ze zich alleen te hard afgezet tegen het bestuur Harmsen. Ik ben mede veroordeeld door de rechter omdat men dacht dat ik een 'kind' was van Ton Harmsen; maar de laatste drie, vier jaar van zijn leven heb ik geen enkel contact met hem gehad.'

'Ik heb ook weleens tegen Michael gezegd: al die financiële constructies zijn verzonnen in de tijd van het bestuur van jouw vader. Maar ik begrijp het wel: de ledenraad heeft ze altijd achter de vodden gezeten om in te grijpen. De ledenraad en het bestuur vonden dat mensen die strafrechtelijk waren veroordeeld, moesten worden geroyeerd. Ik ben dus geroyeerd en heb 60 duizend gulden boete gekregen. Die moest ik zelf betalen. Ik had ook geen zin om in de rechtbank anderen de schuld te geven. Samen uit, samen thuis. Mijn vader heeft in het verzet gezeten. Wij waren thuis niet gewend om mensen te verraden. Daarbij was ik uitvoerend directeur die vanaf 1986 optrok met Ton Harmsen. Maar ik wist niet alles wat Ton deed.'

Natuurlijk wil Van Eijden terug naar Ajax wanneer ze hem dat vragen. Hij, de oud-speler, de eeuwige supporter en de voormalige directeur. 'Later heb ik dat vaker gehoord, dat ze mij niet hadden moeten royeren. Als je nu willens en wetens je zakken vult... dat heb ik niet gedaan, en dat hebben Ton Harmsen cum suis ook niet gedaan. Ik ben heel erg gedocumenteerd thuis. Toen ik in 1977 bestuurslid werd onder Jaap van Praag, was de begroting van Ajax 3,5 miljoen gulden. Er was een jaarlijks verlies van zes ton tot een miljoen. Het bestuur met Harmsen komt de eer toe vooruit te hebben gelopen op nieuwe ontwikkelingen. Sponsoring. Shirtreclame. Skyboxen, al waren dat hemeldoosjes die aan de luifel hingen. Alleen: op een gegeven moment gebeuren dingen. Dat was ook al zo in de jaren zeventig, maar toen was de fiscus nog niet zover om dit aan te pakken. Er leefde een andere moraal. Het succes in de jaren zeventig leidde ertoe dat allerlei mensen nieuwe geldstromen wilden aanboren, om bij te blijven. Dat was het beeld. Ajax was ook altijd een ongelooflijk onrustige club, maar dat is ook de kracht van Ajax. Er moet een beetje gevecht zijn, kinnesinne, jaloezie. Als dat er niet is, had Ajax nooit de rol gespeeld die het nu speelt. Dat durf ik echt te beweren.'

Wat er ook is gebeurd in het verleden, Arie van Eijden gaat ook tegenwoordig goed om met Michael van Praag. 'Wij zijn keurig naar elkaar toe. We zeggen elkaar gedag en de dames zeggen elkaar gedag. Je kunt wel je hele leven boos en teleurgesteld blijven, maar dat heeft geen enkele zin. Ik heb mezelf altijd weer opgewerkt. Bij de KNVB, en later opnieuw bij Ajax. Natuurlijk was het een erkenning, toen ze me terugvroegen. Gelukkig heeft mijn vader dat ook nog beleefd. Ze vroegen echt of ik alsjeblieft terug wilde komen. Dat ze als NV uit hun jasje waren gegroeid. Dat er allemaal eilandjes waren. Het stierf van de directeuren. Ik heb er toen de bezem doorheen gehaald en mezelf de vraag gesteld: hoe kunnen we geld maken? Het was een archipel van eilandjes.'

Maar dat speelt zich dus af na zijn terugkeer, wanneer de 21ste eeuw inmiddels is begonnen. Eerst nog even naar de begintijd van het bestuur van Michael van Praag. De club zit slecht bij kas. Sterker nog: Ajax sterft bijna van de schulden. Van Praag vertelt daar tegenwoordig nog steeds over tijdens lezingen. 'Ik was een tijdje geleden bij De Graafschap. Een man in het publiek vond Ajax een gemaakte club, met allemaal geld en de beurs. Ik antwoordde: ja meneer, in mijn eerste jaar als voorzitter van Ajax namen we een bestuursbesluit om geen kerstkaarten te versturen, omdat we 800 gulden aan porto en drukkosten wilden besparen. Zo was het in 1989. Zoals het nu is, dat heeft Ajax zelf verwezenlijkt.'

Het ene probleem is nog niet opgelost in die begintijd, of het volgende dient zich aan. Van Praag krijgt al snel een telefoontje van Jaap Kroonenberg, vastgoedmagnaat. Dat gaat ongeveer zo: 'Hé, Mike. Met Jaap. Jaap Kroonenberg, de oude vriend van je vader.' Hij vraagt samen een kop koffie te drinken. 'Ik nam de uitnodiging graag aan, omdat Jaap misschien iets voor ons kon betekenen. Ajax had geen geld.' Maar de eerste mededeling van Kroonenberg is: 'Ik zal het je maar vertellen. Van mij krijg je geen cent.'

Van Praag, die het gesprek naspeelt in zijn woonkamer, ruim dertig jaar later: 'Hoe bedoelt u dat?' Kroonenberg: 'Nou, ik heb je vader altijd geholpen met een tonnetje hier en een tonnetje daar, maar dat ga ik niet meer doen. Jullie zijn mans genoeg om Ajax zelf op de rit te krijgen.' Van Praag dankt hem voor de mededeling. Weten ze dat ook weer bij Ajax. Het volgende telefoontje is van TDK, de hoofdsponsor. Met zijn bedrijf is Van Praag een grote klant van TDK, met cassettebandjes. De directeur van TDK is een persoonlijke vriend van Ton Harmsen, die bij Ajax is afgeserveerd. Hij zegt tevreden te zijn over de afname, maar hij wil geen sponsor van Ajax blijven.

Vanwege Ton Harmsen. Van Praag: 'Terwijl ook ik een enorm zwak had voor Harmsen. Een bullebak, maar met een klein hartje. Hoe hij destijds de begrafenis van mijn vader heeft geregeld, zo grotesk, met zoveel gevoel en warmte. En zijn toespraak in de tuin bij Jaaps weduwe Pia zal ik nooit vergeten. Ik had een zwak voor hem, hoewel dat best lastig was in de rechtszaak later.'

De baas van TDK is onvermurwbaar. Hij zegt het contract op. Overal liggen dus financiële en sportieve uitdagingen. Hoe behoud je topspelers? Dat is vooral aan Van Os. 'Hij heeft toen de stap gezet om contracten open te breken en salarissen te verbeteren.'

Problemen overspoelen de club. De ledenraad zit graag op de stoel van het bestuur, al krijgen de nieuwe bestuurders respijt. 'Uri Coronel en ik hebben ons toen intensief bemoeid met het zoeken van een nieuwe sponsor. Wij wilden heel erg graag ABN AMRO, toen nog ABN. Uri legde de contacten. In die tijd was Inter Football van Maarten de Vos als intermediair bij die zoektocht betrokken. De Vos deed een uitstekend voorstel en ging naar ABN, maar daar viel het kwartje niet, die wilde er niets van weten. Wij zaten in zak en as.'

'En nu komt de grootste les in mijn leven. Mijn plan was als volgt: als wij zelf nu eens een gesprek zouden voeren, dan zouden ze misschien naar het voorstel willen kijken. Vertel zelf je verhaal, ook als je op je bek kunt gaan. Dat hoort erbij. Verschuil je niet achter anderen. Dat heb ik bij Ajax altijd geprobeerd, om zelf mijn verhaal te vertellen.'

'Je had bij de bank Willem van Driel, de grote directeur. En Peter Swelheim, een groot Ajacied. Zij zeiden dat ze een bijeenkomst zouden regelen met de raad van bestuur. Wij daarheen, naar de bovenste verdieping in de Vijzelstraat, tijdens de lunch. Daar liepen allemaal mannen in rokkostuum. Bankiers in rokkostuum, cognac en sigaren, dachten wij. Maar de obers liepen in rokkostuum, de mannen van de bank in pak. We mochten in een uur ons verhaal vertellen. Kennelijk is er toen een vonk overgesprongen. We hadden argumenten. ABN zou fuseren met AMRO. Ze wilden niet alleen meer een luxe zakenbank zijn, maar meer een bank voor middenstand en gewone mensen. Dat was ons argument: dat ze voetbal daarbij goed konden gebruiken en zeker Ajax, met een supportersschare over het hele land. Elk dorp had toen nog een bankkantoor. Ze konden overal onze clubbladen neerleggen. Seizoenkaarten verkopen. Dat wilden ze horen. Ze beloofden onderzoek te doen. En ze besloten sponsor te worden. Dat was ons eerste grote succes als bestuur. Terwijl de toenmalige directeur van de gefuseerde bank nooit is geweest, want die hield niet van voetbal.'

Het tweede grote succes is het langer behouden van grote spelers als De Boertjes, Blind en Pettersson. 'Het was nog ruim voor het Bosman-arrest van 1995. Als voor die tijd een speler wegging, ook als zijn contract was afgelopen, kon de club een transfersom vragen, te berekenen volgens een formule, afhankelijk van het salaris. Hoe meer een speler verdiende, des te meer geld wij konden krijgen.' Door de spelers hogere salarissen te bieden, kunnen ze moeilijker vertrekken.

Wanneer de periode van Spitz Kohn als interim-trainer afloopt, in de zomer van 1989, zoekt de club een nieuwe trainer. Het moet een aansprekende naam zijn. Van Praag: 'Tot op de dag van vandaag heb ik daar weinig verstand van. Ik weet inmiddels dat het om meer gaat dan de goede spelers opstellen en het spelsysteem bedenken. Toen wist ik helemaal van niets. Die zoektocht was de taak van Hennie Henrichs, en het was aan Arie van Os om te onderhandelen. Op een avond sta ik in een bar met een zakenrelatie, en mijn mobiele telefoon gaat, zo'n grote nog in die tijd. Arie van Os had iemand aan de telefoon voor me. Toen hoorde ik die typerende stem: "Ja voorzitter, je hebt een trainer." Leo Beenhakker. Met hem heb ik een verschrikkelijk leuke tijd gehad. Hij was een geinige jongen. Om te beginnen was hij Rotterdammer. Verder was ik een veilige figuur voor hem, en ook voor latere trainers, omdat ik me niet met hen bemoeide. Met Leo was ik echt bevriend.'

Overigens wil Beenhakker niet terugkijken op die tijd ('nee, geen zin in, sorry'), omdat hij soms nog verdrietig kan zijn over de verwikkelingen rond zijn vertrek naar Real Madrid in 1991, toen hij net was gescheiden en het vertrek ook als een vlucht zag. Van Praag nochtans kijkt met vreugde terug. 'Dan gingen we biljarten na de wedstrijd, in Nick Vollebregt's Jazz Café in Laren. Weer biljarten. Dat is een van de pijnpunten in mijn leven. Biljarten is heel erg leuk, maar ik kan er geen mieter van.'

Na talloze nederlagen tegen Cruijff verliest hij ook van Beenhakker.

VRIEND

'Het leven kent maar één ritje'

Map Nihom is de beste vriend van Michael van Praag. Ze hebben weleens korte tijd onenigheid gehad, maar ten slotte keert Nihom (1950) altijd terug bij Van Praag. 'Ik hou van die man,' zegt Nihom op het terras van het Hilton Hotel in Amsterdam. Nihom, voorheen onder meer directeur van Cinevideo en bedrijfsadviseur in de breedste zin des woords, probeert de diepte van hun vriendschap sinds 1967 te omschrijven. Hij lacht soms uitbundig, speelt een beetje met het timbre van zijn stem en bedoelt het juist als compliment, bij de constatering dat hij 'het kind in Michael' nog altijd als springlevend ervaart.

Wat is nou een mooie activiteit van de vrienden op leeftijd? 'Praten. Michael is bijvoorbeeld belangrijk voor me geweest in mijn scheiding. In het leven heb je maar één ritje, is zo'n typische uitspraak van hem. Dat ritje moet je zo goed en comfortabel mogelijk afleggen. We lunchten eens in de Jonge Haan in Hilversum, en hij zei: "Map, ik heb het jaren aangezien, je moet ooit voor jezelf kiezen. Het leven kent maar één ritje." Zijn vader Jaap zei altijd: "Geen pech is mazzel genoeg." Die uitspraak nam Michael over van zijn vader.'

Map Nihom heeft Michael van Praag in alle stadia van zijn leven van nabij gevolgd. Zakelijk, zo stelt Nihom, is junior beter geslaagd dan de vader: Jaap dreef op relaties. 'Michael was veel beter in zaken, al kon hij soms ook ontzettend kwaad worden, zelfs op zijn personeel. Hij dacht toen misschien dat het zo hoorde. Overgenomen wellicht van zijn vader. Bestuurlijk heb ik hem dat later nooit meer zien doen. Hij heeft het bedrijf ook door tal van crises geleid en goed verkocht. Hij had ook de charme om dat te doen.'

Nihom kan uren praten over hun vriendschap, over de bijzonderheden, de nukken en de eigenschappen. Hij wil de biograaf best helpen om te zoeken naar een vijand, iemand die Van Praag een uitgesproken lul vindt, maar zo iemand is moeilijk te vinden. 'Hoogstens iemand die hem niet mocht in zijn rol als voorzitter van de KNVB, of om iets dat hij ooit deed bij Ajax. Dan zeggen mensen dat ze hem glad vinden of arrogant, terwijl hij juist geliefd wil zijn. Of dat hij moeilijk benaderbaar is. Maar hij gaat met iedereen in gesprek, terwijl hij eigenlijk verlegen is.'

Het regent typeringen in het gesprek met Nihom. 'Als je Michael belt om een afspraak te maken, zegt hij dat hij altijd kan. Dat is helemaal niet zo, want hij heeft een stampvolle agenda. Maar hij kan echt alles aan. Daarom heeft hij ook lang geloofd dat hij werkelijk voorzitter van de FIFA of van de UEFA kon worden. Hij visualiseert dan het eindstation. In zo'n geval stippelt hij de weg uit en houdt hij nauwelijks rekening met het feit dat het ook nog kan mislukken. Met de mogelijkheid van verlies houdt hij helemaal geen rekening, omdat dat zijn enthousiasme zou breken. Tegelijkertijd sluit hij de dag na een nederlaag weer een verbond met zijn tegenstander, om ervoor te zorgen dat hij daarmee weer bevriend is en alsnog zijn doelen kan bereiken. In zijn relatie met Uri Coronel, destijds medebestuurslid bij Ajax, is soms verschil van inzicht geweest, maar tegelijkertijd hadden ze veel respect voor elkaar. Of in zijn vriendschap met Frits Barend. Michael is heel dik met Louis van Gaal, Frits heeft zijn vraagtekens bij Louis.'

'Maar er is ook iets bijzonders aan de hand,' gaat Nihom verder, terwijl hij diep nadenkt. 'Althans, dat is mijn observatie. Michael heeft zeer veel verschillende activiteiten, maar hij vermengt ze nooit. Hij kwam eens eten bij mij. Gezellig. Hij houdt enorm van toetjes, van chocola. Om een uur of één, twee 's nachts ging hij weg, en ik was hem iets vergeten te vragen. De volgende ochtend belde ik zijn secretaresse in de zaak. Ze zei: "Michael spreken? Die zit in het vliegtuig naar Zuid-Afrika. Vanochtend om vijf uur gevlogen." Een paar uur eerder bij mij thuis was die hele reis niet ter sprake gekomen. Helemaal niets ervan. Dat is heel specifiek Michael. Hij heeft die overlapping niet.'

Nihom proeft ruim 53 jaar vriendschap. 'Als wij lunchen kan ik al mijn verhalen kwijt en is hij oprecht geïnteresseerd. Altijd met een advies. Van de ene kant is hij heel open, op andere gebieden juist gesloten.' In hun eindeloze gesprekken kan alles voorbijkomen, ook de verschrikkingen van de Tweede Wereldoorlog voor hun familie, en de gevolgen voor henzelf. 'Mijn biologische vader heeft een boek geschreven over zijn oorlogsverleden, *Fighting for survival*. Wij zijn iedereen kwijtgeraakt. De moeder van de vrouw met wie ik getrouwd was heeft Auschwitz overleefd, en mijn schoonvader Theresienstadt. Mijn vrouw en ik zijn gescheiden in 2014, mede vanwege de oorlog, omdat er zoveel tweede generatieproblematiek was. En daar lijdt Michael ook onder, denk ik. Het is typisch voor de tweede generatie dat kinderen niet opstonden tegen hun ouders. Ze wilden tienen halen op school om hun ouders te plezieren na al die ellende. Zo zijn wij opgevoed. Je puberde niet, of weinig. Je ging over grenzen om je ouders te behagen, waardoor ook geen normale relaties ontstonden. Verplicht gelukkig zijn is daarvan een onderdeel. Ischa Meijer schreef al over het jongetje dat alles goed zou maken. Wij wilden het leed van onze ouders verzachten met pure liefde, ook door succesvol te zijn.'

'Michael houdt van een nest, van *heimisch*, zoals wij dat noemen. Gezellig. Eten, praten, doen. Dat zocht hij ook bij zijn vrouwen. Hij richtte altijd weer een mooi nestje in, in een mooi huis met alles erop en eraan. Hij was meestal degene die weer vertrok en die vrouwen in die huizen liet wonen. Hij is ook altijd onderweg, altijd bezig. Zijn megageluk is de geboorte van Nicoline, van zijn huidige vrouw Yvonne. Michael is een ongelooflijk genereuze man.'

Van Praag studeert als jongvolwassene scheikunde in Delft. Nihom: 'Maar dat was natuurlijk helemaal niks voor Michael. Ik was jong en ook lid van het Delftsch Studenten Corps. Daartoe behoorde een gezelschap dat heel goed was in muziek maken, de DSDH, de Delftsche Studenten Dans Harmonie. Dixieland. Veel blazers, drummers, pianisten. Ik moest ooit voorspelen, als drummer. Ik was een popdrummer, als jongen van de jaren zestig uit Den Haag. Een van die oudere leden zei: "We zoeken drummers, geen houthakkers." Toen was het snel afgelopen met mijn drum-carrière.'

Nihom wil nochtans dolgraag bij deze muzikanten horen en vraagt of hij assistent kan worden van de manager van de DSDH. De manager bepaalt wie van de muzikanten meegaat naar de optredens door keuzes te maken uit het arsenaal aan trombonisten, drummers, enzovoort. 'De allereerste keer dat ik meeging, speelden we ter gelegenheid van het afzwaaien van dienstplichtig militair Michael van Praag, in De Lier. Op die avond hebben we elkaar leren kennen. De DSDH speelde overal alle zalen plat. Dixieland, Zuid-Amerikaans, met een uitstapje naar rock around the clock. Succes verzekerd. Al die muzikanten waren erg goed.'

Nihom is eerst assistent-manager en later manager. 'We vroegen Michael vaak om mee te gaan, ook vanwege zijn veelzijdigheid. De ene keer was hij mee als pianist, dan weer als bespeler van de tuba, of als drummer of vibrafonist. Hij was ook erg betrokken bij het orkest. Het was zijn lust en zijn leven. We beleefden hilarische avonden, ook later, toen hij allang bij zijn vader in de zaak werkte.'

Sindsdien zijn ze dus vrienden en van tal van markten thuis. Muziek, toneel, cabaret of de musical ter ere van het eeuwfeest van Ajax in 2000, waarin alles wat ze al deden samenkwam. 'Michael weet heel goed wat ik kan, en ik weet wat hij kan. Hij is een soort broertje van me, zo vertrouwd zijn we met elkaar. Ik ben echt dol op hem. Michael is ook een beetje onschuldig. Hij houdt enorm van rechtdoorzee, dus geen flauwekul. Hij vindt het verschrikkelijk als er negatief over hem wordt gesproken en hij zal als rasoptimist alles doen om dat te voorkomen. Dat tekent ook zijn leven. Als voor hem een barrière opdoemt, krijgt hij een extra lading energie om daaroverheen te klimmen. Als ze het hem lastig maken, gaat hij met een tegenreactie de strijd aan. Hij is handig, en af en toe een politicus. Dat heeft hij ook geléérd. Hij is overenthousiast. Als hij iets in zijn kop heeft, heeft hij het niet in zijn kont.'

Wanneer de studentenvereniging een lustrum viert, beginnen de vrienden ook met cabaret. Zo ontstaat Blamix, waarvoor Nihom en een andere vriend, Jord den Hollander, de veelzijdige Michael vragen. Blamix is een verbastering van de toen populaire dressing voor salades, Slamix, van het Delftse Calvé; de mix met blabla typeert het cabaret. 'We hebben getoerd langs alle kleine zalen. Twee keer meegedaan aan het Cameretten Festival in Delft. We zijn bij Mies Bouwman op TV geweest. Michael schrijft heel goede teksten en hij zingt meer dan verdienstelijk. We hebben echt honderden optredens gedaan. Hij introduceerde mij bovendien in de Ajax-gelederen.'

Ze praten ook veel over het jodendom. 'Ja, in principe bepaalt de moeder of een kind Joods is, om de simpele reden dat je altijd weet waar het kind uit is gekomen, en je nooit zeker weet wie de vader is. Maar Michael is zo in en in Joods, in zijn gevoel. Ik ben helemaal Joods: vader, moeder, grootouders. We hebben ook een Joods mannenclubje opgericht waarvoor ik hem heb gevraagd. Eerst wilde hij dat niet, maar nu vindt hij het heerlijk. Wij hebben altijd samen in clubjes gezeten. Onze verwevenheid is enorm. Hij was getuige op mijn huwelijk. Ik heb al zijn echtgenotes meegemaakt. Vijf huwelijken. Als hij vroeger een vrouw tegenkwam, bloosde hij al als hij haar een hand gaf, zo verlegen was hij. Als hij eenmaal iets had met een vrouw, voelde hij zich meteen helemaal verantwoordelijk. Op al die ex-vrouwen is niets aan te merken. Hij en zijn exen zijn fantastisch uit elkaar gegaan, door zijn zorgzaamheid.'

'Hij kan met iemand vreselijk ruzie krijgen, en dan voelt hij een paar maanden later de behoefte om het bij te leggen. Dat komt misschien ook door de toestanden vroeger thuis. De band met zijn vader was gewoon slecht, een soort haat-liefdeverhouding. Enerzijds was daar bewondering, terwijl hij zijn vader in alles heeft willen overtreffen: bij Ajax, in het Europese voetbalbestuur. Michael heeft een enorme bewijsdrang, zeker vroeger naar zijn vader toe. Wij zeggen weleens: de plek van de verwonding is ook de plek van de bevruchting. Kracht putten uit de plek van de verwonding. Dat geldt ook voor Michael. Dat hij een multitalent is, komt voort uit die verwonding.'

'Hij is een traditioneel opgevoed mannetje. Zijn vader had veel meer Amsterdamse bravoure. Michael was verlegen, zeker toen hij jong was. Hij kon zijn gevoelens moeilijk verbaal uiten. Ik kreeg weleens fantastisch geschreven brieven waarin hij zijn gevoel wél kwijt kon. Eén voorbeeld: Michael werkte op Schiphol toen die vreselijke vliegramp op Tenerife gebeurde, met bijna 600 doden, in maart 1977. Michael ging uit belangstelling naar de herdenkingsdienst in een hangar op Schiphol, waar alle kisten stonden. Hij hoorde geestelijken zeggen dat Onze Lieve Heer het zo had gewild, en dat ze allemaal in de hemel zouden komen. Thuis heeft hij toen meteen een nummer geschreven, waarin hij zich de vraag stelde of zo'n geestelijke dezelfde tekst zou uitspreken als er een kind van hem of haar bij betrokken was. Dat nummer hebben we heel lang opgevoerd.'

'Ik weet nog dat ik het nummer ergens inleidde, in een theater. Michael begon te spelen en je voelde de verkramping in de zaal. Na de voorstelling kwam er een vriendinnengroep naar ons toe. Een meisje in die groep had tijdens de ramp haar zusje verloren. Ze was meegenomen door haar vriendinnen voor wat ontspanning, en werd zo geconfronteerd met haar leed.

Ze vond dat nummer alleen zo mooi, zo speciaal, dat we het in de studio voor haar hebben opgenomen. Typische actie van Michael. Hij is een pleaser en een enorme charmeur, maar juist geen womanizer.'

Maar hij kan dus ook schuchter zijn, en niet overlopend van zelfvertrouwen. Nihom herinnert zich dat Michael soms aan het eind van de repetitie een nieuw liedje liet horen. 'Dan speelde hij de intro, keek naar ons en concludeerde: "Oh, ik zie het al, jullie vinden het niks." Terwijl wij het juist prachtig vonden. Dat is meerdere keren voorgekomen. Ergens zit er overcompensatie in zijn gedrag, vanuit minderwaardigheid vermoedelijk. Hij heeft wel meer lef gekregen om juist extra aan te zetten.'

Juist om al die aan hem toegeschreven eigenschappen, is het vreemd dat Van Praag soms zo impopulair is in bepaalde kringen. Dat heeft vermoedelijk toch vooral te maken met zijn bestuursfuncties in het voetbal. Ajax. Arrogant. UEFA. Zal wel corrupt zijn. Hij plaatst soms goed bedoelde, maar in vele ogen wat wereldvreemde berichten op social media, waarna hij nogal wat kritiek krijgt te verduren. Nihom: 'Hij lijkt soms op het naïeve af, ook omdat hij in die opzichten niet zo getraind is door zijn vader. Zijn vader was een bulldog en Michael is een gentleman, en in het voetbal is lang niet iedereen een gentleman. Natuurlijk heeft hij ook zijn streken, wanneer hij een journalist belt met een nieuwtje, of zo. Dat doet iedere bestuurder. En dan wil hij daar ook iets voor terug op termijn. Dat hoort bij het spel. In die zin is hij helemaal niet naïef. Hij komt uit voor zijn mening. Soms cultureel-creatief, in een songtekst. Andere keren kan hij zijn emotie niet goed de baas, dan is zijn emotieregulatie nogal vreemd. Als hij kwaad is moet je hem niet hebben, want dan is hij heel erg kwaad. Maar meestal pakt hij dan zijn pen en schrijft hij een weergaloze brief.'

'Het is knap hoe hij uit de verwonding zijn kracht heeft gevonden, al zal hij dat zelf niet eens zo beseffen. Bij een bepaald soort vragen zal hij meteen in de verdediging schieten, maar dan komt hij later bij je terug dat je misschien toch wel gelijk had. Dan is hij de eerste die excuses maakt. En hij is enorm sterk in non-verbale communicatie. Aan zijn buitenkant zie ik meteen hoe hij erin zit. Echt ontspannen, dat zou ik hem zo gunnen op deze leeftijd.'

Ajax (II)

'Heel langzaam begon Ajax weer te bloeien'

Arie van Os (1937) leidt ons met trots rond in de tuin van zijn zomerhuis in Vinkeveen. Hij doet nog veel zelf, maar voor het maaien van het gras heeft hij zo'n handig robotje. 'Mijn knie is slecht.' Het is een van de warmste dagen van de zomer en hij draagt een korte broek. Hij heeft mooi gebruinde o-benen.

We nestelen ons aan het water. Het uitzicht is betoverend. Zijn vriendin serveert heerlijke broodjes zalm en makreel en schenkt voor wie wil een glaasje witte wijn. Van Praag en Van Os halen herinneringen op aan Ajax, over hun komst in 1989 als voorzitter respectievelijk penningmeester, over de grote jaren, over de bekers en bokalen, over trainer Louis van Gaal, over Frank Rijkaard, Richard Witschge, de broers De Boer, over de mislukte spits Iván Gabrich en tal van anderen. Van Os was de man van het geld, de voormalige jongen van de beurs die al op zijn 52ste met pensioen ging. 'Ik kon sneller uit het hoofd rekenen dan met een rekenmachine.'

De zon schijnt. De verhalen vertellen zichzelf. Van Os vertelt met branie, Van Praag luistert veel en vult aan.

Van Os: 'Als Michael pissig wordt, moet je oppassen. Hij gaat lang met je mee, maar als hij boos wordt, kun je beter maken dat je wegkomt. Want dan slaat hij bijna door. Zo erg dat je denkt: nu is het wel mooi geweest.' Zo ver komt het zelden in al die jaren. 'Ik had geen betere voorzitter kunnen wensen, maar ik vond hem af en toe te welwillend. Hij wilde het altijd goed doen. In zijn naïviteit ging hij uit van de goedheid van de mensen. In zijn goedheid kwam hij weleens met voorstellen die wij dan terugbrachten tot reële proporties.'

Van Praag: 'Ik heb niet zoveel verstand van financiën. Arie juist heel veel. Wij spraken destijds met elkaar af dat iedereen binnen zijn domein autonoom werkte. Iedereen was een beetje de voorzitter van zijn eigen portefeuille. Arie deed de transfers en alle financiën. Ik heb nooit een transfergesprek meegemaakt.'

Van Os: 'Ik was een Ajacied. Via mijn werk bij de beurs hadden we een paar business seats in stadion De Meer, maar ik kwam nooit in de bestuurskamer. Vijf minuten voor tijd was ik meestal vertrokken. Een vriend van me had bij Ajax gezegd dat ze aan Van Os moesten denken als ze een financiële man voor het bestuur zochten. Ze nodigden me uit voor een gesprek en dat liep goed. Ik vond Ajax een fantastische club en met 52 jaar stopte ik officieel met werken. Ik was onafhankelijk, ook financieel, en kon doen wat ik wilde. Als ik ambtenaar was geweest, was ik me te barsten geschrokken van al die bedragen in het voetbal. Maar ik was veel geld gewend. Mijn werk was net Monopoly. Ik had alle tijd en dacht dat het wel goed zou gaan bij Ajax. We schrokken ons dood toen we inzicht kregen in de boeken. Eigenlijk waren we failliet. Dat kun je rustig stellen.'

Van Praag: 'We bespaarden 800 gulden door geen kerstkaarten te sturen.'

Van Os: 'We moesten het voorbeeld geven. We kregen niet betaald en deden alles pro deo. Michael dacht in het begin misschien dat ik een grote bek had en een leider was. Dat kwam ook doordat ik een bedrijf had geleid op de beurs waarin honderden miljoenen omgingen. Ja was daar ja, en nee was nee. Wanneer een jongen bij ons vroeg of hij iets kon doen in de handel, zei ik soms alleen "nee". De handel was stress, dat moest snel gaan. In het bestuur zei ik tegen Michael dat hij me de gelegenheid moest geven om aan de anderen te wennen, want ik was gewend om de baas te spelen. Als bestuurslid moest ik luisteren naar anderen. We zouden aanvaringen kunnen krijgen. Ik kan me er nu geen een herinneren.'

Van Praag: 'De enige aanvaring die wij hadden, was met Uri (Coronel, bestuurslid commerciële zaken; *red.*). Hij ruste in vrede. Hij had een nieuwe deal gesloten met kledingfabrikant Umbro. Toen zei jij dat we daarvoor veel te weinig kregen.

Dat is de enige hooglopende discussie geweest in dertien jaar.'

Van Os: 'Uri was een heel aardige jongen, maar hij had te weinig oog voor de successen. Daar viel meer uit te halen. Mijn slogan was: Ajax is goud, maar je moet het wel weten te verkopen. Uri kwam terug met een akkoord, maar dat was ongeveer hetzelfde bedrag als we daarvóór kregen. Ajax was net de weg omhoog in geslagen. Michael was het met me eens. We stuurden Uri terug naar Umbro, naar directeur Wil Langenberg. Uri stribbelde tegen, waarna ik tegen hem zei dat er dan maar één weg was, en dat was de weg naar de uitgang. Toen is hij teruggegaan en kreeg hij een veel beter contract. Ik was wat harder dan Michael en Uri.'

Ajax heeft in die tijd vooral geld nodig. De FIOD-belastingzaak van het vorige bestuur onder leiding van Ton Harmsen hangt dreigend boven de club en gaat miljoenen kosten aan naheffingen en boetes. Spelers vertrekken te gemakkelijk. Er is een geheime rekening in Zwitserland die voor problemen zorgt.

Van Os: 'Ik weet nog dat we met Beenhakker als trainer een vriendschappelijke wedstrijd speelden in Turkije, in Istanbul. We kregen 70 duizend gulden (bijna 32 duizend euro), geloof ik. We voeren over de Bosporus, terwijl ik op dat geld zat te wachten. De wedstrijdmakelaar vertelde dat we opnieuw gingen onderhandelen, omdat wij het eerste elftal niet hadden gestuurd. Er ontbraken twee spelers, of zo. Ik hield Beenhakker voor dat hij niet het veld op mocht voordat we onze centen hadden. Leo vond het allemaal best. Het was kiezen of delen voor die vent. Nou, we kregen dus die 70 duizend gulden. Contant. Directeur Arie van Eijden en ik liepen elk met 35 duizend gulden. Die moesten in de koffer bij verzorger Sjakie Wolfs. In de wasmand. Het geld ging zo mee naar Amsterdam en dat brachten we naar de bank.'

'Het bestuur van voorganger Harmsen zette dergelijke bedragen op een rekening in Zwitserland. Maar het domste wat ze konden doen, was om dat niet aan de ledenraad te vertellen. Niemand wist iets. In *Nieuwe Revu* is dat toen onthuld, van die rekening. Ik moest bij de rechtbank nog opdraven namens Ajax. Ik vergeet het nooit meer. We kregen een milde straf, hoewel Harmsen en Brandsteder nog hebben vastgezeten.'

De financiële situatie van Ajax is dan ellendig. Ajax is een club die in geldelijk opzicht een beetje rommelt in de marge, zoals eigenlijk alle clubs doen in die tijd. Van Os: 'We begonnen met nul. Daar kwam het staafincident nog bij.' Doelman Wohlfahrt van Austria Wien krijgt in een Europees duel een uit het publiek geworpen staaf tegen zijn rug. De wedstrijd wordt gestaakt. Van Os: 'We zeiden toen tegen elkaar dat het niet nog slechter kon. Het kon vanaf dat moment alleen maar beter gaan. We vroegen ons voortdurend af waar we konden bezuinigen, en waarmee we geld konden verdienen.'

'Ik ben toen begonnen met contracten openbreken, door spelers hogere salarissen te bieden, zodat we ze duurder konden verkopen. We bespraken dat plan in het bestuur, omdat we iets moesten. Ik ben naar de bank gegaan, naar Peter Swelheim van de ABN. De bank was eerst niet van plan om te helpen contracten openbreken. We wilden salarissen verhogen en clausules uit contracten halen. Overal waren clausules. Bij Van 't Schip, bij De Boertjes. Ze mochten allemaal voor een bepaald bedrag weg. Te lage bedragen. Hun zaakwaarnemers wilden best meewerken aan ons plan, maar dan moesten de jongens meer gaan verdienen. Dat was de opzet. De bank betaalde in feite de salarissen van die jongens. Swelheim deed geweldig zijn best.'

Van Praag: 'Ik heb bewondering voor de wijze waarop Arie dat heeft geregeld toen. Dat was vooral te danken aan zijn reputatie. Hij was de eigenaar geweest van een belangrijk, solide, net hoekmansbedrijf op de beurs. Ajax had niets te bieden aan de bank. De mazzel was dat hij die bankmensen vertrouwen kon geven. En wij vertrouwden elkaar als bestuursleden volledig. Dergelijke samenwerking zie je niet zo vaak bij voetbalclubs, waardoor het ook fout gaat. Daarom hebben wij het zo lang met elkaar kunnen uithouden. Gewoon vertrouwen.'

Van Os: 'Vertrouwen, precies. Het ging al heel snel beter. Johan Cruijff was trainer van Barcelona. Hij kwam Richard Witschge halen. Ik had net die clausules uit de contracten laten halen. Bingo. Want we wisten dat als Cruijff vond dat Witschge moest komen, Witschge zou komen. Wij vroegen zeven, acht miljoen gulden. We gingen naar Barcelona, met directeur Arie van Eijden. Ik vergeet het nooit meer. Gaspart was vice-voorzitter.

Hij begon een beetje moeilijk te doen en te praten over peseta's (destijds de Spaanse munt; *red.*). Dan ging hij op een rekenmachientje zitten tikken en peseta's omrekenen in guldens. Maar ik ging ervan uit dat we kregen wat we vroegen. Punt uit.'

'Rob Jansen zat erbij als zaakwaarnemer van Witschge. Gaspart had ons in twee kamers gezet: Witschge met zijn vader en Rob Jansen in de ene kamer. Arie van Eijden en ik in de andere kamer. En dan liep Gaspart steeds heen en weer. Dan zei hij bij ons dat Witschge te veel vroeg, dat het er bij onze transfersom vanaf moest. Ik zei alleen dat wij vasthielden aan onze prijs, dat hij het verder maar moest uitzoeken met Witschge. Hij wilde de volgende dag alles rond maken, dus we moesten blijven slapen in Hotel Princesa Sofia, naast het stadion. Dat hotel was van Gaspart. Ik zei tegen Arie van Eijden dat ik door wilde gaan met onderhandelen. Anders ging Gaspart lekker naar zijn bedje en zaten wij op die hotelkamer. Om twaalf uur waren we eruit. Gaspart had de pers opgetrommeld en vertelde mij wat ik moest vertellen aan de journalisten. Dat het heel moeilijke onderhandelingen waren geweest, maar dat we er goed uit waren gekomen, en dat Witschge een heel goede voetballer voor Barcelona zou zijn. Zonder nog te slapen gingen we naar huis. Witschge verkocht voor dik zeven miljoen, destijds een gigantisch bedrag. We kwamen langzaam in beter vaarwater terecht. Konden we zelf ook weer eens een spelertje kopen. Heel langzaam begon Ajax weer te bloeien.'

De ontwikkeling van Ajax verloopt met horten en stoten. Van Praag ontsteekt in woede wanneer Leo Beenhakker tussen twee Europese wedstrijden door vertrekt naar Real Madrid, in 1991. Van Os: 'Hij liet ons toen in de steek. Weet je dat nog Michael? Jij was heel boos.'

Van Praag: 'Ja, heel erg boos.' Later legt hij uit dat die boosheid deels was gespeeld. Van Praag gunde Beenhakker zijn transfer, omdat hij wist van diens privé-sores.

Van Os: 'Hij kon de aanbieding niet weigeren. Hij lag in scheiding en wilde per se weg. Hij heeft toen wel een boete moeten betalen aan ons. Toen was hij boos. In zijn contract stond dat hij 2,5 ton kreeg als wij hem zouden ontslaan. Prima, zei ik, maar als jij weggaat, betaal jíj 2,5 ton. "Oké, doe dat maar," zei Beenhakker. En toen ging hij weg. Alleen wilde Real Madrid die 2,5 ton niet neertellen. Heeft Leo die uit eigen zak betaald. Hahaha. Altijd wanneer ik hem tegenkwam, zei Leo: "Ah, daar is die zuinige penningmeester weer." Mooi, hè.'

Van Praag: 'Cruciaal was dat ABN AMRO onze sponsor werd.'

Van Os: 'Ah ja, dat herinner ik me heel goed. ABN was net bezig met de fusie. Ze hadden het druk. Bij ABN zaten mensen die niet om voetbal gaven. Het was een statige bank. AMRO was volks. De directeuren Swelheim en Van Driel waren pro-Ajax. Zij gingen het aanbrengen bij het bestuur, dat twee keer nee had gezegd. De derde keer, tijdens een lunch, besloten ze het toch te doen. We tekenden een prachtig contract. Ik weet nog dat ik tegen jou zei, Michael, dat we niet meer stuk konden. Jij vroeg wat ik daarmee bedoelde. Nou, als de ABN achter je ging staan, zouden ze je nooit laten vallen. We hadden rust. Ze betaalden ongeveer vijf miljoen gulden per jaar. Een schitterend contract.'

De financiële problemen verdwijnen. Ajax spreekt de wens uit een begroting van 15 miljoen gulden na te streven, bijna zeven miljoen euro. Het is bijna niet meer voor te stellen voor een club die in het laatste succesvolle jaar in de Champions League, 2018-2019, een omzet van 200 miljoen verwezenlijkte – euro, wel te verstaan.

Van Os: 'Het ging echt lopen. En jij was voorstander van het aanstellen van Louis van Gaal als nieuwe trainer, als opvolger van Beenhakker. Jij wilde hem die kans geven. Louis was assistent en hoofd-opleidingen. Er waren ook twijfels, omdat hij jong was. Binnen de kortste keren ging het lopen, hoewel lang niet alles in de krant heeft gestaan. Ik heb behoorlijk vaak onenigheid met Louis gehad.'

Van Praag: 'Jij deed de spelers. Dat zal soms een feest geweest zijn.'

Van Os: 'Daarover alleen al kan ik een boek schrijven. Louis was gewoon een eigenwijze kerel die plotseling een mening had. Dat was dan de waarheid. Ik had ook een mening; dat was mijn waarheid. En ik zat vijf dagen per week bij Ajax in die tijd.

Michael moest werken. Uri werkte. Hennie Henrichs moest hard werken. André Kraan was meer de clubman. Dus ik zat elke dag bij Van Gaal. Hij gaf een dag na een discussie weleens toe dat ik een beetje gelijk had. Nee, nooit helemaal gelijk. Dat ging bijvoorbeeld over wie het spelershome in mochten en wie niet meer.'

'We hadden goede afspraken in het bestuur. Iedereen deed zijn taak en we hielden elkaar een keer per week op de hoogte. We konden niet met ons ego spelen. Michael moest tegen de pers kunnen zeggen wat er speelde op mijn gebied. Voor specifieke informatie konden ze dan bij mij terecht. Verder: vijftig procent van de verkopen ging naar Louis, om te investeren in spelers. Vijftig procent ging naar de club. Ik had een kasboekje. Elke maandag vergaderde ik met Louis. Dan namen we alle spelers door. We verkochten bijvoorbeeld een jonge jongen voor 150 duizend gulden en schreven dat bedrag in het kasboekje. Hij vroeg dan: "Hoe staat het ervoor, Van Os?" Dan wist hij weer precies hoeveel hij nog te besteden had. Hij mocht niet buiten dat bedrag gaan, want dan zei het bestuur nee. Hij hield zich daar altijd aan. Op dat vlak kon ik lezen en schrijven met Louis.'

Van Os maakt ook geen ruzie met Van Gaal over een miskoop. Iván Gabrich bijvoorbeeld, spits uit Argentinië, presteert hoegenaamd niets, terwijl hij miljoenen kostte. 'Nee, ik ben niet technisch aangelegd. Ik was van de transfers. Hennie Henrichs was van de techniek. Van Gaal was technisch directeur en trainer eigenlijk. Ik liep daar tussendoor met mijn kasboekje, om de financiën bij te houden.'

De mooiste transfer? De broers De Boer naar Barcelona, in januari 1999. Na oneindig soebatten vertrekken Frank en Ronald uit een trainingskamp in Zuid-Afrika, om kort voor het einde van de transferperiode een contract te tekenen in Catalonië. Van Os: 'Witschge was de eerste, maar het interessantst waren de Boertjes. Daarvan heb ik zelfs een dagboek bijgehouden. Ze tekenden eerst een nieuw contract bij Ajax. De inkt was nog niet droog of ze wilden weg.'

Van Praag: 'Ze hadden een contract getekend voor het leven. Ze zijn de enige spelers geweest in onze tijd die na een nieuw contract een fles cognac lieten bezorgen bij de bestuurders. Zo dankbaar waren ze dat ze bij Ajax konden blijven.'

Van Os: 'Het contract was nog niet getekend of zaakwaarnemer Rob Jansen kwam naar ons toe met de mededeling dat er een probleem was. Ze konden naar Barcelona. Wat bleek, en dat had ik al gehoord: ze kwamen voor Frank de Boer. Ronald vonden ze niet interessant. Rob Jansen had tegen Barcelona gezegd dat ze ook Ronald moesten nemen, als ze Frank kochten. Dat vond ik prachtig, want Ronald de Boer had slechte knieën. Dat was ook bekend. Dat wist ik van Louis van Gaal. Hij vertelde mij dat we Ronald de Boer moesten verkopen als er een goed bod kwam. Dat was zo fijn aan dat contact met Louis. Elke maandag bespraken we alle spelers. De ene keer zei hij dat we een contract moesten openbreken, omdat er veel progressie zat in een speler, de andere keer dat we een speler konden verkopen. Ik zei tegen hem: "Vertel het altijd eerst aan mij, dan pas aan de speler." Eerst een contract geven, en dan pas mag je vertellen hoe goed hij is. Dat begreep Louis wel.'

Van Praag: 'Het werd heel grimmig met de broers De Boer. Ik weet nog dat we een keer een bijeenkomst hadden in de bestuurskamer, met ook Rob Cohen, de schoonvader van Ronald de Boer. Hij begon zo onaardig over Ajax te praten. Hij zei dat hij in zijn Skybox ook nog wel zijn kroketten kon opslaan. Dat vond ik zo denigrerend, ook naar ons.' Cohen exploiteerde een aantal FEBO-zaken.

Van Os: 'Het was een smerig spel. Voortdurend werd ik gebeld. Dan belde opeens Wil Langenberg van Umbro, die bevriend was met Cohen. Die zei dan: "Hé Arie, doe niet zo lastig." Maar wij hadden onze prijs, en daaraan hielden we vast. Die prijs was 22 miljoen gulden, voor de twee samen. Toen kwam Gaspart weer met de volgende oplossing. Hij wilde alleen Frank kopen voor 13 miljoen. Ronald hoefde hij niet. Toen zeiden we weer dat ze sámen naar Barcelona gingen, of geen een. Uiteindelijk ging Gaspart overstag. Dat was de moeilijkste transfer, met veel tegenwerking van Rob Cohen, maar wel interessant. Die transfer gaf mij vooral voldoening, omdat ik had volgehouden en het bedrag kreeg dat we wensten. Weet je wat het is: zakendoen is ook een kwestie van gevoel. Iedereen moet tevreden zijn. Je kunt veel afleiden aan reacties van mensen. Ik heb een zalige tijd gehad, maar vroeg altijd aan de andere bestuursleden in welke 'range' ik mijn gang kon gaan. Als je dat deed, kreeg je zeker van Michael alle steun.'

Dat is ook zo wanneer Ajax in 1998 naar de beurs gaat, waaraan heftige discussie in den lande voorafgaat. Een voetbalclub naar de beurs, dat is iets voor Engeland. Toch niet voor Ajax?

Van Praag: 'Arie kwam ermee.'

Van Os: 'Waarom? Punt 1: je kunt geld halen via een emissie zonder dat daar op dat moment iets tegenover staat. Je kunt dividend uitbetalen in de toekomst als er goed wordt verdiend. En naar buiten toe was het fantastisch. In het buitenland gaf het een zekere standing als je beursgenoteerd was. We zijn het hele land door geweest, naar het buitenland geweest, om het idee te verkopen. Bij Ajax had het voeten in de aarde, want er waren veel tegenstanders.'

Van Praag: 'Wij moesten de ledenraad overtuigen. Zij zagen het als een soort overval. We hebben de leden toen uitgenodigd bij hotel Duin & Kruidberg in Santpoort, om ze in één dag om te praten.'

Van Os: 'We legden uit dat er geen beter moment was om naar de beurs te gaan. In die tijd dachten ook Feyenoord, PSV en AZ over een beursgang. Ajax moest de eerste zijn. Uiteindelijk was het een gouden greep. We haalden 125 miljoen gulden op via de emissie. We hadden dat geld niet echt nodig, maar we hadden een goed track-record, we konden goede prestaties overleggen. We waren bezig met deelnemingen in Afrika, en het nieuwe stadion was net gebouwd. De beursgang was prachtig. En er is bijna nooit dividend uitgekeerd, hoewel we daarop niet per se trots hoefden te zijn.'

Van Praag: 'Je kreeg gewoon een brief van ABN AMRO dat je aandeelhouder was. Maar er waren mensen die een certificaat wilden hebben, dat ze dan aan hun kinderen konden geven. We kregen daarover klachten. We hebben die certificaten uiteindelijk laten maken, zodat mensen ze aan de muur konden hangen. Zo'n emotieaandeel was het.'

Niet alles verloopt goed. Ajax wint bekers en schalen, maar uitgerekend op het moment dat Ajax het beste clubelftal ter wereld heeft, spreekt een rechter het Bosman-arrest uit in december 1995. Dat maakt spelers vrij om te gaan waar ze willen wanneer hun contract afloopt. Ze kunnen dan zonder transfersom weg.

Van Os: 'Het was een heel vervelende periode. Uit die tijd heb ik veel krantenstukken bewaard. Destijds heb ik gezegd: "Dat arrest is de ondergang voor de gewone voetballer." Ik werd tegengesproken. Goede voetballers vinden altijd hun weg. Die hebben Bosman niet nodig. Maar de voetballer met een normaal salarisje die na afloop van zijn contract geen nieuwe aanbieding krijgt, die staat op straat. Voor Ajax kwam het slecht uit. Velen gingen transfervrij weg.'

Op het EK van 1996 ontstaat zelfs een rel wanneer bondscoach Guus Hiddink middenvelder Edgar Davids naar huis stuurt. Davids vindt dat Hiddink te veel slijmt bij blanke spelers als Blind, de broers De Boer en Witschge. De donkere spelers, door hun kwalitatieve en kwantitatieve aanwezigheid een steeds sterker blok, stellen ook dat ze te weinig verdienen ten opzichte van Blind en De Boertjes. Dat komt trouwens ook doordat ze niet bijtekenen bij Ajax en daarom hun oude contract houden. Van Os krijgt indirect de schuld van de ruzie op het EK, omdat de problematiek van Ajax is meegenomen naar het Nederlands elftal.

Van Os lacht de kritiek weg, is het ermee oneens. 'We hadden afgesproken drie salariscategorieën in te stellen. 150 duizend gulden, drie ton, zes ton. Danny Blind verdiende zes ton. Een jongetje dat net binnenkwam uit de jeugd verdiende anderhalve ton. Het bestuur vond dat een goede regeling, Van Gaal ook. De spelersraad vond het ook een uitstekend idee. Uiteindelijk ging iedereen akkoord. Davids bijvoorbeeld zat niet bij die zes ton, hij kwam net kijken. Van Gaal is nog boos geweest op Davids, omdat die vond dat hij al bij die zes ton hoorde. Hij gaf Danny Blind de schuld dat hij nog op drie ton zat. Daarmee begon de ellende. Na een halfjaar hebben we het boeltje weer afgeschaft. Het was echt kul, die verhalen over een oneerlijke beloning. Ze zeiden dat we de blanke spelers voortrokken. Ik kon toen niet anders dan zeggen dan dat Rijkaard zeker ook een blanke speler was. Hij was de best betaalde voetballer bij Ajax.'

Ajax haalt Frank Rijkaard terug in 1993, van AC Milan. Rijkaard heeft in Italië alles gewonnen. Hij is een vedette.

Van Os: 'Van Gaal twijfelde. Weet je dat nog, Michael? Louis was bang dat hij de hegemonie zou verliezen. Wij wilden Rijkaard. We hadden gehoord dat hij genoeg had van het buitenland. Hij wilde naar huis.'

Van Praag: 'Wij vonden het heel mooi om een oud-speler terug te halen, een kind van Ajax. Dat was helemaal geen technisch onderbouwde mening van ons. Het was gewoon mooi. Goed voor ons imago. Een naam erbij. We dachten ook dat hij jonge spelers op sleeptouw kon nemen. En het was uiteindelijk een succes.'

Het gaat opeens razendsnel met Ajax. Succes zorgt voor een tintelend gevoel. Binnen vijf jaar groeit Ajax uit van een clubje dat geregeld geweldige spelers voortbrengt tot een wereldmerk dat met de wereldbeker in Tokio staat te pronken.

Van Praag: 'Ik vond het geweldig. Ik heb er geen woorden voor. Het was een soort droom, een ongekende gebeurtenis waarmee je totaal geen rekening hield. Des te leuker was het.'

Van Os: 'Het was een droom, maar waarvan ik alleen niet genoeg heb kunnen genieten. Daar was geen tijd voor. Ik kan je een verhaal vertellen over Finidi George en Nwankwo Kanu, in het vliegtuig terug van een gewonnen wedstrijd. Mij werd gezegd dat Finidi en Kanu weggingen bij Ajax. Ik ga naar Van Gaal en vertel hem dat hij er rekening mee moet houden dat Finidi en Kanu vertrekken. "Dat kan niet," zei Van Gaal, "bestaat niet." Van Gaal roept Finidi en Kanu bij zich en vraagt of ze Ajax willen verlaten. "Nee," zeggen ze, "geen sprake van." Niks aan de hand. "Nou Arie," zegt Louis, "je hebt het gehoord." Ja, ik had het gehoord. De volgende dag kwam het bericht dat de heren vertrokken. Dat heeft Van Gaal ongelooflijk veel pijn gedaan. Hij heeft een week lang bijna niets gezegd. Hij was chagrijnig en aangetast in zijn eer. Voorgelogen. Ze hadden het best kunnen vertellen, al was het op een later moment geweest, buiten het vliegtuig.'

'Maar de tijd is voorbij gevlogen. We hadden ook afgesproken dat ik één jaar eerder zou vertrekken uit het bestuur dan Michael. Dat zijn twee jaar geworden. Maar ik heb er alleen nooit echt van kunnen genieten. Ja, nú, nu weet je een beetje hoe dat allemaal gaat.'

Ze kijken met plezier naar het Ajax van nu, met mannen op sleutelposities die destijds spelers waren in het grote elftal van Van Gaal: de directeuren Edwin van der Sar en Marc Overmars.

Van Praag: 'Het is prachtig als jonge mensen die bij een club hebben gespeeld, ook een bestuursfunctie kunnen bekleden. Het is alleen niet iedereen gegeven. Deze keer is het goed afgelopen. Edwin is een intelligente jongen die met Michael Kinsbergen een goede coach had. Ik denk dat hij goede mensen om zich heen heeft verzameld. Daar staat of valt alles mee. Veel mensen roepen wel: Van Praag was een goede voorzitter, maar zonder mijn medebestuursleden was ik niks geweest. Je moet elkaar steunen. Als Arie een roepende in de woestijn was geweest, had hij het penningmeesterschap nauwelijks kunnen invullen. We hadden zo'n groot vertrouwen in elkaar. Die structuur bestaat helemaal niet meer. Je hebt nu een directie, een raad van commissarissen. Elk jaar zit je tegenwoordig met vijftien andere directeuren betaald voetbal in vergadering. Wat weten die mensen? Ze komen net kijken. Als ze net iets weten, gaan ze weer. Ik geloof dat de huidige zittingsduur van een directeur gemiddeld twee jaar is. Zo kun je een bedrijfstak toch niet leiden?'

Van Os: 'Je komt ze niet meer tegen, die echte clubmannen. Riemer van der Velde van Heerenveen, wat een kanjer was dat. Het is een gemis in de voetballerij dat de Van Praagen, de Van Raaijs en de Van den Heriks niet meer bestaan. Wat je ook van ze vindt, je hebt ze nodig als boegbeeld. Zo'n boegbeeld is beter voor een club. Het gaat nu gelukkig goed met Van der Sar en Overmars.'

Van Praag: 'Edwin doet het internationaal fantastisch. Hij heeft aanzien, en niet omdat hij de doelman van Manchester United is geweest. Hij heeft ook echt inbreng. Hij is verstandig. Ze luisteren naar hem. Als je dan bedenkt dat hij ooit in de spelersgang van De Meer naar me toekwam met de vraag of ik zijn das wilde stroppen. Nu zit hij in het bestuur van de ECA (European Club Association; *red.*) en leidt hij Ajax; daarvoor heb ik meer dan respect.'

Van Os: 'Met Overmars heb ik menig probleem gehad. We zaten in de bestuurskamer, met Van Gaal en Overmars, toen hij aangetrokken werd van Willem II. Van Gaal sprak hem toe. Dat was gebruikelijk. Zo van: je gaat je best doen, en te zijner tijd kom je dan misschien in het eerste elftal van Ajax. Maar toen vertelde die kleine Overmars dat hij binnen drie weken in het eerste van Ajax zou spelen. "Jij durft nogal, kleintje," vond Van Gaal. Hij zat me aan te kijken met een blik van: wat hebben we nou toch binnengehaald. Maar verdomme, drie weken later stond Overmars in het eerste elftal van Ajax.'

'Later kregen we meer problemen met hem. Daar ga je weer: contract opengebroken, clausule eruit. Hij was al weg, naar Arsenal, maar vocht nog met Ajax over een half miljoen of zo, dat hij nog tegoed dacht te hebben. In zijn contract stond dat hij meer zou krijgen als wij hem boven een bepaald bedrag verkochten. Maar die clausule hadden we eruit gehaald. Rob Jansen probeerde dat nog uit zijn hoofd te praten: dat hij een behoorlijke loonsverhoging had gekregen en dat de clausule uit zijn contract was verdwenen. Maar hij vond dat hij toch rechten had. Hij heeft de zaak verloren. Overmars kon een lastig jongetje zijn, hoor. Hij was zuinig met geld.'

Van Praag: 'Je hebt ervaring nodig als bestuur. Je hebt zoveel krachten in het voetbal. Arie had de financiën. Ik de supporterswereld. In die zin ben ik het met hem eens dat ik er soms minder van heb genoten dan gewenst. Elke keer was er gezeur. Elke keer kreeg je toch weer een mes in je rug. Terwijl je heel fijn had zitten praten en dacht een stapje te zetten. Een club leiden is lastig. Wat een drama was dat, toen die staaf werd gegooid. We werden voor twee jaar verbannen uit Europa. In hoger beroep is dat teruggebracht naar één jaar. Moesten we een aantal wedstrijden elders spelen. Dat werd Düsseldorf. Niemand wilde ons hebben in Nederland, vanwege onze supporters. Uiteindelijk zei de politiecommissaris van Düsseldorf dat hij wel wilde dat we kwamen. We waren welkom.'

Van Os: 'Ik had in die tijd van dat staafincident echt medelijden met Michael. Hij werd door de UEFA als een kwajongen weggezet.'

Van Praag: 'Je mocht in die tijd niet rechtstreeks communiceren met de UEFA. Brieven moest je naar de KNVB sturen, en de KNVB stuurde ze door. Ik naar die UEFA-bijeenkomst, de rechtszaak. Uiteindelijk mocht ik alleen bij de uitspraak aanwezig zijn. Daar zat meneer Barbé, een Italiaanse rechter, die twee jaar verbanning uitsprak. Ik stak mijn vinger op om te vragen hoe lang we hadden om in hoger beroep te gaan. Huhhuh, mond dicht, riep hij. Wie ons toen een geweldige loer heeft gedraaid, is de toenmalige waarnemer van de UEFA, een Franse chirurg. Ik weet nog dat ik met Leo Beenhakker naar scheidsrechter Galler ging met de mededeling dat we het vak konden ontruimen in vijftien minuten, dat we daarna de wedstrijd konden uitspelen. Die scheidsrechter twijfelde. Later hoorde ik dat de waarnemer achter mijn rug een gebaar maakte dat de wedstrijd niet meer mocht doorgaan. Zo zijn wij gepiepeld. Wat konden wij eraan doen dat een gozer een stuk tralie uit een hek rukte en op het veld gooide?'

Van Os: '"Dieper kunnen we niet zinken," zei ik toen tegen Michael. Het was verschrikkelijk.'

Cabaretier Freek de Jonge maakt tijdens de wedstrijd, nog voor het staafincident zelf, de volgende grap als omroeper voor één avond: 'Herr Waldheim soll Herr Wiesenthal anrufen.' De Oostenrijkse president Waldheim is dan net in opspraak geraakt vanwege zijn oorlogsverleden; nazi-jager Wiesenthal probeert hem veroordeeld te krijgen.

Van Praag: 'Het was mijn schuld, met mijn verleden als amateurcabaretier. Ik kwam met het voorstel bij het bestuur om bij elke wedstrijd een andere omroeper aan te stellen. Schoorvoetend is dat voorstel aangenomen. Maar het bleek een heel slecht idee. We keken elkaar aan toen Freek dat riep. Ik naar boven, naar de geluidscabine. "Freek, dat kun je toch niet maken." Hij vond het een leuke grap. Ja, dat was het geweest in het cabaret, maar hier niet, in een kolkend stadion. Daarna zei hij het nog een keer. Oh oh oh. Maar Freek is verder een moordgozer.'

De Meer, zo blijkt niet alleen bij het staafincident, is een gedateerd stadion waarin een club met ambities niet meer past. In die tijd is het de bedoeling dat het Olympisch Stadion verdwijnt, waar Ajax zijn grotere duels speelt. Ajax kan De Meer uitbreiden naar een capaciteit van 35 duizend toeschouwers, maar het parkeerprobleem valt niet op te lossen. De toegangswegen zijn ongeschikt.

Van Os: 'We kregen geen medewerking van Stadsdeel Zuid om het Olympisch Stadion te vernieuwen. Er was een meneer, Richard Ronteltap van de VVD, een geitenwollensokkenmeneer, die voorstelde dat we dan toch in Utrecht gingen voetballen.'

Van Praag: 'Ja, haha.'

Van Os: 'Ik zei nog tegen jou: kom, laten we maar gaan, hier zijn we uitgesproken.'

Van Praag: 'Burgemeester Ed van Thijn tekende elke wedstrijd het veiligheidscertificaat, maar hij wist helemaal niet wat hij tekende. Het Olympisch Stadion had echt gebreken. Het was niet gevaarlijk, maar voor grote groepen toeschouwers volledig ontoereikend.'

Van Os: 'Toen we met iedereen waren uitgesproken, kwam Zuid-Oost in beeld. We kregen veel medewerking van ABN AMRO, en ook van burgemeester Ed van Thijn, want dat was een echte Ajacied.' De Arena krijgt vorm, zeker in de gedachten. Van Praag: 'Wethouder Genet, van sport, zei twee keer dat we ermee stopten. Op zaterdagochtend vergaderden we bij Uri Coronel thuis over de Arena. Ik herinner me dat het niet meer zou doorgaan. Toen vroeg Ed van Thijn aan Uri of hij even gebruik kon maken van de slaapkamer. Ik zal nooit vergeten dat Van Thijn terugkwam uit de slaapkamer met een brede grijns op zijn gezicht en met de mededeling dat we gewoon verdergingen. Hij heeft Genet toen even onder druk gezet. Van Thijn was goud waard bij de totstandkoming van de Arena.'

'De Arena zou eerst op grondgebied van Ouder-Amstel komen te staan. Maar Ouderkerk wilde de Arena niet, want dat zou veel parkeeroverlast geven. Er was nog geen sprake van een Transferium, een parkeergarage onder het stadion. Toen heeft de gemeente voorgesteld het stadion een paar honderd meter te verplaatsen, waardoor het op Amsterdams grondgebied kwam. We hadden daardoor niets meer te maken met Ouderkerk. Ze hielden parkeerproblemen en liepen anderhalf miljoen per jaar aan leges mis. Dorpspolitiek. Want De Toekomst staat wel in Ouderkerk.'

Van Os: 'Ouderkerk liep alles mis. Ik woonde daar, naast wethouder Brummelhuis, en had haar gewaarschuwd dat ze dat geld gingen mislopen. Denk erom: we gaan honderd meter opschuiven. Dat had ze verteld aan burgemeester De Groot. Maar ze waren eigenwijs. Toen kwam de bouw van trainingscomplex De Toekomst, ook op Ouderkerks grondgebied. Van Thijn kwam naar me toe met de mededeling dat we een probleem hadden. Hij stelde voor dat stuk grond te kopen, maar dat geld hadden ze niet. Ik vroeg hem wat het moest kosten. Tien miljoen gulden. De gemeente wilde wel vijf miljoen betalen, als wij ook vijf miljoen betaalden. Het was een gouden deal, ook voor de gemeente. Toen kreeg Ouderkerk die tien miljoen en waren zij ook blij. Met Ed van Thijn kon je goed dealen.'

Van Praag: 'Voor de financiering van de Arena wilden we samenwerken met founders. Maar uiteindelijk was er nog een garantie nodig van 25 miljoen. Toen ben ik naar de toenmalige directeur van ABN AMRO gegaan om die garantie te vragen. Hij moest net naar een begrafenis en liep in rokkostuum. Hij had haast. Ook daar heeft Van Thijn toen heel goed gesproken. We konden bouwen. Het stond voor 250 miljoen getekend en we hadden 202. We moesten schrappen in het ontwerp.'

Van Os: 'Onder meer de sintelbaan is eruit gehaald.'

Van Praag: 'Dat vonden wij helemaal niet erg. En nu is alles weer groter en mooier gemaakt. Wij hadden alleen vreselijk de pest in dat de pers de beste plekken kreeg. We hadden enorme discussies met directeur Marina Witte van de NSP, de Nederlandse Sport Pers. Op die plekken konden we fantastische business-seats bouwen.'

Van Os: 'Op de laatste dag voordat het besluit viel of de Arena er moest komen, zaten we met een mannetje of twintig te vergaderen. We kwamen ongeveer 25 miljoen te kort. Iedereen keek elkaar aan, bang dat het toch niet zou doorgaan. We dachten aan de ABN AMRO, als mogelijke redder. Ik vroeg een schorsing aan. Even met de bank bellen. Ik had dringend bestuurder Louis de Bièvre nodig, voor nog een garantie van 25 miljoen. Hij deed moeilijk. Hij kon toch niet zomaar een garantie geven. Ik weet nog dat ik terugkwam in de vergadering en dat het akkoord was. Van Thijn zei: "Ja Arie, dat kun jij wel zeggen, maar waar staat dat zwart op wit?" "Nergens," zei ik. "Bij ons geldt: ja is ja, en nee is nee." "Nou," zei Ed, "jullie horen het, we kunnen het stadion bouwen." En toen kwam de champagne op tafel.'

Een stadion is nodig om mee te doen in de wedloop van het nieuwe voetbal, een wereld van steeds groter geld. Het gras is in het begin meestal slecht en de toeschouwers klagen over groteske ongezelligheid, maar naarmate de jaren vorderen wint het stadion aan populariteit.

Van Os: 'We hebben destijds vaak met elkaar gediscussieerd over de vraag waar het met Ajax naartoe ging in de toekomst. We zeiden altijd tegen elkaar: "Ajax moet bij de top blijven." Je wordt Anderlecht, Zweden, Noorwegen, of je bent Ajax, Nederland, en je hoort bij de top. Een tussenweg is er niet. Kijk maar hoe moeilijk Feyenoord het heeft.'

Van Praag: 'Dat heb ik nooit zo begrepen. Elke wedstrijd bijna 50 duizend mensen en het komt niet van de grond.'

Van Os: 'Slecht geleid, met bestuurders die er voor hun eigen ego zitten. Wij vergaderden elke maandag van 18.00 tot 22.00 uur. Dan werd eten gebracht, eerst in De Meer, later op De Toekomst. Iedereen had zijn verhaaltje.'

Van Praag: 'We vertelden gewoon wat we die week hadden

meegemaakt en wat we de volgende week van plan waren te doen. Zo waren we op de hoogte en deden we wat we wilden, waarbij we ieder individu voorzitter van zijn eigen portefeuille lieten zijn.'

Van Os: 'En daarom heb ik te weinig genoten. Bij het leiden van zo'n club komt zoveel kijken.'

Van Praag: 'Aan de ene kant heb je de druk van de supporters, van de media. Intern heb je altijd een vijfde colonne. Dat is altijd zo geweest. De ledenraad was lastig, want die wilde altijd op de stoel van de voorzitter of de directie zitten. Je moest voortdurend op je hoede zijn en tegengas geven. Je had inderdaad niet veel tijd om te genieten.'

Van Os: 'De tijd ging zo snel. Het succes had wel over een langere periode gespreid mogen zijn. Ik was altijd bang dat er morgen iets zou gebeuren. Met spelers, transfers.'

Van Praag: 'En wat dacht je van de jaloezie van andere clubs? Rond Sport7, met de televisierechten, en bij de oprichting van de PAF, met PSV, Ajax en Feyenoord. Dat vonden wij met z'n drieën een goed idee, maar je neemt wel afstand tot de rest. Dat merkte je ook bij vergaderingen. Mijn vraag of Ajax koninklijk kon worden was ook helemaal niet vanuit arrogantie gesteld. We bestonden in 2000 honderd jaar, we zijn Ajax, we deden zoveel voor de bv Nederland en voor de Nederlandse sport. De manier waarop Ajax voetbalde, was aantrekkelijk. Ik wilde dat wel proberen. Maar het kon niet meer, want de KNVB was al koninklijk, en dan zijn alle clubs daaronder ook koninklijk. We werden uitgelachen, terwijl het oprecht was bedoeld. Waarom mag HFC uit Haarlem wel koninklijk zijn en Ajax niet?'

Van Os: 'Als je het eerlijk aan mij vraagt, is het ontstaan en bouwen van de Arena het hoogtepunt van mijn loopbaan bij Ajax.'

Van Praag: 'Ik moest draagvlak krijgen van de supporters. Ik maakte foto's van de bouw en ging met een dia-apparaat naar de regio's, naar de afdelingen van de supportersvereniging. Een halfjaar later ging ik weer, want dan was de bouw weer verder gevorderd. In de hoop dat de supporters trots waren. In een nieuw stadion zijn de faciliteiten gewoon veel beter. Dat geldt ook voor Feyenoord. Daarom snap ik niet dat het zo lang duurt daar.'

Dat Ajax nooit een Europese beker won in het nieuwe stadion, doet niets af aan hun gevoel. Van Praag: 'Als die wedstrijd tegen Tottenham vijf seconden korter had geduurd...'

Ze kijken tevreden terug, al is er best iets fout gegaan. Van Os: 'Na ons is er geen goede overgang geweest, dat hebben we eigenlijk een beetje gemist. Er is veel ellende geweest. Frank Kales was in bepaalde opzichten een goede directeur, maar hij maakte soms de verkeerde keuzes.'

Van Praag: 'Stond er opeens Ajax NV op de bus. Toen ben ik heel boos geworden. Wij waren toen nog commissaris. Kales deed dat gewoon, zonder overleg.'

Van Os: 'Wij haalden Arie van Eijden terug als directeur. Hij was een echte clubman.'

Van Praag: 'Wij hebben best veel ruzie gemaakt met de ledenraad, en met individuele leden, omdat ze allemaal iets wilden. Op de een of andere manier hebben wij dat wel altijd getackeld, waardoor ze teruggingen in hun mand. Dat was het goede.'

Van Os: 'Dat was het goede.'

HUWELIJK

'Trouwen is de slagroom op het toetje'

Yvonne van Praag (1963), meisjesnaam Mackaay, is de vijfde vrouw van Michael van Praag. Hoe dat zo gekomen is, om te trouwen met een man die al vier keer eerder was getrouwd? Yvonne lacht om de vraag. 'Michael is ook niet mijn eerste relatie, ook al was ik niet eerder getrouwd. Als je serieuze relaties gaat tellen, is hij ook wel mijn vierde of vijfde man.'

Ze is een ontspannen, mooie, goedlachse vrouw. Dochter Nicoline (2000) luistert en praat mee, thuis in Aerdenhout. Michael van Praag praat apart van vrouw en dochter over zijn vijf huwelijken. Met een kwinkslag: 'Het is natuurlijk meer dan de gemiddelde Nederlander, maar aanzienlijk minder dan de gemiddelde Amerikaan in Los Angeles. In Hollywood tel je pas mee als je acht keer getrouwd bent geweest.'

Laat gezegd zijn dat hij geen womanizer is, en hij wil zijn huwelijken best toelichten, al is het maar ter lering en vermaak, hoewel hij over de individuele vrouwen vanwege privacy niet veel wenst te vertellen. 'Ik ben nooit bij een vrouw weggegaan omdat er een ander was. We zijn altijd uit elkaar gegaan met wederzijds goedvinden. Het huwelijk was geen succes. Lag dat aan mijn partners? Nee. Lag dat in belangrijke mate aan mij? Ja. Ik werkte hard en was veel weg. Mijn grote fout is dat ik steeds te vroeg ben getrouwd. Er was geen basis. Ik ben jaloers op de wijze waarop jongeren vandaag de dag leven: eerst eens vijf jaar bij elkaar wonen. Dan leg je een basis om te weten hoe en of je met elkaar verder wilt. Je kunt een samenlevingscontract sluiten. Toen ik 22 of zo was en voor het eerst trouwde, bestond dat allemaal niet.'

De ontmoeting met zijn eerste vrouw Louise is typerend. 'Ik leerde haar kennen als student in Delft. Ze ging eigenlijk met een vriendje van mij. Zij kwam eens bij hem uit de kamer in het studentenhuis en ik liep over de gang naar mijn eigen kamer. Ze zei op een heel leuke manier hallo en trok mijn aandacht. Het ging uit tussen haar en dat vriendje. Wij raakten bevriend. Want één les had ik al geleerd: ga nooit rommelen in de relatie van een ander. Dat had ik bij mijn eigen vader en moeder gezien en dat leidt tot verschrikkelijke verhoudingen, dat is het gewoon niet waard.'

De jonge Michael blijft verkering houden met Louise, ook gedurende zijn diensttijd. Op woensdagavonden rijdt hij als een speer uit Ede naar Delft. Twee uurtjes samen en dan snel weer terug, want hij moet op tijd terug in de kazerne zijn. Hij ziet zichzelf nog rijden in z'n Fiat 850, met sneeuw in de winter, glibberend over de A12. Zo verloopt dan zijn leven: in dienst, werken, huis kopen in Hoofddorp, trouwen. 'En dan ben je opeens elke dag bij elkaar. Dat bleek na een tijdje zo beklemmend, voor haar en voor mij. We hebben het huwelijk toen beëindigd, heel vervelend.'

Hij zoekt naar de rode draad van vier scheidingen. 'Ik ben altijd veel te snel getrouwd. Altijd als iemand vroeg waarom dat zo was, was het antwoord dat ik veel op reis was. Misschien zou ik neerstorten. Ik moest zorgen voor degene met wie ik was, ook juridisch. Zaken regelen. Huwelijkse voorwaarden of in gemeenschap van goederen. Dat gaf ik altijd als reden. Maar tijdens het ontstaan van dit boek, tijdens al deze gesprekken, ook in gesprekken met anderen over deze gesprekken, ben ik erachter gekomen dat mijn snelle trouwen te maken heeft met verlatingsangst. Sinds mijn moeder ervandoor ging met een vriend van mijn vader, met alle verdriet, durf ik te stellen dat ik verlatingsangst heb. Ik voel mijzelf ook snel afgewezen. Mijn moeder wees ons destijds in feite af, door te vertrekken bij mijn vader en ons bij hem te laten. Neem ook de UEFA-verkiezingen om het voorzitterschap. Het verlies tegen Aleksander Ceferin heb ik vaak gevoeld als een vorm van afwijzen, terwijl het dat niet is. Het was gewoon kiezen voor een jonge generatie, voor nieuw elan. Het was niet persoonlijk. Maar zo voelde ik dat wel, door wat is gebeurd in mijn jeugd, door het vertrek van mijn moeder en de moeilijke relatie met mijn ouders. Als wij met Janke Dekker Producties door een bepaald theater niet werden geboekt, voelde ik me afgewezen. Heel vervelend. Zo was dat ook in relaties. Als ik dan eenmaal verliefd was en het leek wat te worden, wilde ik haar bij me houden en omklemmen, zodat ze er niet vandoor kon gaan.' En dan kan het ook zomaar gebeuren dat je iemand verlaat, uit angst om verlaten te worden.

Als hij dan een vrouw heeft, wil hij op den duur weer weg. 'Ach, we hebben echt elke keer veel gedaan om het huwelijk te redden. Maar misschien dat ik onbewust dacht: we kunnen altijd nog uit elkaar gaan. Mijn tante Sari zei bovendien altijd dat met een Van Praag niet te leven viel. Ik ben ook geen gemakkelijke man. Ja, ik stel me ten dienste en ben verzorgend, maar ik geloof niet dat ik makkelijk ben. Als we allebei niet gelukkig waren, probeerden we er nog iets van te maken. Maar het kan zomaar zijn dat ik het ook te snel heb opgegeven. Bij de een voelde ik dat meer dan bij de ander, maar ik kijk niet met trots terug op al die huwelijken, want er is veel verdriet in het spel geweest. Nu weet ik dat je beter eerst een tijd bij elkaar kunt zijn voordat je gaat trouwen.'

Na Louise volgen Marja, Hanneke, Carin en dan Yvonne, met wie hij in 2000 trouwt. Met sommigen heeft hij geen contact meer, al zou hij best willen weten hoe het met hen gaat. 'Ik zou ook nog met ze willen uitspreken waarom het is gegaan zoals het ging, hoewel ik denk dat ikzelf de meeste schuld draag. Ik was er gewoon te vaak niet en was veel met mezelf bezig. En dan trouwde ik daarna gewoon weer. Eigenlijk is het idioot.'

Met Yvonne is hij nu ruim 20 jaar getrouwd. Met haar heeft hij zijn eerste en enige kind, Nicoline. 'Toen zij er eenmaal was, nam ik me voor: wat er ook gebeurt, we gaan nooit uit elkaar. We zijn hartstikke gelukkig.'

Bij andere vrouwen heeft hij geen kinderen. Het leven verloopt ook zo snel in die jaren. Werken, in het weekend Ajax en reizen. Dat helpt niet aan de relatie. Niet voor haar, want hij is er nooit. Ook niet voor hemzelf. De coronatijd beschouwt hij in die zin als fijn, omdat het gezin veel bij elkaar is. 'Ik leefde voorheen mijn Van Praagen-leven. Scheiden brengt heel veel verdriet, en het kost geld. Mensen zeggen weleens: "Ja, jij bent vijf keer getrouwd." Maar je kunt ook stellen dat het van moed getuigt dat je het telkens weer probeert. Zo voel ik het ook wel. Ik heb gewoon geen gelukkige hand gehad in het goed houden van een huwelijk samen.'

Hoe hij en Yvonne bij elkaar komen? Yvonne weet nog dat ze in 1997 op vakantie is in Portugal, met haar beste vriend, diens vrouw en haar petekind. De relatie van Yvonne is dan net verbroken. Ze praten over liefde en relaties. De vrienden vragen op welk type man ze eigenlijk valt. 'Ik kwam met een rijtje. Kevin Costner, omdat ik dat gewoon een ontzettend knappe vent vind. Hans Wiegel, enorm charismatisch. En Michael van Praag. Ook charismatisch. Ik houd van dat soort types.'

Haar vriendin vraagt nog: wie? Van Praag staat die dag toevallig in de krant, dus ze kan meteen even kijken. Yvonne Mackaay werkt voor Brandsteder Electronics in Badhoevedorp, het latere Sony Nederland. Eerst op de marketingafdeling, later als assistente van de directie. Michael is klant, met zijn bedrijven in elektronica op de luchthaven. Yvonne: 'Het was voor mij aanvankelijk een soort vakantiebaan, als 18-, 19-jarige. Ik ben blijven plakken. We zagen elkaar, twee, drie keer per jaar, of spraken elkaar kort aan de telefoon. Ik viel niet meteen op hem, maar er was kennelijk wel iets tussen ons. Hij had altijd aandacht voor de mens. Altijd even een leuk gesprek, en ik houd van aandacht voor elkaar, van contact.'

Michael: 'Het was twee keer per jaar vijf minuten, wanneer ik bij haar baas op kantoor kwam om voorwaarden te bespreken. Zij deed de ontvangsten en kwam dan koffie brengen. Als Sony zijn beurs hield, stond zij aan de balie. Er zweefde iets in de lucht, zonder dat er ooit iets van kwam. Ik weet nog dat ik soms iets haalde bij de traiteur, in de tijd dat ik alleen was. Toen reed ze me een keer bijna omver. Ze toeterde en zwaaide. Maar niet even stoppen.'

Dochter Nicoline, tegen haar moeder: 'Maar je moet niet vergeten dat jouw baas al zei dat Michael wel iets voor jou was. Terwijl jij toen nog niet echt een oogje op hem had.'

Yvonne: 'Hij zag kennelijk iets wat ik nog niet zag. En Michael was toen nog getrouwd. Kennelijk hing er altijd iets in de lucht. Jaren was het 'we spreken een keertje af', maar het kwam er nooit serieus van. Zelfs een afspraak om te gaan tennissen ging niet door, want dat kon hij niet. Op een dag in november 1997 ging de telefoon: Michael. Hij wilde mijn baas spreken. Ik was een tijd ziek geweest en we besloten nu eens echt een afspraak te maken.' Aldus geschiedde. Ze zien elkaar sindsdien geregeld, al heeft Michael best twijfels. Yvonne is de assistente van zijn grootste leverancier. 'Dat doe je niet.'

Tussen kerst en oud en nieuw dineren ze in Hotel De L'Europe in Amsterdam. 'We begonnen te praten en we zijn niet meer opgehouden.' Van Praag ligt dan in scheiding met zijn vorige vrouw, Carin. Het klikt tussen Yvonne en hem, al is hij zestien jaar ouder. Nou en? Yvonne: 'Ik ben een oude ziel. Ik zie dat verschil niet. Michael is niet zijn leeftijd.'

Hij is dan al vier keer getrouwd geweest. 'Plichtsbesef,' zegt Yvonne. 'Iemand veiligheid bieden. Hij was ruim twintig jaar toen hij voor het eerst trouwde. Samenwonen, dat deed je toen nog niet. Het moest zo. Zijn zus trouwde al toen ze achttien was. Ja, het was echt plichtsbesef. Hij was ook veel op reis. Hij dacht altijd: als mij iets gebeurt, blijft de ander tenminste verzorgd achter.' Michael: 'Trouwen is de slagroom op het toetje.'

Nicoline: 'Mama en ik hebben hier zoveel avonden met zijn tweeën doorgebracht. Dat moet je ook kunnen als vrouw.'

Yvonne: 'Het zal ook liefde zijn geweest, met al die vrouwen. Anders doe je dat niet. Maar er komt ook iets terug van voor de volle honderd procent ergens voor gaan, het altijd willen proberen. Doen en achteraf kijken hoe het is gegaan. Hij heeft altijd geborgenheid gezocht. Misschien heeft dat te maken met zijn jeugd, met de scheiding van zijn ouders.' De eenzame jongen van vroeger, op zoek naar warmte, naar gezelligheid, naar waardering ook en bevestiging.

Nicoline: 'Als je als kind nooit van je ouders hoort dat je iets goed doet, dan wil je bewijzen dat je iets wél kunt.'

Yvonne: 'Van zijn vader hoorde hij nooit dat hij het goed deed. Hij wilde niet per se beter zijn dan zijn vader, hij wilde juist laten zien dat hij wat kon.'

Nicoline: 'Ik krijg elke dag complimenten van papa. Dat hij van me houdt, trots op me is, dat ik mijn hart moet volgen. Als ik verdrietig ben, is hij de eerste die me troost.'

Yvonne: 'Dat had hij zelf ook zo graag gewild, maar hij kreeg het niet van zijn vader.'

Nicoline: 'Papa zegt altijd dat met een Van Praag niet te leven valt. Je moet maar net geluk hebben dat iemand dat karakter accepteert, en het is soms ook moeilijk. Want we kunnen bot zijn, en mensen zien bepaalde eigenschappen van hem als ongezellig, koel, koud of streng, terwijl hij dat niet is. Maar zijn karakter is heel erg aanwezig. Sommige mensen kunnen daar niet goed mee omgaan. Soms moet je papa ook gewoon even laten. Dan gaan wij even ergens anders zitten en is het weer goed. Wij zijn dat gewend. De buitenwereld denkt dat hij streng en afstandelijk is.'

Yvonne: 'Ik ontmoette onlangs een man die een foto van Michael en een andere man had gebruikt, in een les over leiding geven aan een jonge groep. De vraag was van wie van deze twee mensen ze les wensten te krijgen, of leiding. Ze wezen allemaal Michael aan. Michael is heel direct. Ik ging vaak met hem mee op reis, naar de UEFA. Na een vergadering moest hij altijd even stoom afblazen. Want altijd had hij vragen, opmerkingen, of gaf hij tegengas. Daardoor maak je jezelf niet altijd geliefd, door je mond open te doen. Hij ergerde zich vaak aan mensen zonder duidelijke mening.'

Nicoline: 'Dat is privé ook zo. Als hij vindt dat iets niet klopt, zegt hij dat, en niet altijd op vriendelijke wijze. Ik kan dat hebben, want ik ben ook zo. En ik was best een makkelijke puber.' Tegen haar moeder: 'Ja, nu kun je lachen!' Ze gaat verder: 'Ik heb geen problemen gehad, geen gekke dingen gedaan. Ik was geen raar uitgaanspersoon. Ja, hij is 73 en ik 20, maar in zijn hoofd is hij 50. Of jonger zelfs. Met hem merk ik geen generatiekloof. Hij weet meer over een iPhone dan ik. Het stoort me ook wanneer ze op school tegen me zeggen: "Jouw vader is heel oud, toch?" Dan denk ik: nee, hij is niet heel oud. Hij is juist heel leuk. Ook mijn vriendin Noor, die mijn vader door en door kent, wordt boos wanneer in de krant staat dat hij een oude man is. Papa heeft me ook bijna nooit ergens op aangesproken. Wanneer ik vroeg of ik naar vrienden mocht, zei hij altijd dat het goed was. We vertrouwen elkaar gewoon.'

Yvonne: 'Hij was soms streng voor je. Direct. Het botste soms tussen die twee omdat ze hetzelfde zijn. Dat is weleens pittig, maar die directheid waarderen we juist. Dat betekent dat we ons veilig voelen bij elkaar, dat we kunnen zeggen wat we vinden. Ik heb eigenlijk nooit ruzie of botsingen.' Michael en Yvonne zijn zonder kinderen uit vorige relaties. Zij had de kinderwens al opgegeven, maar met elkaar komt het er toch van, tot hun beider geluk. 'Michael wilde heel graag kinderen. We hadden alle twee het gevoel dat het zo goed was, na Nicoline.'

Michael: 'Ik ben zo blij dat ik toch een kind heb. Het is een grote verantwoordelijkheid, maar tegelijkertijd het mooiste dat er is. Mensen denken soms dat ik door die huwelijken een heel spoor van kinderen heb achtergelaten.' Hij herinnert zich een artikel in de *Story*. Hij koopt een nieuwe bril in Laren, in een tijd dat daar een bloemenman tips geeft aan het roddelblad wanneer hij daar bekende Nederlanders ziet. 'En ja hoor, toen stond daar in de *Story*, in een kop: *Casanova Van Praag is gesignaleerd in Laren*. Haha. Ik ging alleen maar een bril halen.'

Nicoline is enig kind gebleven. 'Mensen hebben daarbij een verkeerd beeld over verwendheid. Ja, de poppen waren voor mezelf en de trampoline in de tuin hoefde ik niet te delen. In dat opzicht ben ik verwend. Maar ik heb ook gewoon geleerd dat je moet werken voor je centen. En we waren gewend dat hij veel weg was. De afspraak tussen ons was dat papa een cadeautje zou meenemen uit het buitenland als hij meer dan drie nachten weg was. Ik heb een hele verzameling leuke aandenkens uit landen waar hij naartoe reisde. En als hij dan weer thuis was, deden we iets leuks.'

Yvonne: 'We legden niet de nadruk op momenten dat papa er niet was, maar wanneer hij er wel was. Niet: papa is er vijf nachten niet. Wel: papa is er zaterdag weer. En ik kan goed alleen zijn. Anders had ik het niet gered. Hij heeft ook heel erg zijn draai moeten vinden nu, door zijn heupoperatie, de herstelperiode daarna en door corona. Hij is veel meer thuis.'

Nicoline: 'Papa moest wennen aan het thuis zijn. Mama en ik kunnen ook heel direct zijn naar elkaar. Als ik dat met papa doe, is het oké, maar als hij ziet dat ik dat met mama ook zo doe, dan denkt hij dat er ruzie is. Dat was wennen voor hem. Hij heeft nooit zo dicht op onze lip gezeten.'

Yvonne: 'Hij overlegt ook alles. Wij leven met hem mee. Ik weet nog dat hij belde om te zeggen dat het helemaal verkeerd ging bij de FIFA, dat hij ging meedoen aan de verkiezingen. "Wat vinden jullie daarvan?" Wij steunden hem volledig. Het is hem nooit zo om macht te doen geweest, om pluche. Hij wilde juist het systeem omgooien. De sores van KNVB, FIFA en UEFA nam hij vaak mee naar huis. Hij gaat uit van goedheid, en dan vindt hij het heel moeilijk om ergens tegenaan te lopen. Dat is dan heel teleurstellend. Ja, dat is naïviteit. Hij begrijpt het dan niet en wil het, zeker toen bij de KNVB, uitspreken met iedereen.'

Nicoline: 'Papa blijft nooit boos. Hij vergeeft iedereen. Dat kunnen veel mensen niet.'

Yvonne: 'Hij wil altijd praten. Toen het bij de UEFA fout liep met voorzitter Platini, wilde hij alles op de rit houden. Even instappen, een goede kandidaat inwerken voor de functie en dan plaatsmaken.'

Nicoline: 'Hij wilde de brug zijn.'

Yvonne: 'Michael en ik gingen naar een tienminutengesprek op school. Nicoline zat in groep 1. De juf vroeg hoe Nicoline thuis was. Of ze veel deelde met anderen. Dat hebben we haar niet hoeven leren. "Nou," zei de juf, "hier is ze goed in het uitdelen van de lakens." Dus wij vroegen hoe zich dat uitte. Dan zaten ze met een groepje van vijf aan tafel, voor een project, en dan zei Nicoline: "Nou, als jij dan even dat doet, en jij dat, dan maak ik dat af." Wij zaten op die kleine stoeltjes naar elkaar te kijken. Dat was toch geen slechte eigenschap, vonden wij, leiderschap tonen in groep 1.'

Nicoline: 'We zijn een fijne drie-eenheid. Niet te vergeten met onze hond Moosje. Een Tibetaanse terriër. We missen niets.'

AJAX (III)

'De wereld van de supporters trok me enorm'

Michael van Praag wil verbinden, weet hij algauw wanneer hij tot voorzitter van Ajax is benoemd. Dat vindt hij het mooist om te doen. Hij begeeft zich met graagte in alle kringen van de samenleving, ook binnen de minimaatschappij van het voetbal. Staande tussen blowende supporters, of netwerkend in driedelig pak aan het buffet met zakenlui. In financieel opzicht verlaat hij zich vooral op Arie van Os. Uri Coronel is een kei in commerciële zaken en bij Hennie Henrichs zijn de technische zaken in goede handen. 'Ze namen mij als voorzitter omdat ze in mij een verbinder zagen. Dat is ook de rol van de voorzitter: verbinden, kikkers in de kruiwagen houden.'

Daarbij is hij een weegschaal, een aanhanger van het harmoniemodel. Hij gelooft in sterrenbeelden. 'Wij staan niet bekend als mensen die meteen daadkrachtige beslissingen nemen. Wij wikken en wegen. En als je wikt en weegt, neem je vaak de juiste beslissing. Dan heb je in elk geval goed nagedacht. Bij Ajax moest harmonie komen.'

Hij voelt zich bevoorrecht dat hij veertien jaar voorzitter van Ajax heeft mogen zijn in een periode van grote successen, al zijn er natuurlijk ook mindere tijden geweest. 'Dat merkte je meteen bij Ajax. Wanneer je een paar wedstrijden verloor, zeiden bepaalde leden van de club al geen gedag meer. Als je dan weer een wedstrijd won, was het van: "Hé, voorzitter." Eén keer, na een nederlaag, kwam Ine van Brenk van de gemeente Amsterdam naar me toe: "Michael, je moet weg. Ze komen je halen. Supporters. Ze zijn al beneden, bij de hoofdingang van de Arena. Ze stormen zo naar boven." "Nee hoor," zei ik, "dat doen ze niet. Ik zit in allemaal praatgroepjes met supporters. Ik loop er wel even op af." Door de gang kwamen ze aan, schreeuwend, scheldend dat het bestuur moest opsodemieteren. Toen voelde ik het voordeel dat ik velen van hen kende. "Waarom komen jullie hier zo schreeuwen en mensen bang maken? Jullie hebben mijn telefoonnummer. Bel me gewoon op." Ze moeten nog bellen. Het ging erom hoe je die emoties kon bedwingen. Dat vond ik heel leuk.'

F-sider Ronald Pieloor (1960), destijds aanspreekpunt voor het bestuur, liep op die dag tussen de woedende supporters. 'Michael zag mij en riep: "Dit zijn jouw mensen. Haal ze weg."

Hij nam mij die chaos kwalijk, terwijl ik gewoon meehobbelde. Het werkt niet helemaal zo, dat je op zo'n moment zegt: "Je had me kunnen bellen." Want dat was juist het hele eiereneten. We waren zo verontwaardigd, daaraan hielp geen bellen meer. De grootste verontwaardiging was ontstaan door de bouw van de Arena zelf, waarbij wij nauwelijks waren betrokken. In eerste instantie, bij de eerste plannen, wilden wij als supporters De Meer laten verbouwen. Achteraf is de Arena een gouden greep geweest van het bestuur. Alleen: de F-side zat verspreid, er was aanvankelijk geen sfeer in het stadion. We moesten betalen met de Arena Card. Al die veranderingen waren veel te groot voor de gewone supporter. Dat had beter gekund, door supporters meer te betrekken in die overgang. Daar hebben ze een steek laten vallen. Achteraf is het goed gekomen, maar daaraan is wel een tijd van verzet voorafgegaan.'

Is dat alleen niet zo met elke vernieuwing, met elke strijd? In de visie van Van Praag is Ajax vooral de club van supporters, en het supportersbeleid zit in zijn portefeuille. 'Het was, toen we begonnen in 1989, een ongelooflijke puinhoop met de F-side. Terechte kritiek, onterechte kritiek, het maakte niet uit, het was eigenlijk nooit goed. Ik wilde dus zo laagdrempelig mogelijk met de supporters omgaan. Dat krijg je alleen voor elkaar als je infiltreert, in de positieve zin van het woord. Bereikbaar zijn was mijn adagium. We werkten in die tijd samen met Theo Damen van de politie, door de supporters Bromsnor genoemd, vanwege zijn opvallende snor. Hij meldde mij dat iemand uit de supporterswereld kennis met me wilde maken.'

De ontmoeting vindt plaats op bureau IJ-tunnel. De supporter is een lange, magere jongen, de inmiddels overleden Joark. Hij vertelt dat hij niets heeft met bestuursleden en dat de enige overeenkomst tussen supporters en bestuurders is dat ze allemaal Ajacied zijn. 'Hoe kunnen we met elkaar optrekken?' is de centrale vraag.

'Ik leerde snel dat Joark niet de hele F-side vertegenwoordigde. In mijn kantoor in Hoofddorp had ik op een gegeven moment zes keer per maand een bijeenkomst met diverse praatgroepen van supporters. Als ik dan vroeg wie ze vertegenwoordigden, luidde het antwoord steevast: de F-side. Dat zeiden ze allemaal. We hebben hun honk onder de tribune in De Meer nieuw leven ingeblazen. We gingen daar soms met het hele bestuur naartoe. Daar werd volop geblowd, daar is eens een kettinkje van onze hals af getrokken. Maar de F-side vertegenwoordigde dus niet alle supporters.'

De supportersvereniging heet in die tijd De Ajacied, die onder meer een blad uitgeeft, maar verder weinig of niets voor de aanhang doet. Michael: 'Daarom hebben wij toen de huidige supportersvereniging opgericht. Het was een moordtijd. We gingen het land in met een caravan of met een truck. Stonden we op pleintjes in dorpen, waar mensen zich konden inschrijven. Zo is die vereniging heel groot geworden, met meer dan honderdduizend leden als maximum. Het was ook een gezelligheidsvereniging waar af en toe spelers verschenen op avondjes.

'Met de F-side bleef het contact lastig. Ronald Pieloor was de luis in de pels van Ajax. Hij is zeer intelligent en ik mag hem graag, maar hij was het meestal niet met ons eens. Het lastige met hem was dat we afspraken maakten tijdens gesprekken, ook met andere supporters erbij, en dan stond er de volgende dag in de krant dat met het Ajax-bestuur niet viel te praten. Ik vond dat niet eerlijk. Naar de supporters toe wilde Pieloor niet laten blijken dat hij het soms met ons eens was. Het ging bijna altijd om kaartjes en faciliteiten. Ik liet mij alleen niet uit het veld slaan door tegenslag en ging gewoon naar de open dag in De Meer. Dat begon meestal goed, maar om vier uur was iedereen lam en begon het gooien met glazen. Daartussen moest ik manoeuvreren.

'Ik ging op vrijdag ook naar coffeeshops, waar ik mee zat te blowen met supporters. Als je niet meedoet, ben je niet één van hen. Hoewel je bestuurslid bent, probeer je toch de toffe peer uit te hangen. Ik denk dat op een gegeven moment vijfduizend supporters mijn 06-nummer hadden. Dat gaf ik altijd weg. Andere bestuursleden zeiden dat ik niet goed bij mijn hoofd was, dat het gevaarlijk was. Volgens mij ben ik in al die jaren vijf keer gebeld. Het ging er vooral om dat ze tegen hun vriendje konden zeggen dat ze het nummer van de voorzitter hadden.'

Pieloor vertelt in zijn woning in Amsterdam dat de perceptie van bepaalde ontmoetingen blijkbaar verschillend is: 'Het waren goede gesprekken meestal, maar er werd nooit iets opgeschreven. De afspraken vervlogen. Dat zat me dwars. Ik wilde een agenda, afspraken en notulen, om ergens op terug te vallen. We vroegen om een onafhankelijke notulist. Uiteindelijk zijn we zelf gaan notuleren, ook voor onze stukken in *De Ajax Ster* (*DAS*), ons satirisch en kritisch blad. Er ontstond irritatie af en toe. Er hadden eigenlijk onafhankelijke mensen bij moeten zitten om dat proces te begeleiden.' De spanning, zo vindt hij, was altijd voelbaar, maar er was ook onderling respect.

Van Praag: 'Ik heb de redactie van *De Ajax Ster* en dus ook Ronald Pieloor nog eens voor de rechter gedaagd, omdat ze mijn handtekening hadden vervalst en onder een door henzelf geschreven column plaatsten. De rechter dwong een minnelijke schikking af. Ik heb de kosten zelf betaald, maar soms moet je een grens trekken.' Pieloor is in die jaren trainer bij Vlug en Vaardig en vraagt later eens om een rondleiding in de Arena, met de pupillen van zijn team. Van Praag leidt hen rond. Het is een hartstikke mooie middag.

Van Praag staat geregeld op de tribune tussen de F-siders. Hij trekt in die jaren ook op met de eveneens al lang overleden Rooie Bob, die ook weer jongens vertegenwoordigt. 'Ik voelde me aangetrokken tot die jongens en meiden, van wie sommigen op de rand van de samenleving vertoefden. Ze hadden twee gouden regels: je verlinkt elkaar nooit, en je blijft met je poten van vrouwen en kinderen af. Voor de rest haalden ze uit wat ze uithaalden. Die wereld trok me enorm aan. Als ik maar enigszins kon, was ik bij de supporters. Dickie Lindeboom werkte bij de gemeente, bij het supportersproject. Met hem probeerden we de supporters een beetje op te voeden. Zo konden ze in het begin helemaal niet tegen verlies. We hielden dan in de Sporthallen-Zuid zaalvoetbalwedstrijden tussen onze eigen supporters. In het begin liep de ene groep de andere na een verloren wedstrijd met messen achterna, maar een halfjaar later gebeurde dat niet meer. Dan bleef het bij een beukie. Weer een halfjaar later konden ze tegen hun verlies. Het doel was ze mede namens Ajax wat sportiviteit bij te brengen.'

'Ik weet nog dat Dick Lindeboom me belde, met de mededeling dat we samen naar de gevangenis in Vught moesten. Daar zat een supporter in isolatie, die volgens Dick wist wie Carlo Picornie had vermoord op dat veld in Beverwijk.' Op 23 maart 1997 treffen de harde kernen van Ajax en Feyenoord elkaar voor een gevecht in een weiland langs de A9, een strijd die later de Slag bij Beverwijk gaat heten. 'Wij naar Vught. Ik had een shirt van Richard Witschge meegenomen, want van hem was die supporter fan. Zaten we daar, in die kale ruimte, terwijl een bewaker meeluisterde. Dan probeerde je namens de club zo'n supporter te weerhouden van wraak, want hij was van plan Picornie te wreken. In juli zou hij vrijkomen. Hij beloofde dat hij zijn leven wilde beteren. Hij is vrijgekomen, hij nam geen wraak, maar later werd hij weer gearresteerd vanwege mogelijke betrokkenheid bij een moord in seksclub Esther in Haarlem. Die jongens vielen telkens terug.' De supporter uit de gevangenis in Vught, Martin van de Pol, bijgenaamd Polletje, wordt in maart 2021 doodgeschoten.

'Ik ging ook praten met Sven Westendorp, die later geliquideerd is. Hij zat in de kaartjeshandel. Hij was een vechtersbaas met een groep jongens achter zich. Ik ging niet met hem praten vanwege die kaarten, maar om dat vechten. Het ging ook om de macht in een bepaald vak. Daar werd gedeald. Ik probeerde dan namens het bestuur een halt toe te roepen aan dat soort praktijken. De politie deed dat natuurlijk ook, maar dan werd het vaak agressief. Sven had een hartstikke aardige vriendin die zwanger raakte. Ging ik weer met een Ajax-rompertje op kraamvisite. In dat soort zaken stak ik veel tijd, ook om al die jongens en meiden op een goede manier bij de club te betrekken. En ik vond die supporters meestal heel prettig. Het liefst was ik één van hen geweest. Omdat ik die loyaliteit zo mooi vond. Je had 'opa'. Ze noemden hem opa omdat hij boven de 50 was. Hij klom altijd in de hekken. Helemaal waas van Ajax. Alleen: in de loop van de tijd kwamen daar verdovende middelen bij, pillen, een biertje, dan wisten ze op een gegeven moment niet meer wat ze deden. Maar die wereld, die ongelooflijke trouw aan elkaar, dat kende ik helemaal niet uit het zakenleven. Daar ging iedereen voor zich en God voor ons allen.'

'Een volgende dag zat ik dan weer bij de directie van ABN AMRO. Die twee werelden op een of andere manier met elkaar verbinden, was heerlijk om te doen. Mijn mooiste moment op dat gebied heeft te maken met de rivaliteit tussen Feyenoord en Ajax. Voorzitter Jorien van den Herik van Feyenoord en ik hadden de afspraak dat we niet rollebollend over straat zouden gaan, ook als we het totaal met elkaar oneens waren. Dat was een idee van Jorien. Want als wij constant ruzieden, konden we ook niet van de supporters vragen dat ze zich moesten gedragen. Toen kwam die Slag bij Beverwijk, met de dood van Picornie. Ik herinner me nog de bestuursvergadering daarna, waarin ons bestuur zei: "We willen niks meer met die mensen te maken hebben. Dat zijn geen Ajacieden. Oprotten. Geen seizoenkaarten meer." Toen kwam de weegschaal in mij weer naar boven. "Ja, maar Arie, ja, maar Uri, ja, maar Hennie... dat heeft geen zin. Ook die mensen zijn Ajacied, en dat blijven ze. We kunnen beter de dialoog met ze voeren, opdat ze zich misschien gaan gedragen. Natuurlijk krijgen ze een stadionverbod, maar we kunnen ze niet wegstoppen." Dat vond de politie ook. We hebben heel veel met ze gesproken.

'Nou, op een gegeven moment krijg ik een telefoontje uit Rotterdam, van iemand van de supportersvereniging. "Meneer Van Praag, zou ik u iets mogen vragen? Zou u niet eens naar Rotterdam willen komen, om in ons kantoortje te praten met een paar Beverwijkgangers van Feyenoord. Jorien van den Herik heeft ze in de ban gedaan. Hij wil niets meer van ze weten. Wij denken dat u misschien kan helpen om meneer Van den Herik op andere gedachten te brengen." Ze belden dus met de voorzitter van de vijand, om te kijken of die helpen kon. Dat vond ik zo mooi. Dus ik op een donderdagmiddag naar Rotterdam, zonder iemand wat te zeggen. Bestuur en politie wisten van niets. De politie was later heel boos. Ze zeiden dat ze me wel in elkaar hadden kunnen rammen. Maar ik wist dat ze dat niet zouden doen, want ze hadden me zelf om hulp gevraagd. Iemand nam me in De Kuip mee naar het kantoortje van de supporters. Ik droeg een stropdas en een jasje. Zaten ze daar in hun T-shirt. Het was een enorm contrast. Maar de voorzitter van Ajax die stiekem naar De Kuip gaat, die om hulp is gevraagd om een goed woordje te doen bij hun eigen voorzitter, dat was echt een prachtig en tegelijkertijd dierbaar moment. Er is altijd rivaliteit en vijandschap, maar ik had blijkbaar een beetje respect afgedwongen. Het was een gezellige middag en uiteindelijk is Jorien overstag gegaan. Misschien helemaal niet omdat ik het vroeg, want dat was zijn eigen zaak, maar voor mij was het een finest hour.'

Nog steeds begrijpt Van Praag weinig van de haat tussen Feyenoorders en Ajacieden. 'Als we allemaal voor dezelfde club zijn, is er niets meer aan, dus rivaliteit is prima en onvermijdelijk. Maar haat?' Hij trekt zich daar ook niets van aan, al die jaren. Zo is Van Praag liefhebber van het werk van Gerard Cox, artiest met een groot hart voor Feyenoord. Zijn zangkunst, zijn sarcasme. Weergaloos. Voor Van Praags vijftigste verjaardag organiseert vriend Map Nihom een feest, in een zaaltje bij Het Concertgebouw. Een muzikale avond met optredens. 'Map vroeg: "Wie wil je dat de avond presenteert?" Ik: "Gerard Cox."

Hij schreef elke week in de *Feyenoord Krant* veel vreselijks over Ajax met de Aaaaarrena, maar ik bewonderde hem. Ik kan dergelijke zaken scheiden. Lang verhaal kort: hij presenteerde die avond, al dacht hij bij het eerste telefoontje dat hij in de maling werd genomen.'

'Op zijn 40-jarige jubileum als artiest kreeg Cox een feest in het Luxor. De zaal zat helemaal vol met Feyenoorders. Spelers, bestuur, iedereen. Ze vroegen mij of ik een aardig berichtje wilde sturen. Maar ik had een leuker idee. Gerard zou daar beslist gaan zingen. Ik stelde voor om dan in te breken. Dus hij zong: *Feyenoord, Feyenoord, word maar lekker kampioen.* En de afspraak was dat ze de microfoon bij het tweede couplet even zouden dichtdraaien, dat ik dan zou opkomen met een eigen tekst op het couplet. En dan zongen we het nog een keer samen. Natuurlijk deed ik dat. Ik ben een verbinder. Kom op, het is maar voetbal. Dat moet kunnen. Gerard wist niet wat hem overkwam.' De zaal trouwens ook niet. Hij wil maar zeggen dat de haat zo overdreven is.

Dat rivaliteit mooi is, maar haat afstotend. 'Als je ziet wat ik op Twitter allemaal over me heen krijg. Nou weet ik wel dat mijn Twittergedrag niet altijd handig is, maar ik tweet soms ook zinnige dingen. Als je ziet hoe je wordt uitgescholden voor kankerjood. Niet meer normaal.'

Van Praag wil ook over zijn dieptepunt met supporters praten. 'We ontmoetten heel veel aversie van supporters tegen de Arena. Dat begreep ik wel. We hadden moeten bezuinigen, van 250 miljoen gulden naar 202 miljoen. De gangen werden smaller, het was een rare, betonnen bak. Er kwam veel agressie vanuit supporters. We besloten in de gracht een podium te zetten, met een grote tafel, voor een voorlichtingsavond. Wij gingen daar zitten. De bedoeling was dat supporters vanaf de tribune vragen stelden. Nou, de eerste keer ging dat prima. Bij de tweede keer was Ronald Pieloor het blijkbaar niet eens met iets wat wij deden. Hielden ze mensen tegen die naar binnen wilden. Zaten Uri, Arie en ik in ons eentje op dat podium, met een lege F-side.'

Pieloor, een van de oprichters van de F-side, weet het nog goed. *Experimenteel theater*, kopte *Het Parool* boven een foto van een lege F-side, plus een tafel met bestuurders. 'Ja, wij hadden tot boycot opgeroepen, maar dat had een reden. Wij voelden veel onvrede. Toen de Arena kwam, hadden we een lijstje gemaakt met wensen. Ik was al helemaal niet meer in beeld, want we waren in 1991 gestopt met het supportershonk in De Meer. Ik ben toen in m'n eentje opgestaan om het verzet te coördineren, als aanspreekpunt voor het bestuur. F-siders zaten verspreid over het stadion. We begonnen met een spandoek: *VIP-side weg, F-side terug*. Bij de eerste bijeenkomst waren 800 supporters aanwezig. Wij vonden dat van de daar gemaakte afspraken te weinig was terechtgekomen. Daarom riepen we op tot een boycot.' Van Praag: 'Ze zaten verspreid omdat wij iedere F-sider in de gelegenheid hadden gesteld vier seizoenkaarten extra te kopen, zodat ze vrienden konden meenemen.

Van dat aanbod werd massaal gebruikgemaakt. Dat paste dus niet meer in één vak.'

Pieloor: 'Ons eerste contact met het nieuwe bestuur, na al dat gedoe onder de vorige voorzitter Harmsen, was een verademing. Het bestuur was toegankelijk. Ik weet nog hoe we elkaar begroetten, in het honk bij De Meer. Michael zocht mij op, gaf me een hand en zei: "Dag, voorzitter." En ik antwoordde: "Dag, voorzitter." Het was voor mij als supporter misschien lastig om de verwachtingen waar te maken die Michael van mij had. Ik was natuurlijk niet de politieagent van de F-side die alles wel even zou regelen. Dat leidde ertoe dat we soms tegenover elkaar stonden. Als Michael zei dat de trappen in de Arena vrij moesten blijven, op last van de brandweer, ging Ronald Pieloor daar niet met een geel hesje staan om supporters van die trappen te houden. Wij kwamen vooral op voor het belang van de F-side, hoewel ik me ook wel verantwoordelijk voelde.'

'Na dat staafincident voelde ik me echt klote. We probeerden net een relatie op te bouwen met het nieuwe bestuur. Ik ging met hangende pootjes naar de bestuurskamer en moest me echt naar binnen kletsen – want wie was ik nou? Ik bood mijn excuses aan bij Michael, hoewel ik de staaf niet had gegooid en zelfs niet had gezien wie gooide. Maar ik voelde me wel verantwoordelijk, als zijn gesprekspartner. Later gingen we toch weer om tafel. Dat was wel vervelend, dat ik telkens verantwoording moest afleggen. Een sponsortent van ABN, bij De Meer, toen de bank nog maar kort sponsor was, ging helemaal tegen de vlakte. Gesloopt. Die tent stond voor de F-side, kort bij ons honk. Er was vreselijk veel gedoe over. Dat is hoog opgelopen. Ik werd daarover weer aangesproken, terwijl ik er niet eens bij was. Wij als stichtingsbestuur waren het een beetje zat allemaal. We hebben het honk in 1991 teruggegeven aan Ajax.'

Van Praag, over negatieve ervaringen met supporters: 'Het is ook gebeurd dat ze zo waren opgehitst, dat een klein jongetje met wie ik even stond te praten, me in mijn gezicht spuugde. Toen dacht ik: wat doe je nou? Wat is dat nou voor gebrek aan opvoeding. Dat soort types liep daar rond. Maar ook heel veel leuke mensen. Joark bijvoorbeeld. Echt een kanjer. 'Joark zei: "Jij krijgt een afscheid in de Arena. Op het veld." Dat hoefde voor mij niet zo, want ze gingen me toch uitfluiten. Zo gaat dat gewoon. Je zag het met burgemeester Halsema. Ze was net begonnen, had nog nauwelijks wat kunnen doen, en ze werd met bierblikjes bekogeld tijdens de huldiging voor het kampioenschap. Matthijs de Ligt ving nog een blikje op. Dan is het nieuws dat De Ligt zo kundig een blikje vangt, terwijl het nieuws zou moeten zijn: welke idioot gooit een blikje naar een nieuwe burgemeester die je net op een huldiging heeft getrakteerd.'

'Enfin, Joark en ik samen naar de middenstip. Hij sprak me toe, ik kreeg een Ajaxshirt met het cijfer 0, plus een grote voorzittershamer omdat ik altijd de Kop van Jut was. En toen zei hij: "Nu lopen we naar de F-side." Ik vermoedde een hels fluitconcert, maar hij had geregeld dat ze allemaal gingen staan en applaudisseren. Ik krijg er nog kippenvel van. Uri Coronel was inmiddels voorzitter toen we naar de begrafenis van Joark zijn geweest. Het was buiten. Windstil. Uri legde zijn papieren neer op het katheder. Op het moment dat Uri ging praten, kwam er een windvlaagje, waardoor het papier op de grond viel. Wij zeiden tegen elkaar: dat was Joark, de man van de practical jokes.'

'En er was nóg een dieptepunt, dat voelde als een mes in de rug. Het gebeurde bij de eerste thuiswedstrijd van het nieuwe seizoen, tegen FC Twente, een paar maanden na de vuurwerkramp in Enschede in 2000. Na al die praatgroepjes, al die gesprekken, begonnen onze supporters met wie ik zo goed was, vuurwerkgeluiden te maken. Ik zat naast de voorzitter van FC Twente en zakte echt door de grond. Was je jaren bezig geweest, gingen ze vuurwerkgeluiden maken. Vreselijk.'

Buiten zijn werk voor de supporters is Van Praag natuurlijk vertegenwoordiger van de club. Ook in die functie beleeft hij momenten die passen bij zijn beoogde rol als verbinder. 'We waren ook wel een moderne club. We hebben de businessclub opgericht, de ABA, met Uri als drijvende kracht. Die club bestaat nog steeds. Ik maakte voor wedstrijden een praatje aan elk tafeltje. Je moest echt werken om ervoor te zorgen dat ook businessclubleden aan hun trekken kwamen.'

'Ajax stond ook aan de wieg van de G-14, een verbond van veertien Europese topclubs. Wij deden mee omdat we na het staafincident aan den lijve ondervonden dat je niet rechtstreeks met de UEFA mocht communiceren. Dat moest via de nationale bond. Dat was vervelend. En omdat we veel internationaal speelden, kwamen we in contact met andere clubs. Met David Dein, destijds van Arsenal, ben ik nog steeds bevriend. Met Karl-Heinz Rummenigge van Bayern München ook.'

'Rummenigge is een veel betere bestuurder dan ik. We vonden het vreemd dat we met die topclubs vaak ver kwamen in de Europa Cup, maar helemaal geen invloed hadden op die competitie. Daar wilden we wat aan doen. Koppen bij elkaar. Hebben we de G-14 opgericht, met als doel de communicatie met de UEFA te openen en meer zeggenschap te krijgen over de Europese competitie. PSV werd ook lid. We wilden kunnen meepraten. We maakten alleen één tactische fout. We stelden een directeur aan die bij de UEFA competitieleider was geweest. De UEFA was daarop meteen bang dat wij zelf een competitie wilden beginnen. Ik zweer: dat heeft nooit op de agenda gestaan. We wilden alleen meer zeggenschap, ook over de verdeling van het geld, en over de commerciële uitbating.'

'Dat was mijn mooiste tijd als bestuurder, toen we met die andere clubs maandelijks aan tafel zaten, op een gegeven moment in een kantoortje in Brussel. Mijn extra taak, omdat ik dichtbij woonde, was het runnen van dat kantoor. We maakten zulke mooie dingen mee. We wilden de afspraak maken dat het salarispakket voor spelers nooit meer dan zeventig procent van de totale begroting mocht zijn. Het goede voorbeeld geven, om iets te doen aan de alsmaar stijgende spelerssalarissen. Het voorstel was van Umberto Gandini en Adriano Galliani van AC Milan. Vergaderen, vergaderen, vergaderen. Iedereen was voor. Ik zou de persconferentie leiden. We hadden alles voorbereid. Ook het antwoord op de vraag of er sancties zouden zijn voor clubs die de afspraken schonden. Mijn ingestudeerde antwoord zou zijn: "Sancties meneer? U praat met de veertien grootste clubs van Europa. Wij denken helemaal niet aan sancties. Die hebben wij niet nodig." Dat zei ik ook. Maar op de avond vóór die persconferentie zaten we nog even te praten, toen Gandini zei dat hij een probleem had, omdat AC Milan niet meedeed – terwijl het hun idee was. Onze bek viel open. We hadden een halfjaar vergaderd. Maar eigenaar Silvio Berlusconi wilde het niet. Berlusconi vroeg aan het einde van het seizoen gewoon wat de club tekortkwam. Dertig miljoen? Oh, prima. Die tikte dat bedrag gewoon af. Dus waarom zou AC Milan akkoord gaan met die zeventig procent? We konden het plan alleen niet meer afzeggen. We presenteerden het dus toch. Er is geen flikker van terechtgekomen.'

'De UEFA beantwoordde nooit een brief van ons, bang als de bestuursleden waren dat wij een eigen competitie wilden beginnen. Dat zei ik dan ook tegen bestuurslid Jeu Sprengers, die het overigens van weinig respect vond getuigen dat PSV en Ajax lid waren van de G-14, een orgaan dat kritisch was op de UEFA. Uiteindelijk mochten we onze plannen dan toch uitleggen bij de UEFA. De vijandigheid in die zaal... het ging heel moeizaam. Maar ook daarna wilden ze niets van ons weten bij de UEFA. Toenmalig president Lennart Johansson liet ons simpelweg niet toe. Hij hield ook mijn lidmaatschap van UEFA-commissies een tijdje tegen. Het is eigenlijk aan de latere UEFA-voorzitter Michel Platini te danken dat de verhoudingen beter werden. Hij drong aan op een groter forum van clubs, dat uiteindelijk de ECA werd, de European Club Association. Hij vond 14 veel te weinig.'

Zo kan Michael nog wel even doorgaan met verhalen en anekdotes. Ajax is ook betrokken bij de oprichting van de Eredivisie NV, tegenwoordig de Eredivisie CV. 'Dat was echt *Sjors van de Rebellenclub*. Het idee kwam van Harry van Raaij, mijn collega van PSV. Jorien en ik praatten daarover, met Martien Vreijsen van NAC. We hielden nog een paar stiekeme bijeenkomsten in een café om de plannen te bespreken, want als je dat meteen met alle clubs doet, is de een weer tegen en lekt de ander de informatie. We betrokken er steeds meer clubs bij. Voor mij had ook dat alles te maken met mijn ontembare drang om te verbinden. Je kunt het niet alleen, je kunt het alleen met elkaar doen.'

Om zijn historie bij Ajax nog meer in te kleuren, wil Van Praag nog één anekdote vertellen, omdat die volgens hem alles zegt over de kracht van Ajax. We schrijven 28 april 1992, een dag voor het eerste finaleduel om de UEFA Cup tegen Torino, in Turijn. Ajax speelt in die tijd nog in De Meer, een wat gammel stadion.

Bezoekende clubs in de Europese toernooien trainen vaak op de velden van Voorland, naast het stadion. Dat praat zich een beetje rond. Ajax is een goed team, maar ja, hoe ze er daar bijzitten, dat is toch een beetje shabby. Torino is eigendom van meneer Aldo Spinelli. Op de avond voor de wedstrijd in Turijn is een diner. Afspraak halfnegen. Om halfnegen staat het bestuur van Ajax in vol ornaat te wachten bij het restaurant. Niemand. Om vijf over negen is er beweging. De tafels staan al vol met campari en water, maar er gebeurt niets. Het wachten is op Spinelli.

'Daar kwamen ze. Voor hen was het een gewone avond, voor ons was het bijzonder. Een voorgerecht met gerookte zalm. Spinelli zat al te eten toen wij nog niets hadden. Hij zei weinig. We voelden ons opgelaten. Er kwam opeens een man binnen die iets zei tegen Spinelli, die wit wegtrok en zich verontschuldigde. Twintig minuten later kwam hij weer terug met kleur in zijn gezicht. Hij had bericht gekregen vanuit het hotel dat de spelers in staking wilden voor de finale. Ze wilden niet voetballen, tenzij hij de premie verhoogde. Spinelli zei: "Ze wilden 150 duizend dollar, maar ik heb het kunnen afmaken op 120 duizend. Mijn avond is weer goed." Ik vroeg nog: "Voor het hele team?" Nee, het was per persoon. Ik dacht alleen nog maar: laat Danny Blind het niet horen. En toen werd het gezellig.'

Spinelli doet een vraag- en antwoordspelletje.

'Wij hebben een stadion voor 60 duizend mensen. Hoeveel kunnen er bij jullie in?'

Van Praag: 'Wij spelen normaal in De Meer, 19 duizend. Maar in het Olympisch Stadion is het meer.'

Spinelli: 'Wat is jullie budget? Dat van ons is 70 miljoen dollar.'
Van Praag: 'Nou, ja, dat van ons 11 miljoen gulden.'

Spinelli: 'Ik heb al 125 miljoen dollar geïnvesteerd in de club. En jij dan?'

Van Praag: 'Ik betaal elk jaar 240 gulden contributie en dat is het dan, meneer Spinelli."

'Nou, ze zeiden niets meer tegen ons. Wij waren een stelletje armoedzaaiers uit Amsterdam die even de grote jongens kwamen spelen in Turijn.'

Twee weken later is de tweede wedstrijd, in Amsterdam. Meestal huurt Ajax voor zo'n gelegenheid een zaal in een hotel. Maar Torino komt met een kleine delegatie. In totaal zullen dertien mensen aanschuiven voor het diner. Ajax besluit de grote bestuurstafel te dekken in De Meer. Honderd procent uitpakken. Topcatering. Damasten tafellaken. Heel veel bestek. Kristal. Aan de ene kant van de kamer staat de prijzenkast, met drie Europa Cups I, de Europa Cup II, de wereldbeker, de Supercup, tal van andere prijzen.

‘We hebben ze de hele avond met hun gezicht naar die bekers gezet en bijna niets gezegd. Maar toen viel het kwartje wel bij Spinelli. Na afloop zei hij, toen hij wegging: “Mister Van Praag, you have a beautiful club.”’

VOORZITTERS

'Jorien was de bad guy en de good guy'

Jorien van den Herik schaterlacht bij de herinnering aan een aankondiging uit het verleden dat hij alleen nog op de oneven huwelijken van Michael van Praag zou verschijnen. Van Praag, vijf keer getrouwd: 'Dat vind ik nou leuke grappen.' Van den Herik zet nog een tandje bij qua lachen wanneer hij zegt, even na de groet van Van Praags echtgenote Yvonne tijdens het gesprek per beeldscherm. 'Ik was blij dat ik Yvonne zag.' Nu schiet ook Van Praag in de lach.

Ze zijn blij dat ze elkaar zien. Jorien van den Herik is altijd scherp en gevat. Hij hoort een opmerking over mensen van 77 jaar dat die meestal niet meer werken. 'Maar de meeste mensen van 77 zien er ook niet zo goed uit.'

Van den Herik is dus 77 op het moment van het onderhoud en draagt een bril met hip montuur, terwijl hij een van de eersten was die zijn ogen liet laseren. 'Die bril is decorum.'

Van Praag luistert geamuseerd, nadat hij en de vroegere voorzitter van Feyenoord zijn ingelogd voor een gesprek. Is de grens voor pensioen 80 jaar bij Van den Herik? 'Ik stop nooit. Alleen is het leven iets anders ingericht dan vroeger. Ik ski veel, thuis in Zwitserland. Al mijn bedrijven liggen in de Verenigde Staten. Ze draaien goed. Alleen doen servicemonteurs veel met de auto in plaats van met het vliegtuig.' Het is de coronatijd van quarantaines.

Van den Herik was vroeger groot in dakbedekking. 'Ik ben ooit in dakbedekking begonnen, maar daarin doe ik al jaren niets meer. We maken wel productiemachines voor dakbedekking. Het is allemaal engineering, op veel gebied. Voor de marine maken we bijvoorbeeld kleine drones voor onder water. Machines om velgen te maken. Het zijn allemaal verschillende bedrijven.'

Ze zijn goed met elkaar, de toonaangevende voorzitters van Ajax en Feyenoord van voorheen. Van Praag van 1989 tot 2003 bij Ajax, Van den Herik van 1991 tot 2006 bij Feyenoord. Het was de bedoeling een driegesprek te houden, met de grote drie van vroeger, maar Harry van Raaij van PSV is in november 2020 overleden. Van den Herik: 'Harry was niet alleen een aimabele man, hij kon ook spijkerhard zijn. Hij was heel kundig. Wij hadden jaren achter elkaar een kerstdiner met de NOS-radio. Dan zeiden mijn echtgenote Joke en ik altijd tegen elkaar, op de weg terug: "Wat is die Harry toch een interessante man." Hij zag altijd andere invalshoeken, op een intelligente manier.'

Van Praag: 'Harry en ik hebben ook nog even samen in het sectiebestuur gezeten. Jorien heeft dat als enige van ons niet gedaan.'

Van den Herik: 'Daarvoor was ik ook niet geschikt geweest.'

Van Praag: 'Nou, ik denk juist dat jij wel geschikt was geweest. Jorien was een vernieuwer. Hij durfde dingen te doen. De rest was een beetje van: oh ja, de KNVB bepaalt. Ook ikzelf was niet zo flink. Maar Jorien was flink. Hij zag meteen dat de uitzendrechten van de clubs waren. Ze werden toen nog door de KNVB verhandeld. Jorien zei dat het zo niet goed was, dat het beter kon, dat de clubs dat zelf moesten doen.'

Van den Herik, lachend om een herinnering: 'Jos Staatsen met zijn opmerking: "We gaan iets nieuws beginnen. Sport7."' Staatsen was destijds voorzitter van het sectiebestuur betaald voetbal van de KNVB.

Van Praag: 'Ik keek heel erg tegen Jorien op. Hij werd later ook Stalin aan de Maas genoemd. Hij kon veel zelf beslissen en deed dat ook gewoon. Ik had altijd met mijn bestuur te maken en ik was ook niet zo flink. Harry en ik zouden voor vier maanden in het sectiebestuur komen vanwege een noodsituatie. Dat werd vier jaar. Veel te lang. Maar als Jorien in dat bestuur had gezeten, was er veel meer veranderd. Dan was er meer tegenwicht geweest tegen de directie. Dan was veel op een andere manier gegaan.'

Van den Herik: 'Over Stalin aan de Maas gesproken. Ik lag onlangs op de operatietafel, met zeven man om me heen. Zei er opeens iemand: "U bent toch de GKL?" Dat was mijn andere bijnaam.' Ze noemen hem Grote Kale Leider in die tijd, bij Feyenoord. 'Ik droeg zo'n operatiepetje en zei: "Hoezo GKL, ik zie er toch hartstikke leuk uit zo?" Stalin aan de Maas hoor ik nooit meer. Maar als ik eens door Rotterdam loop, meestal met een pet op, dan is het: "Hé Jorien, hallo GKL."'

Van den Herik oogt strak. Gebruind. Hij zit voor een foto van zijn luxueuze huis in Frankrijk, met zwembad. Hij en Van Praag zijn mannen met schier oneindige bronnen energie. Hoewel? Eerst is de afspraak verzet. Eigenlijk is een bijeenkomst gepland op 28 december 2020, bij Van Praag thuis. Een dag daarvoor stuurt Van den Herik een mail. Hij ligt in het ziekenhuis. Een reset van het hart is nodig, zo blijkt. Zijn hartritme is verstoord. 'Even de stekker eruit en de stekker erin. Maar ik heb er niets van gemerkt, want ik sliep,' vertelt hij laconiek. Hoe hij dat dan ontdekte? 'Ik draag altijd een iWatch en het scherm werd helemaal rood. Toen volgde de mededeling dat ik niks deed, maar wel een heel hoge hartslag had. Ik pakte de bloeddrukmeter. Dat horloge gaf de juiste informatie.' Dus dat werd opname in het ziekenhuis, met een traject van medicijnen. Een reset. Zijn hart had één stoot nodig. Alles is goed verder.

De tweede afspraak is per Zoom. Van den Herik is weer eens in het land, maar Van Praag wil zich houden aan de regels. Hij mag maar één persoon tegelijk ontvangen in februari 2021. Ze hebben af en toe nog contact. Zo sprak Van den Herik in december 2019 in de Arena, tijdens het afscheid van Van Praag bij de KNVB. Daarover heeft Van den Herik trouwens nog wel een aardige anekdote. 'Joke en ik waren op Zürich Airport om naar Nederland te vliegen, omdat ik een paar dagen later zou speechen tijdens het afscheid van Michael. Opeens komt Michael aangelopen, met een aantal KNVB-medewerkers. "Niets zeggen, hoor," riep ik tegen Joke. Na onze hartelijke begroeting vertelde Michael dat hij over een paar dagen afscheid zou nemen van de KNVB. "Goh, daarvoor heb ik helemaal geen uitnodiging gekregen," zei ik, "maar wat leuk voor je." Na aankomst op Schiphol wenste ik hem een mooi afscheid. Groot was Michaels verbazing toen ik op zijn afscheidsavond opeens op het toneel verscheen.' Van Praag: 'Het was hilarisch. Ik wist ook niet wie de KNVB precies had gevraagd om te komen, want het moest een verrassing voor me zijn. Ik geneerde me echt, toen Jorien zei dat hij niet was uitgenodigd.'

Van den Herik is een werker. Een man van de tijd met een volgens militaire precisie ingevuld schema in de agenda. Hij volgt het voetbal nog, jazeker. 'Het is nog steeds leuk. Bestuurlijk mis ik het niet, al jeuken mijn handen soms. Ik kijk naar alles dat goed is. Het leven bestaat uit keuzes maken, dus ik kies mijn wedstrijden zorgvuldig. Soms is dat meer internationaal voetbal dan nationaal voetbal. Maar ik kijk wel naar de toppers in de Nederlandse competitie.'

Het is een paar dagen na de laatste dag van 'Super Januari' in de eredivisie. Feyenoord-PSV was een geprezen duel in de pers.

'Nee, dat vond ik niks. Qua voetbal was het niets. Feyenoord speelde heel slim in de eerste helft. In de tweede helft was het niets. PSV was ontzettend slecht in de eerste helft en in de tweede helft was het niet veel beter. AZ-Ajax was beter, maar AZ was onmachtig.'

Zijn handen jeuken dus, soms. 'Maar we gaan het nu over Michael hebben.'

Ze hadden vroeger een afspraak met zijn tweeën, over publieke optredens. Van den Herik: 'Onze verhouding was beter dan veel mensen dachten.'

Van Praag: 'Jorien heeft mij geleerd dat we niet rollebollend over straat moesten, want als wij dat deden, konden we geen normaal gedrag van supporters verwachten. Wij gedroegen ons de-escalerend. Wij probeerden naar buiten goede collega's te zijn, als vrienden. Wij bij Ajax volgden Jorien nauwgezet, omdat hij een vernieuwer was met dadendrang. Een verbeteraar. Hij heeft ons allemaal op sleeptouw genomen. Weet je nog Jorien, al die proefprocessen?'

Van den Herik: 'Ik weet nog dat ik uit San Francisco terugkwam voor één vergadering. Met een geweldige jetlag heb ik een fout gemaakt, door meneer Tusveld van Heracles van onderuit de zak te geven. Dat was niet slim van me en daar ben ik bepaald niet trots op. Hij was gewoon een aardige man. Ik joeg de rest van de vergadering tegen me in het harnas en ben de volgende dag weer snel teruggevlogen naar San Francisco, met het schaamrood op de kaken.'

Poserend met de trots van vader Van Praag, de blauwe auto van het Amerikaanse merk Plymouth.

Vijf jaar oud en, naar voorbeeld van zijn vader, strak in het pak op de schoolfoto.

Michael rond zijn vijftiende samen met zijn moeder in het ouderlijk huis in Amstelveen.

Johan Cruijff, Jaap van Praag en premier Joop den Uyl met de Europa Cup I.

Het bestuur van Ajax, Arie van Os, Uri Coronel, Michael van Praag en Arie van Eijden in het clubkostuum. Van Praag draagt hier per hoge uitzondering zijn eigen trenchcoat.

Van Praag met dé staaf die tijdens Ajax-Austria Wien in september 1989 het veld op werd gegooid richting de Weense doelman.

Michael met trainer Leo Beenhakker in De Meer.
Na wedstrijden gingen de vrienden vaak samen biljarten.

Samen met de succescoach Louis van Gaal voor
het UEFA Cup duel met Torino in 1992.

Ajax viert de winst van de Champions League
met de supporters op het Museumplein.

Michael van Praag en Willem-Alexander reiken de zilveren medaille van het WK 2010 uit aan Giovanni van Bronckhorst.

Michael van Praag in functie van de KNVB voor een thuiswedstrijd van Oranje met naast hem Platini (l) en Erzik (r).
Op de achterste rij Theodoridis, Karembeu en Boniek.

Achter het drumstel bij Perfect Five.

Als voorzitter van de KNVB mee het veld op
voor Frankrijk-Nederland met de sousafoon.

Tijdens de finale van het EK Vrouwenvoetbal in Enschede samen met Maxima, die rond de wedstrijd gewoon met de borrelnootjes rondging.

In functie van de UEFA achter FIFA president Infantino (l).

In 2016 gaat Michael van Praag de strijd aan om Platini op te volgen
als voorzitter van de UEFA.

Van Praag: 'Maar jij schopte tegen het establishment. Je maakte vaak opmerkingen over procedures, en vrijwel al die opmerkingen waren terecht. Niemand deed dat. Onze penningmeester Arie van Os was het steeds met je eens. Dat zei hij ook bij ons in de bestuursvergadering. "Doe jij nou eens net als Jorien." Maar dat zit helemaal niet in mijn karakter. Ik was allang blij dat Jorien dat allemaal deed. Jorien en ik voerden ook overleg over onze strategie.'

Van den Herik: 'Ik herinner me vooral de geweldige samenwerking tussen Feyenoord, Ajax en PSV, met een enkele rimpeling.'

Het zijn mooie tijden, met kleurrijke voorzitters die het gezicht zijn van de clubs. Ze overvleugelen directeuren – als die er al zijn. Van den Herik gaat meestal los tijdens zijn speech op de nieuwjaarsreceptie van Feyenoord, waarbij hij niet alleen het voetbal op de hak neemt. Het kan best zo zijn dat hij de politiek een schop geeft. Journalisten wrijven zich in die tijd vooraf in de handen. Ze laten al een stuk intekenen bij de krant. Zo van: Jorien spreekt vandaag, 800 woorden.

Van den Herik: 'Ik zou dat nog steeds willen doen, bijvoorbeeld over hoe zaken in Nederland niet worden opgelost. Hoe mensen die daarvoor niet geschikt zijn, qua karakter en opleiding, zaken in deze pandemie organiseren. Dat kan niet. Je kunt dat ook niet verlangen van ambtenaren of van voormalig schoolmeesters. Dat zijn prima beroepen, maar niet om op dit moment grootschalig zaken te organiseren en prioriteiten te stellen. Het moet een combinatie van disciplines zijn, maar in elk geval niet alleen de politiek en de ambtenarij. We zijn in Nederland fantastisch georganiseerd met de GGD, in normale situaties. Maar dit is een oorlogssituatie en dan moet je de boel overhoop halen en andere maatregelen nemen. De maatregelen die gisteren perfect waren, gelden dan niet meer.'

Van Praag en Van den Herik zijn in hun tijd bijzondere voorzitters, met eigen verdiensten en nukken. Ze nemen ook op verschillende wijze afscheid. Van Praag vertrekt met bloemen. Van den Herik heeft eerst een FIOD-zaak over belasting, onder meer inzake de Australische spits Vidmar. Alle rechters stellen hem in het gelijk, maar de pijn is dan al geleden. En de prestaties van de club nemen af in zijn laatste seizoenen, waarna sommige supporters zich tegen hem keren. Welke gevoelens overheersen, een jaar of vijftien later?

Van den Herik: 'Ik denk aan alles. Bij Feyenoord is nog nooit een voorzitter fatsoenlijk vertrokken, dus ik ook niet.'

Van Praag: 'Ik vind dat Jorien door Feyenoord schandalig is behandeld.'

Van den Herik: 'Ik ben weggegaan in 2006. Sindsdien is er op geen enkele manier nog sprake van respect.'

Van Praag: 'Zo is het. Terwijl jij degene bent geweest die Feyenoord heeft gered van de financiële ondergang. Zo zagen wij dat in die tijd ook, bij Ajax. Nederland is slecht in het eren van zijn helden. Bij een buitenlandse club zou dat niet zijn gebeurd. Jorien verdient dit niet.'

Van den Herik: 'Er wordt altijd gerefereerd aan die periode 1991-1992, toen ik net voorzitter was. Maar ik heb Feyenoord al geholpen in de jaren tachtig. Ik heb alle functies bekleed. Ik was altijd voorzitter van allerlei opgetuigde entiteiten. Ik was al voorzitter op school. Het voorzitterschap zit in mijn bloed, behalve als het om een politieke partij gaat. Er bestaat ook niet één type voorzitter. Michael en Harry deden het op hun manier perfect bij Ajax en PSV, en ik deed het op mijn manier bij Feyenoord. Dat militante in mij was ook nodig, want Feyenoord was nagenoeg failliet. Ik moest oorlog maken af en toe, omdat het nodig was.'

Maar de bijnaam Stalin aan de Maas vond hij vervelend.

'Ik word niet graag vergeleken met Stalin.'

Dat ze hem zijn vergeten, daar komt hij best overheen, maar het is wel pijnlijk. Van den Herik: 'In mijn tijd kreeg een oud-voorzitter of een oud-bestuurslid een seizoenkaart toegestuurd. Ik heb nooit wat gezien. Ik ben nog aandeelhouder, van twee plaatsen aan de overkant van het ereterras. Daarvan maken mijn kleinkinderen gebruik. En ik was ook niet uitgenodigd voor het 100-jarig bestaan, in 2008.'

Van Praag: 'Stuitend.'

Hoe dat kan? Van den Herik: 'Omdat ze bang voor me zijn, al ben ik netjes opgevoed en kan ik me heel goed gedragen.'

Van Praag: 'Jorien is een persoonlijkheid. Hij kan goed praten en debatteren. Hij wist ook bij de KNVB en de vergaderingen betaald voetbal precies waarover het ging. Veel mensen konden niet tegen hem op. Daarmee begon het al. Dat leidde tot een bepaalde houding in zijn richting. Onterecht, want als je een beetje moeite deed, kon je lezen en schrijven met Jorien. Daarvan hebben wij als Ajax en PSV, en trouwens met het hele voetbal, voordeel gehad. En dan nog iets: hij was de eerste die met een vrouwelijke directeur op de proppen kwam, een goede jurist die hem aanvulde. Nicole Edelenbos. Ze waren baanbrekend samen. Bij ons was de rolverdeling duidelijk: ik trad naar voren, Arie van Os niet. Zo was hij een beetje de bad guy en ik de good guy. Jorien was allebei.'

Is Van den Herik eigenlijk net zo positief over Van Praag als omgekeerd?

Van den Herik: 'Ja. Ik heb nooit een probleem met Michael gehad. Wij zijn elkaar weleens tegengekomen in een parkeergarage op Schiphol. Altijd gezellig. Michael is natuurlijk druk geweest bij de UEFA en FIFA. We kwamen elkaar niet meer vaak tegen. Er staat nog altijd een afspraak om weer eens bij te praten. Dat we elkaar niet zien is niet omdat we elkaar niet willen zien. Dat is omdat we geen tijd hebben.'

Bij de afscheidstoespraak in de Arena is Van den Herik tussen de regels door kritisch, op het uitblijven van contact. 'In elke speech zit ondeugendheid. Ik daag mensen graag uit, ook in mijn bedrijven. Dat vind ik leuk. Zeker in Amerika hebben ze daaraan moeten wennen. Joke vindt dat ook niet altijd aardig van mij. Ook zij moest daaraan wennen. Ze zei weleens: "Jorien, hoe kun je dat nu zeggen." Terwijl ik dan slap lag van de lach.'

Van Praag: 'In Nederland bestaat een clubje van oud-voorzitters, dat een jaar of dertien geleden is opgericht. Riemer van der Velde (voorheen Heerenveen; *red.*) kwam met het idee van consultancy, dat wij nieuwe bestuursleden moesten inwerken. Ik werd toen net voorzitter van de KNVB en zei dat ik die combinatie niet kon hebben. Ik ben toen helaas uit dat groepje gestapt. Anders hadden we elkaar wel vaker gezien. En wat is dan het uitdagende van Jorien? Toen ik geen voorzitter van de KNVB meer was en via de app vroeg of ik weer lid kon worden, zei Jorien: "Nou, dan moet je eerst door de ballotage." Dat doet hij dan.'

Van den Herik: 'Nee, dat clubje van oud-voorzitters heeft geen voorzitter. Jan Willem van Dop is secretaris. Hij organiseert alles. Ik heb trouwens meer bijeenkomsten van het ouwelullenclubje níét meegemaakt dan wel. Het is een beetje eten en over vroeger praten. Eigenlijk is zo'n clubje niet echt iets voor mij. Dat komt vooral omdat ik het zelden over het verleden heb. Bewust. Ik plan vooruit. Mijn agenda is helemaal vol. Ik weet precies wanneer ik tijd heb om met het bootje te varen of te skiën. Achterom kijken doe ik bijna nooit. Ik vergeet ook dingen, omdat het me niet interesseert. Je moet bezig blijven, je uitdaging zoeken in de toekomst.'

Van Praag: 'Jorien heeft elk jaar op de verjaardag van Nicoline, tot haar achttiende, een felicitatiemail gestuurd. Dan doe je niet als je geen goede relatie met elkaar hebt.'

Van den Herik: 'Vanaf haar achttiende vond ik het niet meer

gepast, dat een oude man een jonge meid ging mailen. Gaan we niet doen.'

Zo anders als ze zijn in karakterologisch opzicht, zo zijn er ook de overeenkomsten. Ze zijn pure ondernemers die bij een bijna failliete club instapten en successen beleefden. Of ze die ook zien, de overeenkomsten?

Van den Herik: 'Michael is een echte ondernemer. Hij kan al improviserend een verhaal vertellen. Ik bereid me altijd degelijk voor, al kan ik wel improviserend een discussie aangaan. Mijn laatste woord in de FIOD-affaire, bij de rechtbank en bij het Hof, duurde minimaal een uur. Ik bereidde me daarop dag en nacht voor. Over die zaak ben ik nog steeds ontzettend kwaad. Men mag onderzoeken wat men wil, geen probleem. Maar dat ik privé werd verdacht en vervolgd, dat accepteer ik nog steeds niet. Ik denk nog steeds dat meneer Korthals, Benk, toenmalig minister van Justitie, daaraan debet is.'

Van den Herik won alle rechtszaken. 'Ik heb nooit een excuus gekregen.'

Van Praag: 'Dat is zo Nederlands. Hij heeft alles gewonnen. Dan hoort een aanklager toch te zeggen: *Meneer Van den Herik, u heeft alle zaken gewonnen. Sorry.* Dan hoor je volledig gerehabiliteerd te worden. En er is natuurlijk ook jaloezie. Jorien is succesvol en dat leidt tot kinnesinne. Heel vervelend.'

Van den Herik: 'Je zult mij niet het Wilhelmus horen zingen. Daarom zou ik ook niet meer geschikt zijn om iets te doen bij de Koninklijke Nederlandse Voetbal Bond. Want ik ben opgevoed dat je gaat staan bij een volkslied, van welk land dan ook, maar voor het Wilhelmus sta ik niet meer op.'

De successen waren mooi. Voor Van Praag is de zege in de Champions League het hoogtepunt. Van den Herik wil niet beweren dat voor hem hetzelfde geldt voor de zege in de UEFA Cup, op 8 mei 2002 in Rotterdam, na de zinderende zege op Borussia Dortmund.

Van den Herik: 'Natuurlijk is dat een hoogtepunt, maar er zat zoveel drama omheen met de dood van Pim Fortuyn twee dagen eerder. Dat had zo'n impact op mij, dat ik die Europa Cup niet als hoogtepunt wil bestempelen. Op de dag van zijn dood heb ik 's ochtends nog slagroomtaart met hem zitten eten. Hij was op bezoek in het stadion, bij een bijeenkomst over omgang met de pers. Ik wilde van hem leren, want hij deed dat fantastisch. Hij kon dat veel beter dan ik. Hij communiceerde zo duidelijk, door gebruik te maken van de pers, ten behoeve van zijn politieke opvattingen en doel. Dat zei hij ook tegen me. Als je iets wil bereiken, moet je ervoor zorgen dat je de pers aan je zijde hebt. Nou ja, dat kon vroeger. Nu zou dat lastig zijn. Je zult mij bijvoorbeeld niet zien op sociale media. Ik weet hoe het werkt, maar ik doe het niet. Je zult mij ook niet meer in de pers vinden. Vóór mijn tijd bij Feyenoord, voor 1983, was ik ook niet te vinden in de pers. Ik heb geen zin om me via een sociaal platform te manifesteren. Ik wil gewoon zakelijk lekker bezig zijn.'

Hij trekt een vergelijking tussen klimaat en voetbal. Het warmere klimaat dan voorheen laat een Elfstedentocht niet meer toe. In het voetbal zijn de financiële verhoudingen veranderd. Mede daardoor wacht Nederland al bijna twintig jaar op de winst in een Europees toernooi, terwijl de tijdspanne tussen twee successen nooit zo groot was sinds de eerste Europese zege van Feyenoord in 1970.

Van den Herik: 'En ik kan het weten, met die vergelijking, als voormalig rijder van de Elfstedentocht. In 1963. Nou ja, tot Hindeloopen. Toen ben ik van het ijs gehaald. Dat is een van mijn grote nederlagen. Ik had fijt aan mijn vingers. Dat is nog steeds te zien.'

Van Praag: 'Echt? Van die tocht?'

Van den Herik: 'Ik was in militaire dienst. Met de garnizoenscommandant had ik het zo geregeld dat ik meteen na het appèl weer mocht trainen.'

Van Praag: 'De gewonnen Champions League is mijn hoogtepunt.'

Van den Herik: 'Dat Feyenoord weer op orde was, daarvan kon ik echt genieten.'

Van Praag: 'Ik ben wat romantisch van aard. Een hoogtepunt hoeft niet het winnen van een beker te zijn. Een hoogtepunt was ook dat Ajax, Feyenoord en PSV concurrenten waren, en nog zijn, maar dat wij als drie voorzitters goed met elkaar overweg konden, terwijl we best weleens van mening verschilden. Ik weet nog dat wij als Ajax belangstelling toonden voor de spits van Vitesse, Machlas. Toen riep voorzitter Aalbers van

Vitesse dat de kanonnen op de Arena stonden gericht. Dat maakte je bij ons nooit mee.'

Van den Herik: 'Een hoogtepunt was het ook wanneer een wedstrijd waarover veel gedoe was in de aanloop, toch goed verliep. En wanneer het niet goed verliep met supporters, was dat een dieptepunt. Ik ben ook emotioneel, maar als bestuurder riep ik niks wanneer ik emotioneel was. Als je emotioneel bent, moet je je mond dichthouden. Tenminste, als je een functie met verantwoordelijkheden hebt. Ik heb te veel mensen van maatschappelijk aanzien meegemaakt die na wedstrijden de meest verschrikkelijke dingen riepen. Dat vind ik erg, dat ze zich dan zo laten gaan.'

Van Praag: 'Dat was mijn fout bij de herverkiezing als KNVB-voorzitter, met 21 onthoudingen. Toen heb ik me laten gaan. Ik was zo geschoffeerd. Je moet een ruime geest hebben als voorzitter.'

Van den Herik: 'Ik ben trouwens wel jaloers op Michaels muzikale gaven. Ik ben niet verder gekomen dan gitaar en ik zong in een band.'

Van Praag: 'Nu hoor ik nieuws.'

Van den Herik: 'Bruiloften en partijen. Het ging alleen om geld verdienen. Ik was de zakelijk leider van de band. Dan kwam de vader van de bruidegom met de vraag of we nog een uurtje langer konden spelen. Zo iemand kleedde ik helemaal uit. Wij speelden alles. Wat de vader van de bruidegom ook maar wilde. Als hij maar betaalde. Ik had heel graag piano willen spelen. Maar ik heb geen talent. Alleen op dat muzikale talent van Michael ben ik wel jaloers.'

Van Praag: 'Ik ben jaloers op de wijze van doorwerken van Jorien, en de manier waarop hij voor de goede zaak streed. Hij stopte pas als hij het voor elkaar had. Hij gaf nooit op, hoe groot de weerstand ook was. Daarmee heeft hij veel aanzien gekregen. Ik had het eerder opgegeven.'

Na bijna anderhalf uur zijn ze uitgepraat. Ze beloven elkaar om snel weer eens af te spreken.

KNVB

'Denk je dat ik me laat ringeloren?'

Zijn tijd als voorzitter van de KNVB, van 2008 tot 2019, vervult Michael van Praag met dankbaarheid en vreugde. 'De KNVB is een fantastische organisatie die ik met veel trots heb mogen dienen. Dankzij de KNVB ben ik bestuurslid van de UEFA geworden en heb ik veel aan het Nederlandse en internationale voetbal kunnen bijdragen. En heb ik zaken meegemaakt die ik nooit zal vergeten. Iedereen die me daartoe in de gelegenheid heeft gesteld, ben ik eeuwig dankbaar.'

Alleen al over de KNVB kan Van Praag een boek schrijven. Over successen en mislukkingen, over intriges, boosheid, vernedering en trots. Welk gevoel ook overheerst, ruim een jaar na zijn afscheid als voorzitter mist hij vooral de mensen bij de bond.

Laat hem beginnen met de fijnste momenten, zoals hij die zelf heeft ervaren. Zijn inzet voor meer diversiteit of de aandacht voor minderheden. 'Ik was net bondsvoorzitter toen de voorzitter van het COC naar me toekwam. Die vond dat we iets moesten doen aan de emancipatie van homoseksualiteit, aan de strijd tegen homofobie. We moesten stelling nemen, een statement maken. Maar een statement zonder plan is niets. De media riepen steeds: *de KNVB moet het voorbeeld geven; waarom komt geen beroemde voetballer uit de kast?* Maar dat doen voetballers niet zomaar, want die horen van hun zaakwaarnemers dat ze dan een transfer naar Rusland wel kunnen vergeten, of ze zijn bang dat ze worden uitgescholden. Ik heb toen contact gezocht met Karin Blankenstein van de John Blankenstein Foundation. We zijn bij de amateurs begonnen, bij de jeugd, met workshops, met trainers. Ik ging mee, maar moest het wel structureel bij de KNVB op de agenda zien te krijgen.'

Hij zal nooit vergeten dat hij tijdens de rondvraag bij een vergadering van het amateurvoetbal het woord vraagt. Zo van: heren, we willen homofobie bestrijden, we willen het onderwerp bespreekbaar maken en een veilig klimaat bij clubs realiseren. 'Er viel een doodse stilte in de zaal. Mensen draaiden een beetje op hun stoel. Daarna zeiden ze: "Wij kennen dat probleem niet. Wij hebben geen homo's." Hoezo? Hoe kon dat nou? Als je weet dat circa zeven procent van de Nederlandse bevolking homoseksueel is, is het onzin om te stellen dat het in voetbal niet voorkomt. Ik heb dat bespreekbaar kunnen maken en het is inmiddels erg succesvol, met allerlei projecten bij de KNVB en bij clubs. We hebben het breder getrokken, naar anti-discriminatie. Het is prachtig dat we nu zelfs de commissie-Mijnals hebben, onder leiding van Humberto Tan. Het moeilijkste was: we wilden ook naar het betaald voetbal. ADO Den Haag deed als eerste mee. Dat is echt een topclub, in mijn ogen. Daar hebben ze bijvoorbeeld nooit gezegd te stoppen met vrouwenvoetbal als ze financiële problemen hadden. Ze hebben echt geprobeerd andere clubs mee te krijgen. ADO was de eerste club die ons ontving, en de supporters richtten meteen de Roze Règâhs (Roze Reigers; *red.*) op. Echt top. In de vergadering betaald voetbal nam ik weer het woord, want niemand wilde het over dit onderwerp hebben. Dus vroeg ik: "Waarom ben ik bij jullie niet welkom?" Rumoer in de zaal. Op die manier is het langzaamaan een vast item op ieders agenda geworden.' Kort daarop ontving de KNVB als eerste de prijs voor het beste sociaal-maatschappelijke project van de UEFA.

Bij zijn afscheid in december 2019 ontvangt Van Praag daarom de diversiteitsaward en overhandigt opvolger Just Spee hem het zogenaamde Pact Van Praag, waarin het streven naar gelijkheid en diversiteit in punten is ondergebracht.

Karin Blankenstein is voorzitter van de naar haar broer genoemde stichting. John Blankenstein, overleden in 2006, was een topscheidsrechter die openlijk uitkwam voor zijn homoseksualiteit. Karin: 'Met Michael kan ik geweldig werken.

We hebben echt een klik. We maakten een tournee langs alle clubs, en dan ging hij echt voor onze ideeën. Hij was ook goed met John. Mede dankzij Michael is het denken over het onderwerp binnen het voetbal veranderd, door zijn aanstekelijke enthousiasme en zijn energie. Ik hoefde maar te bellen en hij stond klaar. Zonder Michael was ik nooit zover gekomen. Ik was immers nieuw in die wereld, waarin ik toevallig verzeild raakte omdat John mijn broer was. Michael zag het belang van diversiteit, hij durfde alles te benoemen. Uit ons werk is echte vriendschap voortgevloeid.'

Meer hoogtepunten? De bouw van de campus in Zeist, onder initiatief van Henk Kesler, een van de vorige directeuren betaald voetbal. Het oorspronkelijke plan blijkt echter te hoog gegrepen. De bedoeling is dan al dat het Nederlands elftal terugkeert naar Zeist, naar een complex met meer velden, met goede huisvesting voor de teams en de beste medische voorzieningen. Uiteindelijk is dat allemaal gelukt. 'Ik was zo blij dat de vorige bondscoach Ronald Koeman en directeur Eric Gudde ook naar Zeist wilden. Zij zijn nog naar Huis ter Duin gegaan, om te vertellen dat het Nederlands elftal na al die jaren vertrok. De anekdote is dat de directeur van Huis ter Duin nog tegen Ronald Koeman zei dat hij hem zijn suite ging laten zien – Eric Gudde houdt gelukkig ook van doe maar gewoon. Ze besloten met zijn tweeën terug te keren naar Zeist. Vroeger bleven de spelers op hun kamer hangen met hun FIFA-spelletje, nu zitten ze met elkaar te kaarten en te doen, in een eenvoudiger opzet, met slaapgelegenheid ernaast bij hotel Woudschoten. De campus is een paleis, als je het bijvoorbeeld vergelijkt met de Italianen.'

Nog een hoogtepunt dan, persoonlijker van aard? De WK-finale in Zuid-Afrika tegen Spanje, in 2010. Ángel Villar is zijn collega van de Spaanse bond en bij de UEFA. 'Sepp Blatter had bedacht dat wij iedereen in de line-up voor de wedstrijd een hand moesten geven. Stonden we daar, in de catacomben van het stadion, doodzenuwachtig. Ik was nieuw bij de UEFA, Ángel zag mijn nervositeit en onwennigheid. Als een vader gaf hij mij een hand. Samen liepen we naar het veld, hand in hand dus. Dat was zo'n mooi moment. Waarom? Als bestuurder blijf je weg uit de kleedkamers. Daar heb je helemaal niets te zoeken. Je hebt niets met de spelers te maken, daar bemoei je je ook niet mee. Laat staan dat je voor de aftrap het veld op gaat om spelers een hand te geven. Dat is on-Nederlands, en past al helemaal niet in de opvoeding die ik heb gehad van Leo Beenhakker en Louis van Gaal. Maar goed, we moesten mee met Blatter. En Ángel zag mij zo zenuwachtig zijn. Dat hij toen mijn hand pakte, zag ik echt als een moment van vriendschap.'

Zo kan hij uren spreken over mooie tijden, over geluksmomenten, over wat hij internationaal voor Nederland heeft kunnen betekenen. 'Ik krijg vaak draaien om mijn oren, vooral wanneer ik in de ogen van anderen weer iets onhandigs twitter. Wat heeft de KNVB eraan gehad dat ik in het UEFA-bestuur zat? Veel, maar laat ik er twee zaken uitlichten. Ten eerste zit je dicht bij het vuur, je kunt meehelpen sturen en daardoor de belangen van de KNVB en de clubs behartigen. En je krijgt een finale of een eindtoernooi niet zomaar toebedeeld. De finale van de Europa League van 2013, tussen Chelsea en Benfica, was eigenlijk een cadeautje van Michel Platini aan de KNVB. Kijk, vroeger zei de president van de UEFA gewoon: *daar gaan we de wedstrijd houden*. Tegenwoordig maken bonden een bid en speelt persoonlijke voorkeur geen rol meer. Maar Platini is Platini. Ik ging naar hem toe en vroeg: "Zeg Michel, zouden wij niet eens een finale voor de Europa League kunnen krijgen in Amsterdam? Tevens neemt Harry Been dan afscheid als secretaris-generaal." Natuurlijk, zei Platini, maar dan moest hij eerst even de Arena zien. Toen is hij naar een wedstrijd van Ajax geweest. Ik zie hem nog met de handen in de zakken door de Koninklijke Loge lopen. "Wat een stadion," riep hij. Nou, als ik dat niet had gevraagd, hadden we die finale niet gekregen.' In een vergadernotitie van 17 oktober 2010 staat een uitspraak van Platini: *The final is set*.

Van Praag vertelt verder. 'Europees kampioenschap vrouwenvoetbal, 2017. De KNVB had een fantastisch bid. We hadden een waanzinnig leuk filmpje met het woord 'gezellig'. Dat werd uitgelegd aan een Engelsman, een Fransman, enzovoort. Maar er waren meer kapers op de kust, en je moet een beetje in de pul vallen. Ik maakte bij elk kerstdiner van de UEFA een cabaret. Daarmee krijg je ook sympathie. Als je dan twee of drie goede biedingen hebt, zijn bestuursleden toch geneigd om die Van Praag de stem te geven. Beslissingen vallen vaak bij de diners of bij informele bijeenkomsten.'

'Mijn dossierkennis is niet honderd procent, maar wel meer dan voldoende. Ik bereid me voor, maar uit al die ellenlange rapporten ken ik vooral de hoofdzaken. Alleen als iets cruciaal is, zorg ik ervoor dat ik alles in detail weet. Wanneer de KNVB ergens vóór was en ik moest dat verdedigen, wist ik er voldoende van. Bert van Oostveen, Henk Kesler en Eric Gudde waren de mannen met geweldige dossierkennis. Gudde: ik begrijp er geen mieter van hoe hij alles kan weten. Maar bij de UEFA gaat het niet alleen om dat soort zaken. Het gaat om alles eromheen, en dat beheers ik wel. Mede daardoor staat de KNVB er aardig op, internationaal.'

Tegenover die glorieuze momenten, momenten die blijven tintelen en die hem met warmte doen terugdenken, staan de momenten van ongeluk, van boosheid en frustratie. 'Allereerst mijn laatste herverkiezing, in 2016, met 21 onthoudingen. Dat had ook veel te maken met het vertrek van Bert van Oostveen als directeur. Ik had daarover ruzie met de raad van commissarissen; met voorzitter Johan Lokhorst vooral. Ik was heel close met Bert, die op het laatst geen bijster goede relatie had met Lokhorst. De RvC besloot in al zijn wijsheid dat Gijs de Jong de opvolger moest worden van Van Oostveen. De commissarissen wisten blijkbaar al dat Bert vertrok, maar hun vertegenwoordigers in het bondsbestuur verzwegen dat. Gijs de Jong heeft zelfs drie maanden een opleiding in Lausanne gevolgd. Maar de RvC informeerde ook de clubs niet over het voornemen dat Gijs de Jong de beoogde opvolger was. Bert belde mij op zaterdag dat hij had besloten weg te gaan. Hij vroeg mij dat nog even voor me te houden. De donderdag daarop speelden we met het Nederlands elftal tegen Griekenland, en dan wilde hij het bekend maken. Maar op maandag stond in het *Algemeen Dagblad* dat Bert van Oostveen wegging en Gijs de Jong hem opvolgde. Nou. Ik had dan vooraf wel een telefoontje van Johan Lokhorst verwacht, met de mededeling dat Bert vertrok en dat ze van plan waren Gijs aan te trekken. Dat deed hij niet. Ik ontplofte. En met mij de clubs, want zij moesten het ook in de krant lezen.'

'Ik krijg dus een paar dagen later, onderweg naar die wedstrijd tegen Griekenland, een telefoontje van Johan Lokhorst, dat Bert wegging en Gijs de nieuwe kandidaat was. Ik vertel hem dat ik dat allang in de krant heb gelezen en vraag waarom hij dat niet eerder heeft verteld. Johan vertelt me dat ze gewoon hadden besloten het aan niemand te vertellen, anders kwam het toch maar in de krant. Toen heb ik daarover in de talkshow van Humberto Tan mijn gal gespuugd, heel on-Michael van Praags, want ik houd er niet van om anderen in het openbaar af te branden. Het was echt een schandaal, dat de RvC het bondsbestuur niet inlichtte over het vertrek van een van de belangrijkste werknemers van de bond. Dat je de hele amateurtak niet op voorhand op de hoogte wilde brengen, vooruit, maar de bondsvoorzitter en het bondsbestuur... kom op. En als hij nou maandag had gebeld dat het nieuws gelekt was, sorry, dan had ik het nog begrepen. Maar hij belde donderdag, want ik heb toen bewust afgewacht. Dus ik heb Lokhorst de maat genomen in de media. Niet netjes van me en ik heb er spijt van, maar ik was zo kwaad. Toen schreef hij nog een vergadering op Schiphol uit met de clubs, want hij vloog naar Amerika. Ook de clubs namen het hem kwalijk dat ze niet waren geïnformeerd.'

'Formeel mag de RvC zelf de opvolger bepalen, maar dat ontslaat je niet van informatieplicht, en al helemaal niet omdat het allemaal zo gevoelig lag in die voetbalcrisis.' Het gaat in die tijd slecht met Oranje en de sfeer is ijzig. Directeuren, trainers en bestuursleden ruimen het veld. 'Gijs is daarvan ook het slachtoffer geworden. Toen sprak Lokhorst de historische woorden tegen de clubs: "Heren, daar gaat u niet over." Ja, als je dat tegen clubs zegt in tijden van crisis... Dus Lokhorst exit. Bestuur exit. Crisis bij de KNVB. Van Oostveen was weg. Gijs de Jong was gefrustreerd. Ik kon hem ompraten dat hij niet rouwig hoefde te zijn om de misgelopen functie, dat er een functie was die veel beter bij hem paste. Secretaris-generaal. Dat is hij geworden. Hij is als een vis in het water. Hij is goed in contacten en staat er internationaal goed op. Voor de KNVB is hij een geweldige ambassadeur.'

Johan Lokhorst laat weten 'geen behoefte te voelen om informatie over Michael van Praag te delen'.

In die roerige tijd, met twee gemiste eindtoernooien van Oranje (EK 2016, WK 2018), valt de herverkiezing van Van Praag. Hij bezoekt zoals altijd de ledenraad van het amateurvoetbal, om iedereen bij te praten. Hij vraagt een maand van tevoren zijn opwachting te mogen maken bij de profs, bij ECV (eredivisie) en CED (eerste divisie). Hij belt directeur Jacco Swart van de ECV met het verzoek ook daar zijn plannen te mogen ontvouwen. 'Twee weken voor die vergadering spreek ik Jacco nog even bij de KNVB. Hij vertelt me op het eind van dat gesprek dat de clubs het niet nodig vinden dat ik op die vergadering aanwezig ben.' Later hoort Van Praag dat een delegatie van de clubs met hem wil praten. Aldus geschiedt.

'Ik moest opdraven in het gebouw van de ECV. Eric Gudde was voorzitter, hij was erbij. Wilco van Schaik van FC Utrecht, Paul Penders van MVV, Pieter de Waard van Telstar, en nog een paar. Eric zei niets. Daarin was ik wel een beetje teleurgesteld. Ik ben heel erg goed met hem en werkte geweldig met hem samen toen hij directeur betaald voetbal werd. Privé mag ik hem ook, maar hij heeft als voorzitter van de ECV helaas wel laten gebeuren wat daar gebeurde. Het was een kruisverhoor waarin Wilco van Schaik de leiding had.'

Van Praag imiteert opgewonden stemmen: *En wist jij dan niet dat de relatie tussen Bert van Oostveen en Johan Lokhorst zo slecht was? Waarom wist jij dat niet? Waar was jij? Waarom is jouw verhouding met Johan Lokhorst zo slecht? Was je alleen bezig met je verkiezing bij de UEFA?* Op zo'n toon. Eric noemde het later een stevig gesprek. Ammehoela. Ik legde alles uit. Dat ik elke ochtend om 8 uur een conference call had met de directie van de KNVB, en met voorzitter Pier Eringa van het amateurvoetbal. Elke ochtend. En als het nodig was, ging ik elke ochtend naar Zeist. Zo hield ik de vinger aan de pols. Ik ben echt wel wat gewend, maar die toon, die manieren...'

'En toen begon Pieter de Waard van Telstar. Hij riep: "Schande, jij moet aftreden. Dit is een schandaal. Jij moet weg." Het was zo erg dat Paul Penders van MVV me de volgende dag een mailtje stuurde. Of het altijd zo ging bij de KNVB, die toonzetting. Pieter droeg toen een bril en een baard. Toen ik wegging zei hij nog: "Ik weet trouwens het profiel voor de nieuwe bondsvoorzitter. Man met bril en baard." Ik stond echt te trillen bij de ingang, als man van eind zestig. Zo schandalig als dat gesprek was. Ik heb dat echt als een vernederende overval ervaren.'

Pieter de Waard, die later probeert de opvolger van Van Praag te worden en het aflegt tegen Just Spee, kan zich niet herinneren dat hij toen een baard droeg. 'Ik had volgens mij pas later een baard. Ik weet wel dat Robert Eenhoorn van AZ er ook bij was, en Joost de Wit van Vitesse. Iedereen had andere bezwaren tegen Michael. De gedeelde factor was dat iedereen zijn internationale werk mooi en belangrijk vond. Maar wat deed hij precies voor Nederland? Hij was toch voorzitter van de Nederlandse bond? En we verweten hem dat hij niet ingreep bij al die ruzies in de RvC.'

Van Praag: 'Ik noem dat een gotspe. Hoe wisten zij dat ik niet ingreep? De meesten, zo bleek later, wisten niet eens precies wat het bondsbestuur allemaal doet en wat de verantwoordelijkheid is. Ik heb daar heel uitvoerig en in detail uitgelegd wat ik internationaal en nationaal deed en hoe het bondsbestuur, voor zover dat lag binnen de bevoegdheden, de crisis in het betaald voetbal te lijf ging. Maar tegen een RvC die zaken met opzet verzwijgt is niemand opgewassen. Ik ook niet.'

'Uiteindelijk had ik 21 onthoudingen en één stem tegen, volgens mij van Pieter de Waard.'

De Waard: 'Ik was het niet.'

Van Praag: 'Het was hakken en zagen.'

De Waard: 'Wij hadden hevige kritiek op hem, en hij weer op Lokhorst.'

Van Praag: 'Toen heb ik een grote fout gemaakt: ik heb me tijdens die bondsvergadering niet waardig gedragen. Ik voelde me zo geschoffeerd. Zo praat je niet tegen de bondsvoorzitter, en ook niet tegen een mens. Toen heb ik me laten gaan. Als ik 21 tegenstemmen had gekregen, was ik opgestapt. Maar dit was mijn eer te na. Ik had nog altijd een ruime meerderheid, want het hele amateurvoetbal stemde nog op mij, en ook een deel van het betaald voetbal. Ja, het was een motie van wantrouwen, gebaseerd op onjuistheden. Dan laat ik me niet zomaar wegsturen. Wie denken ze dat ze zijn? Terwijl ik nota bene van tevoren had gevraagd in die vergadering van de ECV een toelichting te geven en daar de eventuele discussie aan te gaan. Denk je dat ik me dan laat ringeloren? En helemaal omdat de zaken die ze opwierpen totaal niet klopten. Ze wilden me doen geloven dat het niet klikte tussen Johan Lokhorst en mij, dat ik daarom niet op de hoogte was van bepaalde informatie, terwijl Johan en ik nota bene vakantiefoto's uitwisselden met elkaar. Natuurlijk liet ik me niet wegsturen.'

Uiteindelijk duurt het nog ongeveer een jaar voordat de clubs uit het betaald voetbal de orde binnen de eigen gelederen hebben hersteld. Van Praag besluit een tocht door Nederland te maken. Een rondje clubs. 'Ik ben ze allemaal afgegaan, in een reis van twee maanden. Weet je wat ik te horen kreeg, wanneer ik vroeg waarom ze zich van een stem hadden onthouden? Dat ze zich hadden laten meeslepen door de emotie. Niemand zei: daarom en daarom.'

Het zijn de kronkelige paden waarover de voorzitter zich begeeft. De voorzitter van de KNVB is een soort burgemeester, concludeert Michael van Praag wanneer hij na elf jaar afscheid heeft genomen van het voorzitterschap. Hij is er voor de openbare orde. De bond leunt op twee pijlers: amateurs en betaald voetbal. Voor alles is iemand in dienst, directies doen het dagelijkse werk. De raad van commissarissen en de raad van toezicht voeren controle uit. Het doet hem pijn om te zeggen dat 'de functie van bondsvoorzitter inmiddels enorm is uitgehold. Alleen internationaal is de voorzitter autonoom. Omdat ik ook in het bestuur van de UEFA zat, ging veel tijd op aan het behartigen van Europese belangen. Clubs riepen weleens: waar was jij? Maar je reikwijdte is in Nederland gewoon beperkt als bondsvoorzitter, want alles is gedelegeerd.'

Voormalig directeur betaald voetbal Henk Kesler: 'Tja, Michael wist van tevoren dat zijn rol beperkt was. Beide secties, profs en amateurs, zijn nu eenmaal zelfstandig. Die voeren hun eigen beleid. Daarmee heeft de bondsvoorzitter niets te maken.'

Het betaald voetbal met zijn raad van commissarissen, het amateurvoetbal met de raad van toezicht. 'Moet ik dan een oppertoezichthouder zijn en me ook nog eens overal in detail mee bemoeien? Nee, want dan loop je al die directeuren en toezichthouders voor de voeten. Ik deed wat voormalig directeur Harry Been me leerde: elkaar in positie houden. Ook anderen de gelegenheid geven om op de voorgrond te treden, in een soms wankel evenwicht. Je zit op een eilandje. De laatste jaren vond ik het dan ook helemaal niet meer zo leuk. Het werd allemaal wel heel ceremonieel. Ik had en heb een goede relatie met de directeuren Eric Gudde en Jan-Dirk van der Zee. Zij informeerden mij prima, maar voor de bondsvoorzitter was er inhoudelijk niet veel meer aan. En eerlijk gezegd denk ik ook dat bijna twaalf jaar te lang is voor zo'n functie. Je gaat je ergeren aan bepaalde zaken en anderen gaan zich aan jou ergeren. Die willen op een gegeven moment een ander gezicht. Je gaat ook te veel handelen op de automatische piloot. Ik ben dus zelf medeschuldig. Negen jaar was beter geweest. Toen ik wegging bij Ajax hebben we dat daar in de statuten laten opnemen. Dat zou de KNVB ook moeten doen.'

In de strijd om competenties noemt hij ook de opkomst van het vrouwenvoetbal. De vrouwen professionaliseren snel, maar ze vallen nog steeds onder het amateurvoetbal, omdat de meeste speelsters amateurs zijn. De vroegere bondscoach Vera Pauw is de grote inspirator van de opkomst. Van Praag: 'Vera was niet makkelijk, maar met een beetje empathie kun je geweldig met haar werken. Zij is de architecte van het vrouwenvoetbal in Nederland. Ze kon het alleen niet opbrengen te werken met mensen die tegen haar waren. Zij is op ongelooflijk onheuse manier weggewerkt door de KNVB, door de amateursectie. Daaraan kon ik als voorzitter helaas weinig doen. In zekere zin is dat het failliet van de KNVB, in bestuurlijke zin. Dat de voorzitter niet kan zeggen: *dames en heren, nou is het mooi geweest, maar dat gebeurt niet*. In elk bedrijf hoort één man of vrouw te zijn die een beslissing neemt. Vera had enorme ruzie met Ruud Bruijnis, de directeur amateurvoetbal. Uiteindelijk kwam het idee om de eredivisie voor vrouwen op te richten. Maar die valt nog steeds onder het amateurvoetbal, omdat de amateurs het niet kwijt willen en het betaald voetbal anders moet investeren.'

Vera Pauw: 'We zijn het 'geheime' voorbereidingsproces voor het opzetten van de eredivisie met Michael begonnen. Samen met Priscilla Janssens hadden we met hem het eerste gesprek, omdat onze eigen staf wel mee moest als we Michael achter ons kregen. Hij was zeer positief en heeft de kar getrokken binnen het betaald voetbal.'

Als voorzitter wil Michael nu eenmaal veel doen, of zaken veranderen. Zo zit hij in elkaar. Maar de realiteit houdt hem soms tegen. 'Dat is precies mijn frustratie van de laatste drie jaar voorzitterschap bij de KNVB. Je krijgt niets voor elkaar. Het is allemaal in beton gegoten door afspraken binnen de ECV en CED. Niemand kan het nog doorbreken. Ze kunnen het zelf niet eens meer. Het is vreselijk. De KNVB wordt gegijzeld door de clubs in het betaald voetbal. Te vaak ligt de ECV dwars. Altijd praten ze eerst onderling en bepalen ze een standpunt. Dan gaan de hakken in het zand. Dat is het failliet van het Nederlandse voetbal, dat binnen de ECV in sommige situaties vijftien van de achttien clubs ergens voor moeten zijn. Dat is nergens zo. Het is altijd met normale meerderheid of driekwart. Nee, de eredivisie doet dat anders. Daarom verandert er bijna nooit iets. Ik heb geprobeerd de KNVB slagvaardiger te maken met één raad van commissarissen boven het bondsbestuur, in plaats van de huidige twee raden, een bij het betaald voetbal en een bij de amateurs. Mijn wens was om beide secties min of meer te laten samensmelten. Jammer genoeg is dat niet gelukt. Het probleem is simpel: de KNVB is een vereniging. De leden beslissen. Elk goed plan gaat eerst naar de ECV en CED. In de vergadering betaald voetbal waar uiteindelijk de besluiten vallen, liggen de meningen dus al vast en is er geen discussie meer tussen eredivisie, eerste divisie en KNVB. Dus komt er niets van terecht. Want ECV en CED hebben hun eigen belangen, en de meeste clubs binnen de ECV hebben weinig op met clubs in de CED. En dan is daar nog het schrikbarende verloop van directeuren. Al die nieuwelingen telkens, die weten te weinig of niets van de voorgeschiedenis. Dat is frustrerend. De sectie amateurvoetbal komt gemiddeld gesproken veel meer op voor het algemeen belang van het voetbal. Dat siert ze echt.'

De ECV, mede door Van Praag zelf opgericht toen de naam nog ENV was, is een praatclub. 'Ik ben er zelf mede de oorzaak van.' Eens opgericht om commerciële belangen van clubs te dienen. 'We hadden destijds veel aan Jorien van den Herik van Feyenoord te danken. Hij hield proefprocessen, om aan te tonen dat de mediarechten aan de clubs behoorden en niet aan de KNVB. Maar dan moet je ook een vehikel hebben om die rechten te verkopen. Wij probeerden op een gegeven moment met zeven advocaten onze eigen koers te gaan varen. Met Feyenoord en PSV wilden we uit de ECV stappen. We bleven een beetje rommelen in de marge. Clubs deden niets. Ze keken niet verder dan de volgende week, hoe ze de laatste duizend kaartjes konden verkopen. Maar een groot beleid is er niet, en dat was er toen ook niet.'

Hij vertelt hoe hij binnenkwam bij de ECV, en later bij de KNVB. 'Ik vertrok bij Ajax en was niet van plan verder nog wat te gaan doen in het voetbal. Ik zou muziek gaan maken.

Op vakantie in Portugal word ik gebeld door Jan Vullings, de voorzitter van Willem II, zo'n gezellige man. "Wil jij geen voorzitter van de ENV worden?" Ik antwoordde dat we alles hadden geprobeerd om de ENV te verlaten, en nu wilde hij dat ik voorzitter werd.'

Hij doet het toch. 'Maar ik wilde eerst met de clubs praten. Ik hoefde ook geen 100 duizend gulden, zoals commissaris Henk Vonhoff had gekregen. Belachelijk, zo'n bedrag. Bij Ajax deed ik het ook voor niks. Ik kreeg bij de ENV een commissarisvergoeding van 15 duizend euro. ' De ENV is een actieve club, die zich sterk maakt richting de KNVB. 'De begintijd vond ik misschien mijn leukste tijd in het voetbal. Samen met Peter Fossen van PSV en marketingman Chris Woerts hebben we het kantoor opgezet. Fantastisch. Op een gegeven moment werd ik gebeld door Frank Rutten en Alex Tielbeke. Zij wilden samen directeur worden. Hun komst heeft de organisatie goedgedaan. Daarna was ik nog voorzitter van de RvC.'

Van Praag heeft nog wel een mooie anekdote, over Dirk Scheringa, de toenmalige eigenaar van AZ. Scheringa is te laat voor een vergadering. Hij arriveert met de helikopter. AZ is in zijn glorietijd. 'Hij liet zich met een auto vanaf de helikopter brengen. Wij deden lacherig, maar hij zei dat hij anders met de auto vier uur onderweg was. Dirk kreeg het alleen een beetje hoog in de bol. Er gingen geruchten dat hij had besloten zijn tv-rechten niet meer in te brengen. Elke club bracht zijn rechten in, en de ECV verkocht die samen aan de NOS of aan een andere gemachtigde. Scheringa zei: "Ik ga de rechten zelf verkopen." Wij wisten van tevoren al wat hij zou doen. Jan Willem van Dop, toen directeur van FC Utrecht, voerde het woord. Hij zei: "Nou Dirk, dat moet je doen, alleen komen wij dan niet meer voetballen in Alkmaar. Realiseer je dan dat je geen kaartjes meer kunt verkopen, dat er namelijk geen wedstrijden meer zijn in Alkmaar." Binnen vijf minuten trok hij de keutel in. Dat was een mooi staaltje machtswellust.'

Van de ECV verhuist Van Praag naar de KNVB, die in 2008 zonder voorzitter komt te zitten na de dood van Jeu Sprengers. De mondelinge afspraak is dat de voorzitter beurtelings van de profs en de amateurs komt. De amateurs zijn aan de beurt, maar de wereld is veranderd. Wie internationaal wil meespelen, kan beter een zwaargewicht kandideren. Er zijn twee kandidaten: Jan Willem Hoogendoorn en Michael van Praag.

Harry Been, in die tijd algemeen directeur van de KNVB en later tot zijn pensioen secretaris-generaal: 'Het leek een gelopen koers dat Hoogendoorn de opvolger van Sprengers zou worden. Hij kwam uit de kringen van het amateurvoetbal en was jarenlang een gewaardeerd penningmeester van de KNVB geweest. Tot ieders verbazing meldde zich ineens een andere kandidaat: Michael van Praag. Kansloos, dachten wij allemaal. De helft van de kiesmannen is amateur, en die staan als één blok achter Hoogendoorn. Bovendien is het betaald voetbal zo'n ongestructureerde organisatie waarin vast wel een paar clubs zitten die nog een appeltje te schillen hebben met de ex-voorzitter van Ajax. Niet aan beginnen, zou mijn advies aan hem zijn geweest. Maar hij deed het wel, en hij voerde een soort campagne. Hij sprak met clubs, en hij had zijn beslissende toespraak in de bondsvergadering zodanig goed voorbereid, met autocue en al, dat je kon zien dat mensen onder de indruk waren.'

Van Praag: 'Ik ben vreselijk positief over Henk Kesler, een van de beste directeuren. Met hem had ik een fantastische tijd. Hij durfde alles en hij nam iedereen de maat. Hij vroeg me of ik voorzitter wilde worden van de KNVB.' Alleen: de amateurs zijn dus aan de beurt. 'Henk zei: "Michael, je moet het goed voorbereiden." Hij stuurde me op media- en presentatietraining. Ik had een goede tekst en ik kon het goed brengen, dankzij die training. In de statuten stond dat bij gelijke stemmen een tweede ronde nodig was. En bij opnieuw gelijke stemming besliste het lot. Dat heb ik later meteen laten wijzigen, want dat is idioot. Maar wat wisten wij, wat wist ík van de amateurs? Zij vormden een hecht gezelschap. Ik hield daar mijn woordje, onder leiding van voorzitter amateurvoetbal Hans Lesterhuis. Prima kerel. Ook hij wilde dat Hoogendoorn het werd, maar die was in vijf minuten klaar. Zo van: *jullie weten wie ik ben, ik hoef niet zoveel te vertellen*. Ik had een halfuur gevraagd. Na twintig minuten zei Lesterhuis: "Wilt u nu afronden?" Dat ging een paar keer zo, en het laatste deel moest ik vlug doen. Het probleem was dat we stemmen tekort kwamen bij het betaald voetbal. Een aantal clubs was niet gekomen en had ook geen machtiging afgegeven. Maar dan was Henk Kesler daar, met zijn juridische achtergrond. Dan is hij de jongleur die iets regelt, belt, doet, en op het laatste moment genoeg machtigingen had voor dertig stemmen. Ik won met de hakken over de sloot, dankzij twee dissidenten bij de amateurs. Dat gaf veel gemor. De toenmalige directeur amateurvoetbal Ruud Bruijnis wilde de eerste zes, zeven weken helemaal geen afspraak met me maken. Zo gefrustreerd waren ze.'

Kesler: 'Nou, dit is wel een iets te romantische weergave door Michael. Ik heb destijds nog een speciale vergadering voor het betaald voetbal uitgeschreven, die nodig was om alle clubs in één kamp te krijgen. Ik probeerde ze te overtuigen van het belang van een stem op Michael, al had die als voorzitter van Ajax soms dingen gedaan die niet even handig waren, althans, die niet bij elke club goed waren gevallen. Maar hij was de beste kandidaat, zeker internationaal gezien. Hij was een geweldige verbinder. Charmant ook. Een entertainer. Al vond men soms dat hij zich niet genoeg had verdiept in sommige zaken.'

Van Praag: 'Ik kwam er ook snel achter dat de secties helemaal niet wilden dat de bondsvoorzitter zich overal mee bemoeide, al staat in de statuten dat hij de algehele leiding van de KNVB heeft. Een voorbeeld? Een bondsvoorzitter reikt de onderscheiding uit aan iemand die lid van verdienste wordt. Dat certificaat zat in zo'n lullig aluminium lijstje. Een A-viertje, met grote letters. Dus ik naar Arno Bendermacher, binnen de KNVB belast met dat soort zaken, met de vraag: "Zeg Arno, als jij nou lid van verdienste wordt van de KNVB, dan heb je heel lang iets gedaan, als consul die de velden keurt bijvoorbeeld. Dan stond je elk weekend om vijf uur op, om velden te keuren, en dan komt de voorzitter met zo'n lullig lijstje aanzetten. Dat zou jij toch ook niet op je kamer hangen? Er moet een ander certificaat komen." Toen sprak hij de historische woorden: "Ja, maar daar gaat de bondsvoorzitter helemaal niet over." Dat was de sfeer. Ik zei dan: *ja maar Arno, ik sta voor lul, want ik reik die certificaten uit*. Uiteindelijk zijn er andere certificaten gekomen, al moesten eerst de lijstjes op die ze nog hadden. Ik vertel dit omdat het aangeeft hoe zij tegen de bondsvoorzitter aankeken.'

Hij steekt veel tijd in het voorzitterschap, vooral richting de amateurs. Hij bezoekt tal van vergaderingen, ook in de districten. Hij gaat naar jubilea. Zijn populariteit groeit bij de amateurs. Bert van Oostveen: 'Michael was internationaal een veel beter uithangbord voor de KNVB, ook voor de amateurs. Daarover kan geen discussie zijn. Het leidde ook vrij snel tot zijn verkiezing in het UEFA-bestuur.' Harry Been: 'Hij was nadrukkelijk een toezichthouder op afstand en hij liet zich graag adviseren over zaken die op zijn pad kwamen. Hij had onverwacht veel aandacht voor het amateurvoetbal. Binnen het bondsbestuur leverde dat eigenlijk de meeste frictie op met de vertegenwoordigers uit het betaald voetbal. Zij vonden hem wat te 'neutraal', wat in feite een compliment was. Hij groeide snel in zijn rol als bondsvoorzitter, ook omdat hij sterk was in het oppikken van maatschappelijk relevante thema's, zoals de positie van minderheden, geweld op de velden of homofobie in het voetbal.'

Toch kalft de populariteit van Van Praag ook weer af. Bert van Oostveen: 'Hij heeft aan geloofwaardigheid ingeboet bij die tweede UEFA-verkiezing. Dat hij het opnam tegen Aleksander Ceferin en ruim verloor. Er speelden meerdere zaken. Er was een machtsvacuüm. Ik was net weg bij de KNVB. Clubs hadden een beetje de macht. Ten tweede voelden ze zich, volkomen onterecht, gepiepeld over de nieuwe verdeling van plaatsen in de Champions League. Dat was een voorstel van de ECA, de European Club Association. Het viel niet tegen te houden. Die strijd viel niet te winnen.'

De grote landen krijgen vier automatische toegangsbewijzen tot de Champions League, wat ten koste gaat van landen als Nederland. Van Oostveen: 'Michael zat in de commissie die daartoe besloot. Dat verwijt kreeg ik terug: "Ja, je eigen voorzitter heeft erbij gezeten." Maar het proces was onomkeerbaar. Wellicht hadden we het nog harder moeten spelen, of hadden we het eerder moeten tackelen. Maar het was al min of meer besloten in het Club Competities Comité, en op ECA-niveau. Die overmacht viel niet te breken. Al dat soort zaken zijn stevig gebruikt bij de Nederlandse herverkiezing. Er zijn clubs die zich onthielden van een stem op hem, terwijl ze de woorden Champions League niet eens kunnen schrijven.'

Edwin van der Sar, algemeen directeur van Ajax en vice-voorzitter van de ECA, bevestigt die lezing van Van Oostveen: 'Je kunt niet alles tegenhouden. Het gaat soms gewoon om winstmaximalisatie. Geld bepaalt dan veel, geld dat vooral afkomstig is uit de landen met een grote tv-markt.'

Maar er is meer. Van Oostveen: 'Op een gegeven moment is je houdbaarheidsdatum voorbij, en dan spelen allerlei dingen mee. Wij waren de eerste generatie die te maken had met social media. Een sterk veranderend medialandschap, met andere rollen. Michael was van het meteen reageren, 'rammen tegen' – dat vindt niet iedereen fijn. Hij maakte niet altijd vrienden. Hij lag overhoop met de raad van commissarissen, met Lokhorst en co. In die verkiezingen deden ze hem echt tekort. Óf je zegt: *Michael, het is genoeg; je moet het niet meer willen*, óf je stemt. Het lafste wat je kunt doen is je onthouden van stemmen. Als je dat doet, dan moet je ook met een alternatief komen. Tegelijkertijd denk ik dat hij zich een hoop ellende had bespaard als hij in 2016 had gezegd bij de KNVB of bij de UEFA te stoppen.'

Gijs de Jong: 'Michael maakte misstappen. Nadat hij alsnog was herkozen, ondanks al die onthoudingen, ging hij de clubs niet vertellen wat hij ánders ging doen. Hij gaf ze een veeg uit de pan. Ze namen het hem kwalijk dat die herziening van de Champions League negatief voor Nederland uitpakte. Maar wie heeft daarin de grootste stem? De ECA. Van der Sar, Peter Fossen. Maar ze namen het hem kwalijk. Dat was goedkope kritiek van de clubs.'

Jan de Jong, voorheen directeur van Feyenoord, tegenwoordig van de ECV: 'Michael kon beleid heel erg goed verkopen. Je hoefde hem maar een paar steekwoorden te geven en het rolde zijn keel uit. Iedereen dacht dan: goed zeg. Hij was verbindend en toonde leiderschap, maar wel gevoed door goede mensen. Hij kwam de laatste jaren meer alleen te staan. Hij moet eenzaam zijn geweest. Daarbij is het bondsvoorzitterschap ceremonieel koningschap tegenwoordig. Het werd steeds meer een eenmans destructiebedrijf, in plaats van dat hij het gezicht van een geoliede machine was. Hij is een visitekaartje. Hij is ook van een lichting bestuurders die verdwijnt. Het kan zo zijn dat je in het ene tijdsgewricht een geweldige bestuurder bent, en in het andere niet. Dat heeft dan niet per se met jou te maken, maar met de om jou heen veranderende wereld. Het is nonsens te veronderstellen dat er geen gezichtsbepalende of charismatische figuren meer zijn in het voetbal. Maar de werkelijkheid is dat je alleen nog iets gedaan krijgt als je het juridische gelijk aan je zijde hebt.'

Goed, nu alles is besproken, wil Michael van Praag nog kond doen van één hoogtepunt en één dieptepunt. 'Mooi is de VAR, hoewel ik daaraan part noch deel heb, maar het straalt wel op mij af. Even los van hoe het nu gaat, want daarover ben ik ontevreden. De KNVB is initiatiefnemer, met name Gijs de Jong. De VAR als instrument is goed. Het is begonnen met de handsbal van Thierry Henry, in de aanloop naar het WK van 2010, waardoor Frankrijk en niet Ierland naar dat WK mocht. Platini was altijd tegen. Als alternatief zette hij die extra assistenten achter het doel. Dat werkte redelijk, maar was niet ideaal. Daarna kwam de VAR. Waarom gaat het soms fout met de VAR? Door de mensen die de VAR bedienen en de steeds andere regelgeving en instructies. Het duurt te lang, de scheidsrechter moet gaan kijken en ik vind dat diens autoriteit te veel wordt aangetast. Dat komt veelal door te weinig inlevingsvermogen van de situatie bij de man achter het scherm.'

Tot besluit: een van zijn donkerste momenten. *Zelf zijn verhaal vertellen*, is zijn adagium. Hij begrijpt dat een afdeling communicatie de zaken in goede banen tracht te leiden. Deze afdeling bewaakt ook de identiteit van de organisatie en dat gaat meestal goed bij de KNVB. 'Maar ik vind echt dat ik door die afdeling enorm ben geremd. Dat is een frustratie van me. Ik heb het inmiddels met de betrokkenen uitgesproken, maar het heeft ertoe geleid dat ik heb gezegd: in mijn laatste jaar luister ik niet meer naar jullie, omdat ik in grote problemen ben gebracht door dat voorheen wel te doen.' 'Het ging om Erdogan, de president van Turkije. Ik ben dus voorzitter van de Stadion- en Veiligheidscommissie van de UEFA, en Servet Yardımcı is vice-voorzitter. Hij is tevens bestuurslid van de Turkse voetbalbond. Er werd verbouwd bij de

UEFA, daar konden we niet vergaderen. Zegt Servet, die altijd gastvrij is: kom dan bij ons. Beşiktaş heeft een nieuw stadion met een toegangssysteem met gezichtsherkenning. Dat wilden wij allemaal zien. Ik vraag aan Ceferin of het goed is dat we in Turkije vergaderen, want Erdogan was politiek al aardig bezig. Hij had Nederlanders al voor fascisten uitgemaakt. Ja, prima, werkbezoek mag altijd, stelde Ceferin. Na de vergadering delen we altijd een presentje uit: een shirt van het nationale team. Dus Servet geeft mij een shirt. Foto erbij. Wij naar Beşiktaş. Servet stelt voor in de pauze even naar het bestuur van Beşiktaş te gaan. Wij naar boven. Boven aan de roltrap staan agenten met mitrailleurs. Ik zie ook schuifhekken. Ik dacht nog: nou, zoveel bescherming heeft een Nederlandse clubvoorzitter gelukkig niet nodig. We mogen doorlopen, komen in de skybox met het bestuur van Beşiktaş. Daar zit Erdogan. Servet legt uit wie we zijn, waarom we daar zijn. Erdogan staat op. Iemand maakt met zijn mobiele telefoon een fotootje waarop Erdogan en onze commissie staan. Nou, leuk voor die meneer. Op een gegeven moment krijg ik een brief van Aleksander Ceferin. Dat hij een klacht heeft ontvangen van de voorzitter van de Duitse voetbalbond. Dat ik de UEFA-regels heb overtreden, dat in de Duitse pers een foto is opgedoken met mij en Erdogan. Dat ik als UEFA-bestuurslid niet meer neutraal kan beslissen of het EK van 2024 naar Duitsland of Turkije gaat. Voorzitter Grindel had niet de moed om mij te bellen. Nee, meteen een brief naar Ceferin. Achter mijn rug om.'

Ceferin vindt het allemaal onzin. Hij begrijpt de situatie. Maar de NOS maakt een item, in de trant van: Van Praag heult met Erdogan. 'Ik was toevallig uitgenodigd voor een spreekbeurt tijdens de lunch bij de NOS. Ik werd netjes gebeld door redacteur Edwin Schoon, die mij vroeg om wederhoor. Dat stelde ik op prijs. Maar zoals dat hoort, belde ik de afdeling communicatie van de KNVB. Dat ik wederhoor wilde geven. "Daar moeten we even over nadenken." Ik kom de volgende dag voor die lunch bij de NOS. Edwin zegt: "De camera staat klaar." Communicatie wilde niet dat ik iets zei. Ik kon beter zwijgen, want dan bleef het klein. Achteraf neem ik het mezelf kwalijk dat ik niet gewoon zei: sodemieter op. Altijd datzelfde gedoe. Ik neem het ze kwalijk dat ze me blokkeerden. En ik neem het mezelf kwalijk dat ik niet zei: jullie kunnen me wat. Ik ben dan de teamspeler die zich conform het protocol wil gedragen, maar uiteindelijk heb ik daar mezelf mee. Want ik was in Nederland opeens iemand die met Erdogan heulde en welwillend stond tegenover de bid van de Turken, en dus tegen het Duitse bid was. Wat weer tot vervelende artikelen in de Duitse pers leidde. Met dat dilemma heb ik vaak gezeten, als het om media ging of om beslissingen. Dat je iets verdedigt naar buiten toe waarmee je het niet eens bent, of dat een afdeling communicatie niet wil dat je iets uitlegt. Dan krijgen mensen weleens een beeld van je dat eigenlijk niet klopt.'

FIFA (II)

'Mijn kansen verdwenen door het gedrag van Platini'

Op 9 januari 2015 schuift Michael van Praag in Zwitserland opnieuw aan bij Sepp Blatter. Persoonlijk mogen ze elkaar graag. Gevraagd naar zijn verhouding met Van Praag, antwoordt Blatter per mail: 'Michael van Praag kan bogen op een loopbaan in het voetbal als uit een plaatjesboek.' Hij overdrijft nogal wanneer hij schrijft: 'Terwijl spelers en trainers meestal op de voorgrond staan in het openbaar, schreef hij geschiedenis als scheidsrechter.' Vervolgens, over Ajax: 'Als voorzitter van Ajax Amsterdam was hij medeverantwoordelijk voor een van de mooiste en spectaculairste hoofdstukken in het Europese voetbal. De Ajax-School geldt ook vandaag de dag nog als de absolute top van de opleiding van talent, en is de basis voor de grootste successen van de nationale ploeg van Nederland.'

Later voegt Blatter toe, aan de telefoon: 'Ik heb nog gesproken op de begrafenis van Michaels voorganger Jeu Sprengers, op verzoek van de FIFA en de KNVB. Ook met Johan Cruijff heb ik altijd een fijn contact gehad.'

Thuis, in Aerdenhout, legt Van Praag uit hoe populair Blatter was in de wereld van bestuurders. 'Hij gaf altijd iedereen een hand tijdens vergaderingen. Dan vroeg hij mij: "Hoe is het met Yvonne? Hoe gaat het met je dochter?" Van iedereen wist hij de naam van de partner, of van de kinderen zelfs. Iedereen had een zwak voor die man. Hij pakte je in. Hij had de gave om om te gaan met alle culturen in de wereld. Afrikanen moet je omhelzen. Dat deed hij dus. Een Afrikaan heeft een andere cultuur dan een Aziaat of een Zuid-Amerikaan. Dat wist hij precies.'

Voor de buitenwereld is Blatter (1936) de wat stijve hark uit Zwitserland, die pas zwicht en zijn post verlaat als beschuldigingen over omkoping en fraude op hem neerdalen, al blijft hij persoonlijk vrijwel buiten schot wanneer de ene na de andere bestuurder het veld moet ruimen. Zelfs nu vecht hij nog voor eerherstel. Blatter: 'Ja, ik stond vreselijk onder druk in die tijd. De Amerikaanse interventie in 2015 (met een justitiële inval in het hotel kort voor de verkiezingen; *red.*) was niet gericht tegen mij of tegen de FIFA zelf, maar tegen leden van de FIFA, tegen activiteiten in hun confederaties in Noord- en Midden-Amerika. Ik heb alleen vanwege die druk mijn mandaat ter beschikking gesteld. Pas in oktober 2015 ben ik geschorst door de ethische commissie. Maar ik vecht nog steeds voor mijn eer.

In geen enkel document ben ik beschuldigd van omkoping of corruptie.'

Van Praag kijkt terug op zijn verhouding met Blatter, ingebed in die turbulente geschiedenis. 'Sepp Blatter is, buiten alles dat al over hem is gezegd, een ongelooflijke womanizer. Dat zal hij misschien niet toegeven, maar dat is hij wel. Tegen vrouwen doet hij altijd charmant. Ik zal een voorbeeld geven. Als UEFA-bestuurder heb je een aantal landen in je portefeuille, waarvan je de belangen behartigt. Je bent hun directe ingang naar de UEFA-top, je gaat ook naar hun nationale bondsvergadering. Ik wilde altijd de kleine landen in mijn pakket. Die hebben echt hulp nodig, een nieuw stadion, of zo. Gibraltar zat in mijn portefeuille en werd geweigerd als lid van UEFA en FIFA. Via het internationaal sporttribunaal CAS is Gibraltar uiteindelijk lid geworden van de UEFA, waardoor het recht ontstond om ook lid te worden van de FIFA. Maar de FIFA bleef dwarsliggen, op grond van nieuwe statuten. Op een gegeven moment dachten we: we moeten Sepp Blatter mee hebben. Toen heb ik Yvonne meegenomen naar hem, terwijl het voor zakelijke reizen niet gebruikelijk is je partner mee te nemen. We zouden toch met vakantie gaan naar Italië, en we zijn via Zürich gereden.'

'Wij komen daar aan, bij zijn kantoor, een uitdragerij van snuisterijen die hij door de jaren heen heeft gekregen. Er is een ontvangstkamer, een ruimte vol vitrines met onderscheidingen. Gekregen van de koning van het ene land en de president van het andere land. Van tevoren was precies geregeld hoe we moesten zitten. Ik bleef staan met mijn blik op de gang gericht en zag Blatter vanuit de verte aankomen. Hij komt binnen, ziet dus opeens Yvonne en zegt: "Aaaaah, Yvonne, wie geht's?" Hij geeft haar kushandjes. Mij ziet hij niet eens staan. We spraken daarna een kwartiertje over koetjes en kalfjes en daarna één minuut over Gibraltar. Hij zei: "Ik steun je." Zo was Blatter.'

Van Praag wil met al die woorden maar zeggen dat hij in 2015 weer op goede voet leeft met Blatter, dat hij zich alleen niet herkiesbaar moet stellen. 'Maar dat standpunt veranderde niet. Hij bleef bij zijn voornemen. Zijn missie was nog niet voltooid.'

In die tijd zijn er twee mensen die de strijd met Blatter willen aangaan in 2015. Allereerst de Fransman Jerôme Champagne, een heel actieve man, een voormalig diplomaat. 'Een prima vent. Hij reisde de hele wereld rond en betaalde alles uit eigen zak. Wat hij in mijn ogen verkeerd deed, was de verschijningsvorm van zijn nieuwsbrieven. Hij stuurde elke maand een nieuwsbrief. Hij bombardeerde je met berichten over Jerôme Champagne zelf. Dat was wel vermoeiend op het laatst. De andere kandidaat was prins Ali bin Hussein, de zoon van de koning van Jordanië. Hij kreeg steun van een fantastische vrouw, zeker qua intelligentie; zijn zus prinses Haya. Zij is veel intelligenter dan hij. Hij was best aardig. Wij bemoeiden ons verder niet met de kandidatuur en vonden die twee best goede kandidaten. Zij zouden het opnemen tegen Blatter.'

Een gegadigde heeft vijf ondersteunende brieven van landen nodig om officieel kandidaat te mogen zijn voor het voorzitterschap. Op 22 december 2014 gaat de telefoon in Aerdenhout. 'Dat was Jerôme Champagne. Zeer timide. Hij had niet zulk goed nieuws. Hij kon niet meedoen. "Ik heb maar één brief," zei hij. Ik zeg: "Hoezo één brief? Je reist al twee jaar de wereld over. Je stuurt ons bijna elke dag een nieuwsbrief." Ik viel echt stil. Het ging niet lukken met hem. Hij belde mij omdat hij wist dat ik Blatter niet steunde.'

Rond half januari sluit de inschrijving. Champagne valt dus af, op 2 februari officieel. Van prins Ali bin Hussein weet Van Praag weinig, alleen dat ook hij slechts één brief heeft. 'Ik zei dus tegen Yvonne: nu zul je zien dat Blatter weer wordt herkozen omdat hij geen tegenkandidaten heeft.' Al op 23 december bespreekt hij een idee met Yvonne dat bij hem is opgekomen na het nieuws over Champagne en Ali. 'We zaten hier te praten en concludeerden dat ik mijn verantwoordelijkheid moest nemen. Ik had in Brazilië geroepen dat Sepp maar het beste kon aftreden. Wij als KNVB hadden A gezegd, dan moesten we ook B zeggen. We hadden onze nek uitgestoken. Lijdzaam toezien dat Sepp het voorzitterschap in de schoot geworpen kreeg? Dat kon niet.'

Yvonne en Michael bespiegelen thuis hoe ze het zullen aanpakken. Stel dat ze Van Praag kiezen, wat dan? In Zürich wonen? En dochter Nicoline dan? Yvonne zegt hem alle steun toe. Nicoline ook. Van Praag heeft nog een week of drie om alles rond te krijgen, vooral om de KNVB achter zich te scharen, want de bond moet hem kandidaat stellen en de kandidatuur kost geld. 'Ik wilde en kon het niet uit eigen zak betalen.'

Op 12 januari is er een kennismakingsdiner met nieuwe leden van het bondsbestuur. Van Praag vraagt of de KNVB hem wil kandideren. 'Ik zie me daar nog zitten. "Jongens: ik moet jullie iets zeggen. Ik wil me kandideren voor het FIFA-voorzitterschap." Had je die koppen moeten zien van al die mannen.' Alleen directeur betaald voetbal Bert van Oostveen is al op de hoogte van zijn voornemen. 'Bert vertrok geen spier, die bekeek het nog positief ook. Maar de rest... en ik zei erbij dat we nog haast hadden ook, want de deadline naderde. Ik legde uit waarom ik het wilde doen. Dat we in actie moesten komen, omdat Blatter anders weer voorzitter werd.'

Bert van Oostveen: 'Ik heb Michael voor tweehonderd procent gesteund. Hij bracht het op de van hem bekende charmante manier. Allereerst was hij consequent. Opstaan tegen Blatter is één. Dan kun je, zoals de Duitser Niersbach, wachten tot Blatter weg is en zeggen dat Michael een applaus verdient, terwijl je intussen denkt: haal jij die kastanjes maar uit het vuur. Of je kunt ook B zeggen en werkelijk iets doen. Dat paste ook bij het mondiale profiel van de KNVB. We waren net tweede en derde geworden op de laatste WK's. Dat doet ook iets met het aanzien van je land in de internationale setting. Dat was verfrissend.'

Van Oostveen: 'Tegelijkertijd had ik veel vragen, omdat je ook gaat calculeren. Want eigenlijk was het een uitgemaakte zaak dat Michel Platini uiteindelijk voorzitter zou worden van de FIFA, en dat Wolfgang Niersbach de opvolger van Michel bij de UEFA zou zijn. Dat was de lijn, als er geen gekke dingen waren gebeurd. Mijn eerste vraag was dus hoe Michel hierin stond. En de tweede kwestie was hoe we het gingen fixen. We hadden centen nodig, terwijl het amateurvoetbal op zijn gat lag in financieel opzicht, door een miljoenenverlies. Hoe gingen we uitleggen dat een deel van de organisatie twintig procent van het personeel ontsloeg, en we tegelijkertijd vier ton uitgaven aan een campagne. Dat maakte het ingewikkeld, al zijn dat soort politieke processen mij wel toevertrouwd.' Er is toestemming nodig van zowel amateurvoetbal als betaald voetbal.

Van Praag: 'Johan Lokhorst wilde als voorzitter van de raad van toezicht aanvankelijk niets ondertekenen, en dat begreep ik wel. Het was heel kort dag en de begroting bedroeg vier ton. Twee ton voor het amateurvoetbal en twee ton voor het betaald voetbal.' De precieze begrote cijfers: 394.538 euro, waarvan 132.750 voor reizen, 225.000 voor de campagne en communicatie, en 36.788 euro onvoorziene kosten. 'Uiteindelijk is overigens slechts de helft gebruikt, alleen aan reis- en verblijfkosten. Het waren bizarre tijden. Ik was net naar Paraguay geweest om met voorzitter Napout van de Zuid-Amerikaanse bond CONMEBOL te praten. Toen moest ik terug voor de bondsvergadering in Nederland, op een dinsdag, en op donderdag was ik opnieuw in Paraguay bij de ledenvergadering van de

CONMEBOL.' Van Oostveen gaat aan de slag, ook omdat hij kansen ziet. 'Michael was alleen niet de topfavoriet.'

Lokhorst wil eerst geen toestemming geven en schrijft een mail aan Van Praag met de volgende slotzin: 'Onze conclusie: bezint eer ge begint, denk aan de reputatieschade en aan de risico's.'

Maar eerst, alvorens hij de wereld over trekt om stemmen te zoeken, is Van Praag dus opnieuw bij Blatter, op 9 januari. 'Ik vond dat Blatter niet uit de media moest vernemen dat ik me kandidaat zou stellen.'

Van Praag schrijft van het overleg een verslag voor voorzitter Michel Platini van de UEFA en voor Theodore Theodoridis, de directeur nationale bonden bij de UEFA; tegenwoordig secretaris-generaal. Op 13 januari ontmoet Van Praag het duo. Hij herhaalt dat de FIFA een nieuwe start moet maken, zonder Blatter. *Zelfs als hij vanaf nu alles goed doet, zal het de Zwitser en de FIFA niet helpen*. In het verslag schrijft Van Praag dat 'Sepp zich onsterfelijk kan maken door over zijn schaduw heen te stappen'.

Van Praag stelt dat hij zichzelf kandidaat wil stellen, voor een contractueel vastgelegde periode van één termijn. Uit het verslag: 'Sepp behoudt zijn kantoor bij de FIFA, hij houdt een salaris en wordt mijn persoonlijk adviseur. In zekere zin blijft hij actief in het proces, maar ik zal de man aan het front zijn.'

In het plan staat ook dat Blatter en Van Praag naar alle confederaties zullen reizen om de gang van zaken uit te leggen en toe te lichten. 'We gebruiken deze vier jaar ook om samen te zoeken naar de meest geschikte president voor de verkiezingen van 2019.'

Zo heeft Van Praag het ook verteld tijdens zijn bezoek aan Blatter, die onverwacht mild reageert. Hij is alleen wel verrast, en vraagt een week bedenktijd. Van Praag stelt dat hij zich sowieso kandidaat zal stellen, hoe de reactie van Blatter ook zal zijn. Blatter is niet boos. In zijn mail aan de biograaf: 'Persoonlijk onderhield ik een goed, constructief contact met Michael van Praag. Toen hij als kandidaat voor het FIFA-presidentschap tegen mij aantrad, heb ik hem ervaren als een eerlijke en sportieve tegenstander.'

Uit het gespreksverslag van Van Praag: 'De dag na mijn bezoek belde Blatter me met de vraag of ik president wilde worden in 2015, of in 2019. Hoe zat het nou precies? Die vraag verraste me, omdat het duidelijk was uitgelegd. Hij zei in de veronderstelling te verkeren dat ik met hem wilde samenwerken en president wilde worden in 2019. Ik zat op de luchthaven koffie te drinken toen hij me belde. Sepp zei: "Michael, ik heb er eens goed over nagedacht, maar ik kan het niet doen. Ik ben al te veel toegewijd aan bonden en confederaties." Hij bedoelde dat hij al te veel gecommitteerd was, dat hij ze had beloofd door te gaan. 'Dus ik wist dat hij zich weer zou kandideren, dat het een verkiezingsstrijd zou worden.'

Blatter, aan de telefoon: 'Michael wilde een soort dubbele president voor de FIFA, met een rol voor mij naast hem. In mijn ogen zou hij dan de goede president worden en ik de slechte president, als een soort vertegenwoordiger van de oude FIFA. De FIFA zou in slechte staat verkeren. Ik weet alleen niet precies wat hij bedoelde met slechte omstandigheden, want de FIFA was na het WK in 2014 in financieel opzicht nog nooit zo sterk geweest. Ik zei ook tegen Michael dat het onmogelijk was om een dubbele president te hebben. Ook het bestuur van de FIFA vond dat geen goede oplossing.'

Tegenover Theodoridis trekt Van Praag een conclusie: 'Sepp is niet van plan de FIFA op de eerste plaats te zetten, wel zichzelf. Hij wil koste wat kost president blijven. Zijn verdediging dat hij het alleen maar wil doen omdat hij is gevraagd, is een grote grap.'

Van Praag stelt tevens door te willen zetten, om het congres in elk geval een keuze te bieden. Jerôme Champagne heeft geen brieven en ook prins Ali heeft problemen om steun te krijgen. Van Praag gaat op zoek naar minimaal vijf brieven, liefst van klassieke landen in Europa die tot de oprichters van de FIFA behoren. Hij zal de landen uitleggen wat hij Blatter heeft aangeboden en waarom. In een later stadium volgen dan de media.

Hij heeft zijn brieven snel bij elkaar. Renske Bruinsma, lid van de delegatie die later met hem de wereld rondreist voor steun: 'Ik weet nog dat de Belgen hun brief kwijt waren. Ze hadden hem rechtstreeks naar de FIFA gestuurd. Dus ze moesten hemel en aarde bewegen om die brief bij ons te krijgen.'

Van Praag: 'Ik had maar drie maanden om te reizen en mensen achter me te scharen. Ik wilde beginnen bij de besturen van al die confederaties. Daarom was het zo jammer dat Sepp het plan niet zag zitten. Ik wist dat Blatter bijvoorbeeld in Afrika super populair was. Als jij je daar tegenkandidaat stelt en ze kennen je niet, stemmen ze allemaal op Blatter. *Wat komt die Van Praag doen?* Juist daarom had ik bedacht om hem te vragen mij te helpen. Vier jaar lang. Schoonmaken van de FIFA, reorganiseren. Opknappen en doorgaan, met mij als interim-manager. Daarom wilde ik Sepp bij me houden als adviseur. Dan hadden de Afrikanen misschien gedacht: ah, die Van Praag stopt Blatter niet onder de zoden, hij blijft hem erbij houden. Vandaar mijn voorstel aan Sepp. Ik ben de voorzitter, hij mijn adviseur. Hij kon me helpen om deuren te openen die voor mij niet zo gemakkelijk open gaan. En er was nog iets. Sepp was heel actief in de sociale wereld. Anti-racisme. Opleiden van jeugd in Afrika, kinderen een beter leven geven. Ik stelde hem voor een Sepp Blatter Foundation op te richten, met hem als voorzitter en met een hoop geld in kas, om minderheidsgroepen te helpen.' (Overigens blijkt Blatter in die tijd al voorzitter te zijn van een stichting.)

Blijft over: Van Praag tegen Blatter. Prins Ali en Champagne hebben geen brieven. 'Ik dacht: ík kan het wel doen, want Platini wil toch nog niet. En na vier jaar kan Platini het dan zo van me overnemen.'

Maar niets is dus logisch bij de FIFA. De Portugese voetbalbond bestaat honderd jaar en bestuursleden vergaderen in Lissabon. 'Ik stuurde een mailtje naar Theodore Theodoridis of ik even kon komen praten. Ze zaten te eten op een dakterras, Theodoridis, Platini en nog iemand. Ik ging naar Michel en zei dat er geen tegenkandidaat was voor Sepp Blatter – dat ik me kandidaat ging stellen. Er volgde een stilte. Daarna kreeg ik opeens een schouderklop van Platini. Fantastisch. Prima. Dus hij wist dat het ging gebeuren.'

Kort daarna begint Platini te draaien. Hij zegt dat Van Praag dan de kandidaat van de UEFA is, en de UEFA staat er in de wereld slecht op. Platini oordeelt dat met zo'n stempel van de UEFA op het voorhoofd de kansen zullen slinken. Bovendien zegt hij dat het UEFA-bestuur verdeeld is. De leden zullen de kandidatuur van Van Praag niet steunen. Hij wil iets anders bedenken. Drie kandidaten voorstellen – als bewijs voor een open, transparante, democratische organisatie. Op tournee gaan met zijn drieën, later eventueel één kandidaat.

Van Praag zegt dat niemand brieven heeft. Volgens Platini is dat geen probleem. Theodoridis zal ervoor zorgen dat de kandidaten brieven hebben.

Op 25 januari, aan de vooravond van de UEFA-bestuursvergadering, stuurt Van Praag een brief aan alle bondsvoorzitters van het continent. Hij stelt dat hij graag had gezien dat Michel Platini kandidaat was geweest, maar dat de Fransman niet wil. Dat is fijn voor de UEFA, maar vervelend voor de FIFA, want Sepp Blatter moet eindelijk weg. Van Praag is bereid het hervormingsproces te leiden, voor een termijn van vier jaar. Op 26 januari, tijdens de vergadering van het UEFA-bestuur, maakt Van Praag officieel bekend dat hij zich wil kandideren. Hoe dan ook is Blatter zwaar favoriet, hoewel Van Praag zichzelf best kansen toedicht.

'Mijn kansen verdwenen door het gedrag van Platini, maar daar kwam ik pas later achter. We wisten dat Blatter een afspraak had gemaakt met 'Nr10' (Platini). We wisten ook dat Michel Platini ooit president van de FIFA wilde worden, maar nog niet in 2015. Later, later, zei hij altijd. Wij kenden de details van de afspraken tussen Blatter en Platini ook niet. Over die 1,8 miljoen euro die hij van Blatter had gekregen als loon, en waarvoor hij uiteindelijk is geschorst, had iedereen later zo zijn gedachten. Dat je pas na tien jaar geld krijgt betaald voor gedane werkzaamheden, is op z'n minst vreemd. Nu weten we dat het zo was afgesproken tussen Blatter en Platini. Zolang Blatter voorzitter was, stelde Platini zich geen kandidaat.'

Platini stelt tijdens die bestuursvergadering van de UEFA dat het beter is drie kandidaten te hebben, om de mensen wat te kiezen te geven, om het van nature wat verdeelde Europa tevreden te stellen. De Duitser Niersbach zegt nog: 'Wij hebben toch Michael. Die komt uit ons midden. Dat is onze kandidaat.' De aanwezigen knikken instemmend, wat de veronderstelling onderuithaalt dat de leden de kandidatuur van Van Praag niet steunen.

Waarop Platini zegt: 'Nee nee nee, niet zo snel. Ik zorg voor nog twee kandidaten. We moeten laten zien dat de UEFA een democratische, transparante organisatie is.'

Platini vraagt Luis Figo, de voormalige topvoetballer uit Portugal. Die reageert verrast en snapt niet waarom hij in aanmerking komt voor het voorzitterschap, maar hij laat zich ompraten door Platini. De derde kandidaat is prins Ali, uit Jordanië, niet van de UEFA dus, maar Platini wil iets te kiezen hebben.

Van Oostveen: 'Mijn twijfel ontstond pas na die rare twist van Platini. Eerst zei hij tegen Michael: "Ik steun jou. Jij wordt de Europese kandidaat." Dan kon je gaan rekenen. Europa als eenheid, dat een goede band onderhoudt met de CONMEBOL. Afrika kon je afschrijven. Maar ook in Azië, Oceanië en in delen van de CONCACAF had je een aardig eind kunnen komen. We hadden er een tweede ronde uit kunnen slepen, omdat er in de eerste ronde geen absolute meerderheid zou zijn. Maar toen draaide de UEFA, en ik moet gissen naar de redenen. Michael was opeens een té Europese kandidaat. Of Platini dat plan zelf helemaal heeft bedacht, waag ik te betwijfelen. Ik sluit niet uit dat het ook is besproken in het UEFA-management, met Gianni Infantino (de latere voorzitter van de FIFA, na het aftreden van Blatter; *red.*). Misschien heeft Platini ook strategisch gedacht. Zo van: drie is te veel, dan wint Blatter en ben ik in 2019 aan de beurt.'

Blatter zelf ziet het met stijgende verbazing aan. 'Op een gegeven moment kwam de UEFA met Michael als kandidaat, en met Figo. Later kwam daar ook prins Ali bij. Michael had in zijn eentje best de strijd tegen mij kunnen aangaan. Ik werd in die tijd voortdurend aangevallen, hij had best een kans gemaakt tegen mij.'

Van Oostveen: 'Als KNVB werden wij ook een beetje buiten dat spel gehouden. Gianni Infantino trok op met Figo. Onze strategisch adviseur Marc Esselink, Theodoridis en ik waren met Michael. En toen kwam dus die gekke prins om de hoek zeilen.' De UEFA besluit dan dat op enig moment het aantal kandidaten terug moet van drie naar één. Van Oostveen: 'Alleen in die strategie kon ik het plaatsen. Als Ali stemmen kon krijgen in Azië en het Midden-Oosten, en misschien in delen van Noord-Afrika, kon dat voor ons interessant zijn. Jordanië is een groot land in de regio.'

In een op 27 januari gedateerde brief, gericht aan secretaris-generaal Jerôme Valcke van de FIFA, stelt de KNVB voorzitter Michael van Praag officieel kandidaat voor het presidentschap van de FIFA. Bijgesloten zijn aanbevelingsbrieven, een verklaring van goed gedrag en een afschrift van het paspoort. In zijn rijke archief zitten onder meer steunbrieven van België, Roemenië, Schotland, Zweden en de Faeröer eilanden. Van Praag: 'Ik had al snel zeven brieven.' Theodoridis is Europa rondgereisd om toezeggingen voor brieven te krijgen voor prins Ali en Figo. 'Veel bonden zeiden: "Waarom moet dat? We hebben Michael toch?" Maar het moest zo van Platini, het was zijn tactiek. Ik heb weleens gehoord dat veel bonden contrecoeur brieven hebben afgegeven voor de prins en Figo. Zo zijn we op pad gegaan.'

Van Oostveen heeft geen tijd om met Van Praag de hele wereld rond te reizen. Hij is directeur betaald voetbal en secretaris-generaal van de KNVB. Het Nederlands elftal presteert dramatisch. 'Er lag shit zat op mijn bord. Het was: Tom Poes, verzin een list.'

Renske Bruinsma, net vertrokken bij de KNVB, heeft een goede band met Van Praag en staat bekend om haar professionalisme. Van Oostveen: 'En, ook belangrijk, ze durfde tegen Michael te zeggen wanneer ze iets níét gingen doen.' Ze treedt aan als adviseur en officieel lid van de delegatie. Van Praag en Bruinsma gaan op wereldreis. Ze timmeren een programma in elkaar, dat hij bespreekt met secretaris Jerôme Valcke. Een greep uit zijn punten: grotere service van de FIFA. Sneller antwoorden geven op vragen van de bonden. Een groter WK. Meer geld naar de bonden. Meer transparantie. Jaarrekeningen tot in detail publiceren. Salarissen van bestuurders bekendmaken. Paragrafen over mensenrechten in de statuten, en daarmee ook rekening houden bij de toewijzing van toernooien. Regels voor zaakwaarnemers. Meer vrouwen op hoge posities.

Wat er dan allemaal gebeurt, schaart Van Praag onder de noemer 'comboyverhalen'. Van Praags verkiezingsprogramma gaat over de hervorming van de FIFA. Allerlei mensen met wie hij praat zijn het met hem eens. Ze willen een transparante FIFA, zonder corruptie.

Met opgewonden stem: 'Ze zitten allemaal in de bak nu. We gingen naar allerlei congressen. Wij mochten daar niet eens het woord voeren. De enige die dat mocht was Blatter. Wonderlijk. Maar het was de FIFA van Blatter. Ik herinner me nog dat ik met Renske Bruinsma in Cairo was, bij het congres van de Afrikanen. Daar moest je de accreditatie ophalen in een kantoortje. Staat daar opeens een boomlange vertegenwoordiger van een land, volgens mij Ivoorkust. Hij schreeuwt: "Wat denkt die Figo wel, hij is een slang. Een slang. Wat denkt hij nou: dat ik op hem stem omdat hij hier twee keer in het land is geweest en omdat de president van mijn land dat wil?" Renske vroeg zich af of dat altijd zo ging.'

Er volgen maanden van ongekende drukte. Bruinsma: 'We wogen af waar Michael naartoe zou gaan voor dat ene mediaoptreden, toen hij zich kandideerde. Hij zei dat hij eerst naar de bijeenkomst van voorzitters van district West I wilde, dat we dan het beste naar *Jinek* konden gaan, want dat was laat op de avond. Dat was het leuke aan werken met Michael. Hij meende zoiets ook echt. Het was geen act. Hij ging naar Zuid-Limburg omdat een club 125 jaar bestond, omdat hij vond dat hij daar moest zijn.'

Bruinsma vervolgt: 'Bert van Oostveen belde mij op, op 19 of 20 januari. Hij zei dat Michael zich verkiesbaar ging stellen en dat ik mee moest. Fantastisch. Wat een circus. We gingen van het ene naar het andere continent. Verslagen maken. En we kwamen in een heel andere wereld. Ik was echt trots op Michael, dat hij dit allemaal wilde doen. Het was goed dat er eens een keer iemand opstond tegen Blatter, in plaats van dat iedereen het altijd eens was. Het is een wereld waarin de hartelijkheid en de medemenselijkheid vaak ver te zoeken zijn. Voor veel van die mannen, vooral mannen, is het lastig om gewoon een beetje aardig te blijven. Maar Michael is voor iedereen aardig, die stond iedereen een hand te geven.'

Op 2 februari bespreekt Van Praag de strategie met Theodoridis en mediadirecteur van de UEFA Mike Lee. Ze maken een lijst met plannen, met personen die hij wil spreken, hoe hij gaat lobbyen en netwerken benutten. De tijd is kort, het is van belang alleen acties te ondernemen die zin hebben. Zo stemt Afrika vrijwel zeker massaal op Blatter. Het heeft weinig zin daar tijd aan te besteden. Van Praag krijgt het advies om niet in z'n eentje te reizen, *want het staat gek als hij zelf zijn notities maakt, het moet professioneel overkomen*. Bruinsma gaat met hem mee.

Het programmaschema is moordend. Op 2 februari is er ook overleg met het KNVB-bondsbestuur, waar met name RvC-voorzitter Johan Lokhorst tegenstander blijft van de kandidatuur. Op 9 februari bezoekt Van Praag secretaris-generaal Jerôme Valcke van de FIFA.

Op 12 februari belt hij met voorzitter Juan Ángel Napout, voorzitter van de CONMEBOL. Hij wil hem bezoeken in Paraguay. In Zuid-Amerika moeten stemmen zijn te winnen.

Op 24 februari is het onderhoud met Napout in de Paraguayaanse hoofdstad Asunción, gevolgd door een diner met diens landgenoten Nicolás Leoz en Alejandro Domínguez. Leoz is weggestuurd door Blatter en geldt als mentor van CONMEBOL-bestuursleden.

Een citaat uit het verslag van Van Praag aan de bestuurders van de KNVB: 'Napout gaat ervoor zorgen dat ik voorafgaand aan en tijdens het officiële diner een-op-een gesprekken met voorzitters uit zijn confederatie zal hebben. Sommigen van hen zal hij persoonlijk voor mij benaderen. Vooral de voorzitter van Colombia is van belang, omdat hij veel invloed op de anderen heeft.' Maar ook: 'De CONMEBOL zal straks als één blok op dezelfde kandidaat stemmen.'

Het campagneteam verzamelt informatie voor het lobbywerk. Over Napout, bijvoorbeeld, weten ze te vinden: spreekt veel talen. Heeft een Duitse vrouw. Houdt zeer van sigaren. Van Praag neemt een doosje sigaren van het merk Oud Kampen voor hem mee. Hij wil met Napout praten over zijn plannen voor een zogenoemde Presidents Board, met meer macht voor de voorzitters van confederaties. En over één plek meer voor Zuid-Amerika op WK's. Over meer geld voor de bonden. Over een oplossing voor het probleem van de zogenoemde *third-party ownership*, dat in Zuid-Amerika groot is.

Renske Bruinsma: 'In Nederland bestaat een directe cultuur, in Europa een redelijk directe cultuur. Alle landen en continenten daarbuiten zitten daar mijlen ver vanaf. We zaten tijdens het Afrikaanse congres in Cairo aan tafel met Figo. Een FIFA-man zat tussen ons in. Toen kwam een UEFA-man Michael waarschuwen dat die FIFA-man iemand van Blatter was die hem kwam uithoren.'

Van Praag: 'Ja, degene die waarschuwde was Kevin Lamour, de assistent van Platini. Hij vroeg om mijn telefoon, want hij wilde niets zeggen. Hij opende mijn notitie-app en typte iets over de man die bij ons was komen zitten, dat hij een spion was van Blatter. Dus ik mocht niks zeggen. We gingen meteen over koetjes en kalfjes praten.'

Bruinsma: 'Na het voorgerecht was hij weg. Op de Bahama's zaten we in zo'n totaal absurd hotel, waar iedereen op de gang stond om Blatter uitgeleide te doen. Hij had een heel lange vrouw bij zich. Ze stapten een soort limousine in. Zulke poespas wordt hier niet gepruimd. Daar vinden ze dat fantastisch. Het was wonderlijk voor mij om daar een tijdje tussen te zitten. Ik dacht soms: wat gebeurt hier allemaal? Het is niet direct corruptie. Alleen: aan het eind van elke vergadering zeg je, Sepp Blatter zijnde, dat elke bond geld krijgt, evenveel geld. Dus een bondje met drie man personeel krijgt evenveel als de Engelse bond. En vervolgens gaan al die kleinere landen op jou stemmen. Is dat corrupt? Of is dat eerlijk verdelen? Is dat het geld uitkeren aan de landen die het wat harder nodig hebben? Ik vind het in elk geval niet gek dat Blatter zijn stemmen haalde. Hij was een rasentertainer die wist hoe hij een zaal moest inpakken. Anderzijds was hij bij zo'n toespraak tot een congres nauwelijks te volgen. Sommige afgevaardigden lagen gewoon te slapen achter de tafel.'

Van Praag: 'Weet je nog dat iemand van de CONCACAF hem tijdens het congres op de Bahama's helemaal begon te verheerlijken? Hij vergeleek Blatter met Mozes, Martin Luther King en Jezus, als grote weldoener van het voetbal. Blatter begon helemaal te zweven.'

Bruinsma: 'Ik kan me wel voorstellen dat het lastig is voor kleinere bonden. Zij denken: hier, op deze plek, kunnen wij onze stem laten gelden.'

Van Praag: 'Ik leunde erg op de mening van Renske. Zij is een heel verstandige vrouw, en ik kan soms naïef zijn. Zij had vaak sneller door hoe de hazen liepen.'

Bruinsma: 'Sommige zaken zijn gewoon niet uit te leggen. Zoals met Blatter destijds, in 2011, in Mauritius, toen we eigenlijk vonden dat hij weg moest en hij bereid leek vier jaar later op te stappen. Dan kun je daar tegen hem stemmen, maar dan sta je alleen. Of je kunt hem laten beloven vier jaar later af te treden. Dat moest je dan alleen uitleggen aan het thuisfront. Toen we daar waren, voelde dat best als een overwinning, maar dat was het bepaald niet voor mensen die hier de krant lazen.'

Bruinsma beleeft een ongelooflijk interessante en mooie tijd, in het domein van de mannen. 'Vrouw zijn had ook voordelen. Als ik zei dat een das niet kon op televisie, was dat toch wat makkelijker. En je moest heel vaak met iemand één keer ruzie maken. Daarna wisten ze meestal wel dat ze me serieus moesten nemen. Het is toch vaak flinkie tegen flinkie. Ik gaf Michael adviezen, hij besliste, en dan probeerde ik te sturen.'

Op 2 maart 2015 stemt de buitengewone bondsvergadering van de KNVB officieel in met de kandidatuur, die maximaal 400 duizend euro mag kosten.

Op 3 maart is Van Praag opnieuw in Asunción, voor de bestuursvergadering van de CONMEBOL. Vooral in de wandelgangen vertelt hij over zijn beweegredenen kandidaat te willen zijn voor vier jaar, om zo hervormingen te kunnen doorvoeren. Na het bezoek meldt hij aan het bondsbestuur van de KNVB: 'Al met al een zeer nuttige reis, waarin ik veel contacten heb gelegd en nieuwe inzichten heb opgedaan.'

Op 11 maart dineert hij met secretaris-generaal Theo van Seggelen van de FIFPro, om de steun van de internationale spelersvakbond te verkrijgen.

Op 15 maart vraagt hij in Zürich om de steun van Justino Compéan, voorzitter van de Mexicaanse bond. Overal is voorwerk gedaan. Zo verloor Compéan met één stem van de Amerikaan Gulati voor een FIFA-bestuursfunctie: misschien is hij mede daarom in het kamp te krijgen. Eventueel valt hij te bewerken door Ruud Gullit en diens toenmalige Mexicaanse vriendin Margarita Jimenez in te zetten. Voor elk continent is een strategie, met mogelijke ontmoetingen met belangrijke bestuursleden. Het plan is in recordtijd in elkaar gestoken.

Op 17 maart volgt, eveneens in Zürich, een ontmoeting met

Issa Hayatou, voorzitter van de Afrikaanse federatie CAF. Van Praag toont begrip voor de unanieme steun van de Afrikanen aan Blatter, omdat de voorzitter door de jaren heen veel voor hen heeft gedaan. Hayatou noemt niet het geld dat de Afrikaanse landen ontvingen door de jaren heen als belangrijkste reden, wel het feit dat Blatter het WK van 2010 aan Afrika gaf. Van Praag belooft het Afrikaanse congres in Cairo te bezoeken.

Op 23 maart doet hij een soortgelijk voorstel aan sjeik Salman, voorzitter van de Aziatische confederatie AFC.

Op 2 april vraagt hij in Curaçao aan voorzitter Jean Francisca om steun van de eilanden.

Op 5 april krijgt hij geen spreektijd tijdens het congres van de CAF in Cairo. Hij spreekt wel tal van bestuursleden. Uit de gespreksnotities: 'Het is hier moeilijk contact maken met mensen in groepen. Ze worden snel als 'verrader' bestempeld wanneer ze te enthousiast met kandidaten spreken. Het is hier gebruikelijk om lang van tevoren 'commitment' uit te spreken en daarvan niet meer af te wijken.' Ook bij het congres van de Caribische voetbalbond CFU mag hij niet spreken.

Op 16 april lukt het bijna om spreektijd te krijgen tijdens het congres van de CONCACAF, de bond van Midden- en Noord-Amerika. Bijna. Voorzitter John Krishnadath van de Surinaamse bond is de eerste die openlijk de kandidatuur van Van Praag steunt.

Op 3 mei krijgt hij opnieuw geen spreektijd tijdens het congres van de AFC in Bahrein, maar sjeik Salman ontvangt hem als een keizer. 'Blatter zat me maar aan te gluren.'

Bruinsma: 'Michael werd wel vaak uitgenodigd voor het voorzittersdiner, maar hij kreeg bijna nooit spreektijd.'

Van Praag: 'Ik weet nog dat voorzitter Sunil Gulati van de Amerikaanse voetbalbond drie minuten spreektijd wist te regelen bij de CONCACAF voor alle drie de kandidaten, omdat hij het schandalig vond dat Blatter als koning werd neergezet en wij niet eens wat mochten zeggen. Maar Figo wilde niet spreken. Toen besloten de prins en ik ook niet te spreken. Daarvan heb ik wel spijt nu.'

Bruinsma: 'Met Figo en zijn woordvoerder verliep het contact steeds beter, omdat we allemaal op eilandjes zaten. Ali en Figo zijn ook hartstikke aardige kerels. Maar je kon geen echte campagne voeren, omdat we toch met drie kandidaten waren.'

Op 4 mei zegt de Arubaanse voetbalbond steun toe tijdens een ontmoeting op Schiphol.

Op 6 mei verloopt een gesprek in Seoul met bondsvoorzitter Chang van de Zuid-Koreaanse bond zeer positief, mede doordat voormalig bondscoach van Zuid-Korea Guus Hiddink mee is.

Op 18 mei keert Van Praag terug in Amsterdam voor een evaluatie. Hij verrast zijn campagneteam met de mededeling dat hij zich terugtrekt, dat prins Ali bin Hussein de man zal zijn. Van Praag acht zichzelf kansloos. De verslaggevers Willem Feenstra en Mark Misérus van *de Volkskrant* zitten boven op het nieuws. Ze volgen de FIFA tot aan de congressen van de confederaties, en brengen de primeur, maar met een klein voorbehoud.

Bruinsma: 'Wij hebben ons altijd afgevraagd waar het lek zat.'

Misérus: 'Dat blijft het geheim van de smid.'

Van Oostveen: 'Michael kwam terug uit Genève met het verhaal dat Ali bin Hussein wettig en overtuigend bewijs had dat hij, uit mijn hoofd, minstens 86 stemmen had. Op een totaal van 206, 207. Dat werd dus opnieuw rekenen. We hadden een wereldkaart opgehangen. Dit is groen, die landen pakken we. Dat is oranje, daar moeten we tijd in steken. Rood kunnen we laten zitten, want die landen gaan nooit op ons stemmen. Die kaart vergeleken we met de lijst van toezeggingen van Ali. We konden echter analyseren zoveel als we wilden, Michael had eigenlijk zijn besluit al genomen dat hij zich terugtrok. Dat vond ik jammer. Bij mij is het eerst maar eens zien, dan pas geloven. We hebben prinses Haya en prins Ali nog uitgenodigd voor een etentje in het Hilton in Amsterdam, voorafgaand aan een persconferentie in Amsterdam waar Michael bekendmaakte dat hij zich terugtrok. We praatten over het vervolg van de campagne van Ali, welke punten van Michael hij zou overnemen en hoe we in communicatief opzicht verder wilden. 's Avonds schoven Ali en Michael nog aan in de talkshow van Humberto Tan. De bedoeling was dat we de campagne van Ali mee gingen sturen.'

Directeur Alex Klusman van bureau BKB, destijds aanvoerder van het campagneteam, begrijpt tot op de dag van vandaag niet waarom Van Praag zich terugtrok van de verkiezing. 'Op basis van wát heeft Michael zijn landen, of de bonden die hij dacht binnen te hebben, overgedragen aan Ali?' Voor Van Praag zelf is het antwoord simpel: hij geeft zichzelf geen kans. Klusman: 'Hij heeft dat besloten tijdens een sessie die hij alleen is ingegaan. Met Ali en diens zus, denk ik. Ik snap dat gewoon niet. Hij en prins Ali zijn de enigen die dat precies weten. Michael is boerenslim. Hij had een charmeoffensief kunnen openen. Hij wist dat hij in zijn presentatie zoveel beter was dan Ali. Het was veel logischer geweest dat Ali zich had teruggetrokken. Dat Ali had gezegd: *mensen, ik heb dertig bonden achter me, maar stem allemaal op Van Praag. Ik word zijn tweede man.*'

Van Praag is dat niet met Klusman eens. De prins was al anderhalf jaar bezig met zijn campagne en had een dossier vol stemverklaringen. Op een persconferentie in Nederland licht Van Praag zijn beslissing om terug te treden toe. Op 28 mei doet hij dat opnieuw in Zürich, tijdens de vergadering van de UEFA.

Bruinsma: 'Ook voor mij blijft het gissen wat nu precies de doorslag heeft gegeven voor Michael. Maar het is niet zo interessant wat ik ervan vind. Interessant was dat Michaels programma bijna één op één werd overgenomen door de prins. Dat de speech die wij hadden geschreven, naar Ali ging.'

Hoe het afloopt? Dramatisch. Van Praag: 'Ik had een fantastische speech, geschreven door Alex Klusman. We hadden tegen Ali gezegd: wij steunen jou, onder een paar voorwaarden. We helpen je allereerst met je speech. We willen dat je vier of vijf punten uit mijn verkiezingsprogramma opneemt in jouw programma. En ik wil je adviseur worden. Want ik moest tegen de KNVB ook een verhaal houden, over die twee ton die waren uitgegeven. Allemaal afgesproken.'

Klusman heeft een goede band met de KNVB opgebouwd en doet regelmatig werk voor de bond. 'Toen Michael mee ging doen aan de verkiezing, kwam Renske Bruinsma naar me toe met de vraag of ik in het team wilde komen, om campagne te voeren. Als eerste heb ik toen die nominatiespeech voor hem geschreven, die hij heeft uitgesproken in het Olympisch Stadion. Ik heb toen twee gesprekken met hem gehouden. Eerst tussen de repetities door van zijn PRFCT5-band in Huis ter Duin, en later bij hem thuis in Aerdenhout. Het ging over waar hij vandaan kwam, hoe zijn jeugd was en zijn relatie tot voetbal. Alles kwam ter sprake. Dat verhaal hebben we een paar keer geoefend en dat was fascinerend. Hij had geen idee wie ik was, maar hij vertelde me alles. Thuis in Aerdenhout stond hij gewoon te oefenen waar ik bij zat. Dan zei ik af en toe waar hij een beetje meer klemtoon kon leggen. Je zag zijn kracht. Echt knap.'

'Het was ook lachen. Peter Kwint werkte bij ons, tegenwoordig Kamerlid van de SP. Een hardcore Feyenoorder die heel goed kan schrijven. Ik vroeg hem om mee te schrijven aan de speeches. Dan moest Van Praag naar Egypte en zat Peter te schrijven, ook passages over Ajax en de Europa Cups. "Wat was dat fantastisch in 1995, met die beker met grote oren in mijn handen." En dan zei ik: "Peter, nog zo'n zin. Goed." Het was fijn werken in een klein team. Een atypisch team, geen geoliede machine.'

'Renske liep tijdens die congressen rond met een door ons samengesteld smoelenboekje van wie wie was. Het was houtje-touwtje. Maar tegelijkertijd had ik het idee dat zijn plan inhoudelijk goed was. Figo had helemaal geen idee wat te doen. Inhoudelijk stond het goed. Waarop wij ons hebben verkeken, zijn allerlei financiële deals en gemaakte beloftes. Maar toch dachten we dat hij eens kans had. Totdat hij terugkeerde uit Zwitserland, van die ene sessie. Wij zaten hier met ons team en ineens zei hij: "Ik heb besloten dat ik me terugtrek." Wij waren echt stomverbaasd. Het enige wat hij zei was dat prins Ali en prinses Haya hem hadden overtuigd met "een vuistdik rapport. Kansloos voor mij." Toen moesten we opeens een persconferentie in het Hilton optuigen om bekend te maken dat hij zich terugtrok.'

Van Praag acht zichzelf dus kansloos. Blatter is bijvoorbeeld onverslaanbaar in Afrika: door het geld dat hij in naam van de FIFA doneert, het door hem geïnitieerde Goalproject. Daar kan geen campagne tegenop. Klusman: 'Wij hadden veel speeches geschreven en een manifest opgesteld in veel talen. We hadden een lange versie, een korte versie en een flyer. Die stuurden we naar al die bonden. Het was hilarisch soms. De voetbalbond van Mauritius bijvoorbeeld, weet je waar die is gevestigd? Op de Route de Blatter. Die straat is gewoon genoemd naar Sepp Blatter. Op dat soort momenten dacht ik: wat is dit voor een campagne die we voeren? Campagne voeren tegen iemand wiens naam is verbonden aan de voetbalbond van een land... En we deden de voorbereiding op die reizen. Wie hij echt moest spreken. De speeches. Het was hartstikke ingewikkeld, maar ik denk echt dat hij een kans had. Ik zie hem hier nog in de deuropening staan, toen hij had gezegd dat hij zich terugtrok. Peter Kwint en ik waren echt geschokt. En bij de stemming bleek uiteindelijk niets van dat vuistdikke rapport. Dat was onze teleurstelling. Michael is zo'n goede campagnevoerder, en dan gooit hij de handdoek. Terwijl wij dachten dat hij op stoom was. Hij wond iedereen om de vinger.'

Het congres vindt plaats op 29 mei 2015, in Zürich. In de prognoses zijn de stemverhoudingen tussen Blatter en prins Ali ongeveer gelijk. Een ruime meerderheid is nodig om te winnen. Er zal vermoedelijk een tweede ronde komen, met kansen voor Ali.

Van Praag: 'De prins heeft het helemaal verknald met zijn speech, terwijl Renske hem nog zo had geholpen. Wij zaten met kromme tenen te luisteren. Hij zei alleen maar dat hij pleitte voor dit en voor dat. Slapper kon niet.' Klusman: 'Die speech was heel slecht. Hij deed het slecht.' Klusman leest voor uit een brief van prinses Haya die hij later ontving, waarin ze zich verontschuldigt voor de nederlaag van haar broer.

Bert van Oostveen: 'Het ging helemaal mis op dat congres. Je kunt van Sepp zeggen wat je wilt, maar hij is een rasartiest. Ali stond te hakkelen en te stotteren. Dat was derderangs cabaret. Toen wisten we al dat het een verloren zaak was. Het kunnen de zenuwen zijn geweest. Hij stond voor de wereld op te treden. Was hij gewend aan oppositie? Ik had hetzelfde gevoel als Alex Klusman; het gevoel dat Michael had kunnen winnen. Het blijft voor mij ook gissen welke druk de UEFA heeft uitgeoefend. De UEFA had Michael onvoorwaardelijk moeten steunen, vanaf het begin. Dat was de eerste misser.' Ja, dat kan tactiek zijn geweest, om Platini uiteindelijk voor 2019 klaar te stomen? 'Dat is een constatering met de wetenschap van nu. We hebben al in 2015 bij herhaling aan Michel Platini gevraagd: *waarom doe je het niet zelf*? Altijd zei hij dat het te vroeg kwam.'

Na de terugtrekking van Van Praag doet de UEFA aan de vooravond van het congres een oproep aan de leden om op Ali te stemmen. Dat is ook in groten getale gebeurd, al blijkt ook Europa verdeeld. Ali is kansloos. Sterker: ook hij trekt zich terug. Zo wordt het wel heel gemakkelijk voor Blatter om zijn positie te houden.

Blatter: 'Ik vond het wel een beetje vreemd dat Europa opeens prins Ali steunde. En op het allerlaatst zeiden de Europeanen: *wij willen prins Ali toch ook niet als president van de FIFA*.'

Na de speech is een pauze ingelast, waarna de beslissende stemronde zal volgen. Van Praag bestempelt die pauze als 'het verraad van Platini en Sunil Gulati. Gulati, de voorzitter van de Amerikaanse bond, en Michel Platini zijn naar de prins gestapt met de dringende aanbeveling om te stoppen. Hij zou het toch niet halen. Platini draaide zich om en liep zó weg – hij keerde letterlijk zijn rug naar de prins. Hoe vals wil je het hebben. Wat Sunil bezielde, weet ik niet. Tijdens de lunch, vóór de speech van Ali, waren de Amerikanen nota bene nog komen lobbyen. Carlos Cordeiro, destijds voorzitter van de Amerikaanse profcompetitie, kwam naar me toe: "Michael, je moet zorgen dat Aruba en Curaçao op Ali stemmen. Dan hebben we 107 stemmen, genoeg om Blatter te verslaan."'

Uiteindelijk trekt de prins zich terug na de speech en het advies van Platini en Gulati. Van Praag: 'Na afloop vertelde hij dat hij zich onder druk gezet voelde door Platini en Gulati. Platini wilde natuurlijk helemaal niet dat de prins zou winnen. Ik zou maar voor vier jaar president willen zijn, de prins was veel langer blijven zitten. Dan waren Platini's kansen verkeken. Dus hij hielp de prins eerst in het zadel, om hem vervolgens te laten vallen. Boem. Op YouTube kun je nog beelden zien van de timide manier waarop de prins zich terugtrok; hij was toen net in de steek gelaten. Dat is toch niet normaal. Ik hoorde dat pas later, toen het kwaad al was geschied. Wat een deceptie. Hij stond erbij als een ontgoocheld paard. Er is iets gebeurd. Het moet van dik hout zaagt men planken zijn geweest. Het was een spelletje.'

Bruinsma: 'Het was een wonderlijke periode.'

Van Praag: 'Maar we zijn ook bofkonten dat we dit hebben meegemaakt.'

'Platini heeft ook niks, nul, nada voor mij gedaan tijdens die hele verkiezingscampagne. Ik zie hem nog zitten in Paraguay, een beetje hangend in de bank, met zijn spijkerbroek en blauwe T-shirt met korte mouwen. Terwijl ik probeerde met iedereen kennis te maken, heeft hij me nergens geïntroduceerd. Nergens. Op een gegeven moment kwam Kevin Lamour, zijn assistent, naar me toe om te vragen of ik nog hulp nodig had. Die geneerde zich ook drie slagen in de rondte. Het was een heel slechte beurt van Platini.'

Het wonderlijke is ook dat Platini in een mail laat weten niet te willen ingaan op vragen over zijn rol in dc campagne, mede omdat hij nog steeds bezig is met het zuiveren van zijn naam. Waarom wilde hij drie kandidaten? Wat zei hij tegen prins Ali, voordat die zich terugtrok? Zijn antwoord is bevreemdend, in het licht van al het voorgaande. Hij schrijft: 'Beste Willem, dank voor je bericht en je vragen. Het spijt me dat ik ze niet kan beantwoorden. In 2015 en 2019 was ik niet betrokken bij de zaken die je noemt in je mail. Ik was op geen enkele wijze betrokken bij deze discussies.' Na een volgende mail van de biograaf, met de strekking dat dit antwoord verbijsterend is omdat Platini pas in oktober 2015 wordt geschorst als voorzitter van de UEFA, volgt geen antwoord meer.

Van Praag: 'Let wel: ik vond Platini een geweldige president van de UEFA, op veel vlakken. Ik weet dat ik tegen RTL een keer heb gezegd dat ik mijn handen voor hem in het vuur stak. Dat deed ik op dat moment ook. Hij heeft alleen met die 1,8 miljoen die hij kreeg van de FIFA stom gedaan, maar daardoor is hij nog niet corrupt, want hij had gewerkt voor dat bedrag. Als hij gewoon meteen had gezegd hoe het precies was gegaan, was hij volgens mij nog steeds voorzitter geweest.'

Blatter, over het salaris van Platini: 'Deze zaak is nog steeds onder een Zwitserse rechter. Platini had een contract bij de FIFA. Geen schriftelijk contract. Hij werkte voor ons, en we hadden aanvankelijk geen geld om hem te betalen. Zo staat het ook in de boeken. Een salaris, uitgesteld betaald aan meneer Platini. Hij begon bij ons te werken en vroeg een miljoen Zwitserse francs per jaar. Ik zei tegen hem dat we dat niet konden betalen. We praten over 1998, 1999, toen de FIFA nog niet zoveel geld had. Ik denk dat we hem toen 300 duizend Zwitserse francs per jaar betaalden. Later hebben we het verschil bijgepast. Hij wilde dat pas ontvangen toen hij zag dat de FIFA meer geld in kas had.'

Bruinsma: 'Hij is toch van zijn voetstuk gevallen. Het deed veel teniet.'

Van Praag: 'Hij heeft ervoor gewerkt. Het was stom van hem. Maar puur als president was Platini goed. Hij was de beste geweest voor de FIFA en hij is veel te loyaal geweest aan Blatter.

Hij had tegen Blatter moeten zeggen: ik ga voor mijn kansen. Dan was hij nu voorzitter van de FIFA geweest. Hij heeft echt veel bereikt bij de UEFA. Ik heb liefde en waardering voor de mens Platini.'

Bruinsma: 'Mijn grootste frustratie is dat Ali zich terugtrok, zonder met ons te overleggen. Daar was ik zelfs beledigd over. Wij deden alles om hem te helpen, en dan liet hij zich hoeken door twee van die... door Platini en Gulati. Ach, zijn speech was zó slecht. Hij stond daar zoals ik stond toen ik een net een kind had gekregen en zes weken nauwelijks had geslapen. Waar was hij? Eigenlijk had zij het moeten doen, zijn zus, prinses Haya. Zij had glansrijk gewonnen.'

Van Praag: 'Goed, nog één keer dan, over het waarom van mijn terugtrekken. Het stond de hele campagne al vast dat we met één tegenkandidaat voor Blatter moesten eindigen. Op de lang van tevoren afgesproken datum kwamen we bij elkaar. Eerst zaten we met onder anderen Platini en Theodoridis. Platini gaf iedereen de gelegenheid het woord te voeren. De voorzitter van de Portugese bond was met Figo en vond dat we ons alle drie moesten terugtrekken. Figo had te weinig steun ondervonden. De prins had een indrukwekkend dossier aan besprekingsverslagen van al zijn bezoeken. In sommige landen was hij twee keer geweest. Hij had anderhalf jaar campagne gevoerd en zei op zeker zestig stemmen te kunnen rekenen. Ik had slechts vier harde toezeggingen. Aan veel gesprekken had ik wel een goed gevoel overgehouden. Ik hoopte op stemmen uit Europa, al zouden lang niet alle landen op mij stemmen. Platini kondigde aan dat de rest van het gezelschap ging lunchen, dat wij met zijn drieën konden uitmaken hoe het verder moest. Wij zaten dus in een kamertje in een hotel in Genève en er was een patstelling. Niemand wilde zich terugtrekken. Dan zouden we in een situatie komen met drie kandidaten tegen Blatter. Maar vrijwel iedereen die ik tijdens mijn campagne had gesproken, verzekerde mij ervan dat we met drie tegenkandidaten geen schijn van kans hadden. De prins heeft me toen overtuigd. Met die zestig toezeggingen als basis, en Europese landen indien Figo en ik ons zouden terugtrekken, kon hij winnen van Blatter. Om die stelling te doorbreken heb ik toen gezegd: "Het gaat niet om Figo, de prins of Michael van Praag, het gaat erom dat Blatter weggaat. Dat lukt nooit als wij met zijn drieën blijven zitten."

'Even hing er een ijzige stilte in het kamertje. Toen heb ik voorgesteld mijn achterban en zeven briefschrijvers te willen raadplegen en voor te stellen me terug te trekken en achter de prins met zijn dossier te gaan staan. Een onbaatzuchtige opoffering om te proberen ons doel te bereiken. Het was pure kansberekening. Achteraf denk ik ook dat ik zelf veel meer kans had gehad. Maar de prins wilde zich helemaal niet terugtrekken, want hij was al anderhalf jaar op reis, in het regeringstoestel van Jordanië.'

Blatter wint dus de verkiezing, nadat een paar dagen eerder door Zwitserse autoriteiten en de FBI een inval is gedaan in het hotel in Zürich en verschillende bestuursleden zijn opgepakt. Van Oostveen: 'De historie bewijst dat het zelfreinigend vermogen van het voetbal zeer beperkt is. Dit soort revoluties is nodig. Het is ook een gesloten systeem. Bestuursleden van de FIFA zitten in allerlei commissies. Ze krijgen status en aanzien. Vergoedingen. De hele wereld hangt om hen heen. Het is een cultuur van blauwe pakken, ja en amen. Dat had Sepp allemaal goed geregeld. Hoe vaak mij niet de vraag is gesteld: "Stel je voor dat ik stem op jouw president. Kunnen we dan een vriendschappelijke wedstrijd regelen, of tv-rechten?" Dan moet je dat type deals willen maken, terwijl je dat stramien juist probeert te doorbreken. En wij willen het Nederlands elftal niet als joker inzetten voor dit soort idioterie.'

Maar een paar dagen na de verkiezing trekt Blatter zich terug als voorzitter, in het nauw gedreven als hij zich voelt door de invallen en het FBI-onderzoek naar corruptie. Ruim een halfjaar later wordt Gianni Infantino zijn opvolger. In de mail met antwoorden schrijft Blatter: 'Zoals bekend kunnen we het rad van de tijd niet terugdraaien. Maar ik durf te beweren dat Michael van Praag de FIFA in rustiger vaarwater had kunnen brengen dan de huidige president.'

Blatter krijgt de naam van zijn opvolger niet over de lippen. Aan de telefoon verspreekt hij zich één keer bijna. 'Nee, ik geef geen commentaar op Infan... op mijn opvolger, omdat hij absoluut geen respect heeft getoond voor zijn voorganger, voor mij dus. Over iemand die geen respect heeft voor mij, ga ik niet in discussie.'

Blatter had liever gezien dat Van Praag alsnog had geprobeerd het voorzitterschap te grijpen. 'Ik was tot president gekozen, maar geschorst. Platini was ook geschorst. Waarom heeft Michael van Praag zich daarna niet opnieuw kandidaat gesteld? Dat was een goed idee geweest. Later is hij ook verslagen door Ceferin, in de verkiezingen voor het UEFA-voorzitterschap. Waarom? Dat weet ik niet. Misschien was hij niet moedig genoeg. Maar hij had de gelegenheid. En misschien had hij ook een kans gehad tegen de toenmalige secretaris-generaal van de UEFA (Infantino; *red.*). Michael was een gerespecteerd voorzitter.'

Enfin: eind juni 2015 ontvangt Michael van Praag een handgeschreven brief van prinses Haya, waarin ze hem vanuit Newmarket, Engeland, bedankt voor de steun aan haar broer. Zijn 'warmte, vrijgevigheid, gastvrijheid, vriendschap en glimlach' hebben haar geraakt. Ze is dankbaar voor zijn onvoorwaardelijke steun voor de kandidatuur van Ali. 'Het spijt me verschrikkelijk als we je hebben teleurgesteld.'

De brief is een aaneenschakeling van superlatieven. 'Misschien nog belangrijker dan je hulp is de ongelooflijke trots die je hebt geschonken aan het Jordaanse volk. Voor Ali heb je de loop van het leven van een jongeman veranderd, door naar hem te luisteren, door in hem te geloven en door hem te stimuleren op een manier die hem liet bloeien van zelfvertrouwen. Als zijn zus was dat een waar genot om te aanschouwen.'

Ze is hem dankbaar dat hij zijn kansen gaf voor die van Ali, uit het bescheiden voetballand Jordanië.

Het is toch niet allemaal voor niets geweest.

MUZIEK

'Michael hoeft in de muziek geen rol te spelen'

Op een herfstige vrijdag in oktober speelt het Trio van Toen in verzorgingshuis De Loet in Heiloo. Vrolijke muziek fladdert door de aula. Liedjes van vroeger, toen geluk nog heel gewoon was. Het is een concert in tweeën. Drie kwartier, dan koffiepauze, en dan nog eens drie kwartier. Het lijkt wel een voetbalwedstrijd. Alleen: na de pauze bestaat het publiek uit andere bewoners van het tehuis. Ze houden gedwongen afstand, vanwege corona. Wanneer een nieuwe bewoner halverwege een sessie binnenkomt en gezellig naast een vriend of vriendin gaat zitten, grijpt het personeel vriendelijk doch beslist in.

Het Trio van Toen speelt liedjes van Eddy Cristiani, Annie de Reuver (*De eerste kus*, uit 1957) en Max van Praag, de oom van Michael. 'Songs die de dag des tijds doorstaan en de deur naar het verleden openslaan,' zegt zangeres Monique van de Keer bij de aankondiging. De kok van het verzorgingshuis zingt zachtjes mee, vanuit de open keuken. Hij is gek van AZ, Real Madrid en Nederlandstalige liedjes. Zijn vader draaide ze vroeger de halve dag. Hij kent alle teksten uit het hoofd. Ook bewoners zingen mee, met rustig timbre. Herinneringen dartelen in hun hoofd. Ze roffelen op tafel, op het ritme van de muziek. Een mevrouw imiteert een dirigent en wiegt zachtjes haar hoofd, de ogen gesloten. Een andere vrouw, ze zit dicht bij de ingang, is 103 jaar, vertelt de afdelingsleider.

Vriend Map Nihom had al verteld over de muzikant Michael van Praag. 'Michael is multi-instrumentalist. Hij speelt piano, drum, tuba, vibrafoon en sousafoon. Geef hem een instrument in handen en hij speelt erop. Muziek is een veel grotere passie van hem dan dat hele voetbal.' Nihom maakt nog even reclame ook: 'Onze cd met Midlife 5 is echt goed.'

Op deze middag in Heiloo speelt Van Praag alleen drum. Hij is toegevoegd aan het trio, dat zich voorbereidt op een theatertour. 'Michael is een solide begeleider,' stelt Thomas Kwakernaat, contrabassist en gitarist. 'Hij is geen solist. Als zakenman en als bestuurder is hij aandacht gewend, maar hij hoeft in de muziek niet per se op de voorgrond te treden. Hij geeft de voorzet en hij ziet in muziek ook een fijne, sociale gebeurtenis. Samen muziek maken. De drummer geeft het ritme aan. In zoverre past dat wel bij hem. Hij houdt van harmonie en zijn liefde voor theater en muziek is aangeboren. Hij hoeft in de muziek geen rol te spelen.'

Zangeres Monique van de Keer verheugt zich intens op de concerten in de theaters. 'Michael is een mooie aanvulling voor het trio, dat zes jaar geleden is opgericht. Op een gegeven moment vroegen we ons af of het niet leuk zou zijn als Michael zou meedoen. Samen hebben we zoveel plezier. Hij kent de liedjes nog beter dan wij, met Max van Praag en zijn vrouw Sari behorend tot de schrijvers. Michael kende die artiesten zelfs persoonlijk. Toen hij jong was, kwamen ze bij zijn ouders over de vloer. Ach, als we in de buurt van Amsterdam spelen, zitten altijd wel Ajax-supporters in de zaal. Ze willen met hem op de foto of vragen een handtekening. Het is hem nooit te veel.' En toetsenist Pieter van Santen: 'Michael is een perfectionist. Hij houdt ervan om lekker te swingen achter het drumstel.'

Muziek is de tweede natuur van Van Praag, de rode draad in zijn leven. In muziek kan hij verdrinken, mits de melodie hem bevalt. Vraag hem naar het mooiste lied ooit en hij antwoordt meteen: '*God only knows*, van de Beach Boys. Of *Girls on the Beach* van de Beach Boys. Nee, nee. Het allermooiste nummer is *Somewhere over the rainbow*, van Judy Garland. De melodie van een lied moet goed zijn, dan kan het mij bekoren. Het fijne van muziek zijn ook de muzikale vriendschappen. Ze spreken me enorm aan, al zijn ze vaak oppervlakkig. Jongens van de Teletoeters of van de Delftsche Studenten Dans Harmonie kun je een jaar niet zien, maar wanneer je elkaar dan weer ontmoet, is het alsof je elkaar gisteren nog hebt gesproken. Het gaat dan vaak over niks. Het zijn slappe muzikantengrappen, maar de gezelligheid en de herinneringen vergeet je nooit. Wij haalden vroeger overal streken uit. Onze gage was rum-cola, en we konden spelen. We zaten daar voor onszelf, niet voor anderen.' Hij vertelt een anekdote uit die tijd. 'We kwamen eens in Wassenaar, bij een bruiloft.' Van Praag zet een bekakte stem op, als imitatie van de vader van de bruid. 'Heren, moet u goed luisteren. We willen dat jullie precies om zeven uur klaar zitten en om drie minuten over zeven jullie eerste liedje spelen. Maar dat moet om negen over zeven klaar zijn, want dan komt de cortège de zaal binnen, bruid en bruidegom en hun gevolg. Daarna houd ik een speech. En om 7 uur 34...'

Ze krijgen af en toe een pilsje tijdens de bruiloft en bedenken een streek. 'Het was een zaal met een podium en een gordijn. Daarachter zaten wij. Om 20.14 uur zou het gordijn opengaan voor het buffet. Toen dat gebeurde, stonden wij al op dat podium te eten. "Jij een beetje paling? Jongens, hier, huzarensalade." Ik heb nog nooit iemand zo zien ontploffen als de vader van de bruid toen.'

Muziek raakt hem dieper in het hart dan voetbal. Bij voetbal is hij vooral bestuurder: 'Al mis ik het werk bij de KNVB geen seconde. De mensen daar mis ik overigens heel erg.' Nu hij afscheid heeft genomen van KNVB en UEFA, zal de omarming met muziek inniger zijn. Muzikant is hij al een leven lang.

Zijn vader stuurt hem als kind op pianoles. Jaap van Praag, liefhebber van opera en klassiek, vindt het jammer dat hij zelf geen instrument beheerst. 'Mijn vader zei altijd: je zult later nog veel plezier hebben van je pianolessen.' De leraar heet Achtsteribbe, een man met het uiterlijk van Beethoven.

Hij prijst de aanslag van de leerling, die vrijwel alleen klassiek oeuvre speelt. Geen frivole mopjes. Van Praag is echter enthousiast over Jules de Corte. Hij kent al diens liedjes uit het hoofd. In de vijfde klas van de lagere school, bij meester Van der Vlis, leert hij de beginselen van het drummen, op kartonnen dozen.

'Ik bleek een enorm ritmegevoel te hebben. Ik moest blijven in het schoolorkest.' Op een verjaardag krijgt hij een trommel met bekken. 'Dan zat ik op mijn kamertje *Till I kissed you* van The Everly Brothers mee te trommelen. Dat ging best goed.' Hij spaart voor een echt drumstel. Het kost 185 gulden, gekocht in een winkel met tweedehands instrumenten. Weer later speelt hij in het Kwartet Kees Staats, met Staats zelf als pianist en Van Praag als drummer. Ze treden jarenlang op, zoals in jeugdsociëteiten. Ze spelen geen popmuziek, maar quickstep of cha cha cha. Het is 1963. Ze zijn succesvol. The Everly Brothers zijn populair, en Doris Day en Frank Sinatra, en Winifred Atwell, een boogiewoogie-pianiste. Ze spelen vooral jazz.

Zijn moeder overigens vindt hem te deftig voor sommige optredens, wanneer hij voor de winkeliersvereniging speelt bijvoorbeeld, met de bakker en de slager in het publiek. Hij krijgt een goed drumstel, een Premier, 'echt een mooi ding', en maakt zijn entree in de Delftsche Studenten Dans Harmonie. 'Na de auditie zei de kapelmeester dat ik niet was aangenomen omdat ik zo'n goede drummer was, maar omdat ik zo'n mooi drumstel had.' Ze treden in Brabant op tijdens het carnaval, met Van Praag dan op de sousafoon. 'Bij Atelier Pfeiffer in Den Haag heb ik destijds speciaal een tweedehands tuba gekocht.'

Michael ontwikkelt een brede muzikale smaak. Eerst dixieland, jazz dus. Heerlijk swingende muziek. Oude jazz. 'Er moet wel een tuba bij.' Hij werkt dan bij zijn vader in de zaak. 'En ik woonde boven de winkel. Beneden was de grootste platencollectie die je kon bedenken. Daar ging ik op ontdekkingsreis. Ik hield van Bach en Chopin. Toen ik veertig was, kon ik Chopin vloeiend spelen. Bij populaire muziek luisterde ik nooit naar teksten, alleen naar de melodie. Ik hield van samba, van Franse muziek. Ik was stapelverliefd op Mireille Mathieu. The Beach Boys waren goed. The Beatles natuurlijk. Hun liedjes zijn melodieuzer dan de songs van de Rolling Stones. Ik houd ook nog steeds van Surinaamse muziek. Trafassi. Alle nummers van Trafassi staan op mijn telefoon. Banana Light, kostelijk. Het ene nummer is nog leuker dan het andere. Als het maar mooie melodieën zijn. Alice Cooper bijvoorbeeld, daar vind ik niks aan, maar het nummer *How you gonna see me now* is zo mooi qua melodie, en de tekst is ook prachtig.'

Van Praag schrijft ook sketches met muziek voor bij de kerstdiners van de UEFA. 'Dat zijn de saaiste kerstbijeenkomsten die er zijn, want wat voor muziek ze ook laten aanrukken bij de UEFA, er wordt nooit gedanst. Nooit. Nooit. Nooit. Ook niet met de eigen vrouwen. Ik heb er zelfs eens opgetreden met mijn eigen band, PRFCT5. Ook toen niet. De enige keer dat er is gedanst, was op het laatste nummer van mijn optreden, op *That's the way (I like it)* van KC & The Sunshine Band. Voor dat nummer riep ik iedereen naar voren, mét de vrouwen. Toen gingen ze eindelijk dansen, want ze stonden er toch. Het nummer was nog niet afgelopen, of iedereen zat weer. Dus ik dacht vaak: hoe maak ik er toch een leuke avond van? Met cabaret dus. Dat deed ik dan met huisgemaakte muziekbanden en eigen teksten. Ik besprak het jaar van de UEFA en nam een paar man op de hak. Anderen gaf ik een compliment. De cabaretjes vielen enorm in de smaak. Het is alleen oppassen, want Amsterdamse humor wordt niet overal gepruimd. Maar voorzitter Ceferin vindt het fantastisch.'

Hij raakt ook geïnspireerd door rijmwoordenboeken, waaruit hij liedjes destilleert. 'Ik was altijd degene van de gevoelige liedjes. Ik schreef al ver voor de geboorte van Nicoline een liedje over een dochter die thuiskomt met een vriendje en met hem wil trouwen, terwijl de vader absoluut niet wil dat ze met hem omgaat. Hoe maak je dat duidelijk, als vader? Of moet je dat juist niet duidelijk maken? Een ander liedje gaat over een meisje met een vader die overal een mening over heeft en op de barricaden staat, totdat zijn dochter thuiskomt met een donkere vriend uit Kenia. Als ze hem vraagt wat hij van haar vriend vindt, zegt die vader: "Je moeder had het afgekeurd." Gewoon, die lafheid is aantrekkelijk om te beschrijven.'

Op Schiphol is hij medeoprichter van the Airport Convention, een dansorkest. De muzikanten spelen onder meer nummers van Neil Diamond en The Beatles. 'Het is een soort coverband, met een trompettist, een saxofonist en een trombonist. We speelden soms zo vals en slecht, maar wonderlijk genoeg hadden we veel optredens. Elke week repeteerden we in een ruimte op Schiphol. Ik wilde ook Joods repertoire spelen, want dan konden we op Joodse bruiloften en bar mitswa's spelen. Niemand in de band was Joods. Ik ging dan al weken van tevoren bij de mensen thuis oefenen op stukjes cabaret. Dan begeleidde ik ze op piano.'

'Wij kwamen erachter dat de KLM rond Koninginnedag feesten op ambassades sponsorde. Dan werd haring en jenever ingevlogen. Wij zeiden tegen de KLM dat het goed zou zijn de band van Schiphol te introduceren op die feesten. Zo hebben wij op tal van feesten gespeeld, overal ter wereld. In Rio de Janeiro, in Singapore, Brunei, op Borneo, in Australië. De KLM vloog ons in en nam al onze luidsprekers, versterkers en instrumenten mee in het vliegtuig. Wij waren met drie blazers, een drummer, een bassist, een gitarist en ik. En we waren ook wel goed.'

Wanneer hij in 1989 voorzitter wordt van Ajax, stapt hij uit de band. Wim Bohnenn van *De Telegraaf* introduceert hem later bij feestband de Teletoeters. Dan speelt hij sousafoon, bij winkelopeningen en andere festiviteiten, of op de tribune bij wedstrijden. 'Mijn mooiste moment met de sousafoon was het meespelen met de volksliederen voor een interland van het Nederlands elftal tegen Frankrijk, met Drum- en Showband Adest Musica uit Sassenheim. De Franse delegatie stond wel even te kijken, toen ik zei dat ik iets later op de tribune zou zijn, omdat ik eerst met het orkest de *Marseillaise* moest spelen.'

Ach, hij zit in zoveel bands. Eerst Midlife 5. Later Friends for Life. 'Met de gage lieten we instrumenten maken voor gehandicapte kinderen.' Tegenwoordig speelt hij in PRFCT5, een jazzcombo. En hij is dus toegevoegd aan het Trio van Toen, dat veel optreedt in verzorgingshuizen, zoals in Heiloo. 'We brengen oudere mensen terug naar hun tijd. Personeel zegt soms tegen ons: "Ach, mevrouw Jansen, die komt niet. Ze vindt het niets, die oude liedjes." Maar dan hoort ze ons spelen op haar kamer. Zachtjes gaat de deur open. Daar is ze: mevrouw Jansen. Je ziet de herkenning in haar ogen.'

QATAR

'Ik ben ook tegen Qatar'

Het is mogelijk het meest besproken besluit in het laatste ruime decennium van het internationale voetbal: de toewijzing van het WK voetbal van 2022 aan Qatar, het oliestaatje zonder voetbalcultuur, waar arbeiders slavenarbeid verrichten bij de stadionbouw. Een toernooi met hagelnieuwe stadions die na afloop weer worden afgebroken en in armere landen weer opgebouwd, alsof de levens van de doden niet tellen.

Terecht of niet: de aanwijzing van Qatar staat voor velen voor de corruptie van de FIFA, voor de stelling dat geld het voetbal regeert. Al gebiedt de eerlijkheid te zeggen dat de toenmalige president van de FIFA, Sepp Blatter, tegenstander was van het WK in Qatar. Want dat is het misverstand: denken dat Qatar, Blatter en corruptie één zijn – terwijl het onwaar is. Hoe vergaat het de Nederlandse delegatie in Zürich, met Michael van Praag, op die decemberdag in 2010, bij de stemming op de WK's van 2018 en 2022? Nederland en België zijn in Zwitserland immers kandidaat voor 2018. En wat zegt Sepp Blatter, terugkijkend?

Blatter: 'Binnen het bestuur van de FIFA waren we het eens dat we na het WK van 2010 in Zuid-Afrika, een beslissing wilden nemen over twee WK's: van 2018 en 2022. Welke continenten verdienden het om een WK te houden, volgens de rotatie die we voorstonden? Europa aan de ene kant en CONCACAF aan de andere kant, Midden- en Noord-Amerika. We beseften dat West-Europa het WK al vaak had gehouden, en Oost-Europa nog nooit. Het enige land in Oost-Europa dat een WK kon organiseren was Rusland. Voor het continent Amerika gold hetzelfde als voor Mexico en de Verenigde Staten. Mexico had zelfs al twee WK's georganiseerd, dus het moest Amerika zijn. Er zat ook nog een idee achter: na het WK van 2010 in Zuid-Afrika waren we een samenwerking begonnen met het bureau voor de Nobelprijs voor de Vrede in Noorwegen, met de zogenoemde Handdruk van de Vrede. In het bestuur kwamen we overeen dat het een vredevolle overeenkomst zou zijn, als we het ene WK in Rusland zouden houden en het andere in de Verenigde Staten. De twee grote antagonisten van de wereldpolitiek zouden dan verenigd zijn in die twee opeenvolgende WK's.'

Dat is dus de gedachte. De werkelijkheid is weerspannig. Ook Nederland wil een toernooi houden. Met België stelt het zich kandidaat voor het WK van 2018. Wie bovenstaande woorden van Blatter leest, beseft dat de kandidatuur al vanaf het begin weinig kans maakt. Al is Blatter natuurlijk niet de enige die beslist, hij heeft mogelijk behoorlijke invloed. Met terugwerkende kracht is die kansloosheid ook de frustratie van Ruud Gullit, destijds lid van het comité dat het WK naar Nederland en België wilde halen. 'Het was vervelend dat daar in Zürich al snel bleek dat het bestuur van de FIFA vond dat andere continenten aan de beurt waren, althans andere delen van de wereld dan West-Europa. Had dat dan meteen gezegd. Het was zonde van onze tijd, dan hadden we al die poppenkast niet hoeven te houden.'

Van de andere kant is Gullit ook achteraf blij dat Nederland zich goed presenteert. De bonden van de Lage Landen hebben ervaring met duo-organisatie, sinds Euro 2000. Ze maken een bieding. Ze zetten grote namen als Johan Cruijff en Ruud Gullit in voor de werving. Michael van Praag is sinds 2008 voorzitter van de KNVB, wanneer het proces om het toernooi binnen de landsgrenzen te halen inmiddels in volle gang is. De verkiezing is in december 2010.

'Michael viel met zijn neus in de boter,' stelt Harry Been, destijds directeur van de bid. 'Hij speelde daarin ook nog een belangrijke rol. De samenwerking met de Belgen verliep niet soepel. De Belgen hadden besloten om de voorbereidingen niet te laten doen door de KBVB, maar door een aparte rechtspersoon, 'Beltomundial', onder leiding van de voormalige secretaris-generaal van de bond Alain Courtois. Daar gebeurden zaken die, om het eufemistisch uit te drukken, de gezamenlijke aanpak niet stimuleerden. Herhaaldelijk stelden wij zaken op scherp. Afspraken nakomen of stoppen – daar kwam het op neer. Als het aan mij had gelegen waren we in oktober 2009 gestopt. De meerderheid van het Nederlandse bestuur van de bid was het met me eens, maar Michael aarzelde. De Belgen waren uitstekend in het lobbyen en misschien waren wij iets te veel gericht op concrete afspraken en harde financiën. We besloten nog één keer te praten. De Belgen waren bereid een stap te zetten en wij waren toch wel blij te kunnen doorgaan. Ik weet niet of hij het beseft, maar Michael heeft de bid toen gered.'

Niet dat het allemaal veel helpt. De Nederlands-Belgische delegatie is een vrolijke verschijning, arriverend op fietsen, met een tas op het stuur – een beetje als de voetballer uit het plaatselijke dorp die naar de kleedkamers van zijn clubje rijdt. Bert van Oostveen, destijds directeur betaald voetbal: 'Wij wilden een eerlijke campagne voeren. Dan is het wel charmant als je 8 miljoen euro beschikbaar hebt voor je bid, voor een paar chocolaatjes en een paar fietsen, maar dan word je uitgelachen. De Russen stelden daar 400 miljoen tegenover en zelfs de Engelsen strooiden met Vuitton-tasjes. Wij deden dat niet. We zijn er ook het land niet naar. Wij zijn koopman en dominee tegelijk. We waren in feite kansloos. Heel veel bonden hebben ons later, bij het WK van 2014, ook de opstand tegen Blatter niet in dank afgenomen. We kregen in Nederland wel applaus, maar niet in andere delen van de wereld. Dat begint al in België. Daar houden ze hun mond. Die doen het slimmer dan wij. Vinden ze zelf.'

Nederland en België krijgen in Zürich complimenten voor hun presentatie, waar onder anderen Johan Cruijff, Ruud Gullit, Guus Hiddink en premier Mark Rutte bij aanwezig zijn. Gullit spreekt van het 'groenste WK ooit', en noemt Nederland de kweekvijver voor talent en trainers. 'Het was wel mooi om te zien hoe alles een beetje reilde en zeilde in die wereld,' kijkt Gullit terug. Hij barst in schaterlachen uit als hij zegt: 'Ik herinner me ook dat premier Mark Rutte mee was in onze delegatie. Alleen: toen hij hoorde dat Bill Clinton ook in Zürich was, was hij meteen vertrokken. Ach, en verder ben je overgeleverd aan de bestuursleden met stemrecht. We wisten dat we geen favoriet waren. Maar we hebben Nederland en België mooi op de kaart gezet.'

Engeland, Rusland en de combinatie Spanje/Portugal zijn de andere kandidaten voor 2018, zoals de Verenigde Staten, Australië, Japan, Zuid-Korea en Qatar strijden om het WK van 2022. Van het uitvoerend comité van de FIFA mogen 22 leden stemmen, nadat twee bestuursleden kort daarvoor al zijn geschorst na onthullingen over omkoping in Engelse kranten. Mede daardoor krijgt Engeland een geweldige draai om de oren tijdens de stemming. Engeland ligt in de eerste stemronde al uit de strijd.

Blatter krijgt uiteindelijk zijn zin wanneer het om Rusland

gaat. Het andere WK gaat naar Qatar, tot zijn ongenoegen. Blatter: 'Persoonlijk had ik niets tegen de andere kandidaten, maar het grote nadeel van het Qatar-bid was dat het WK daar alleen in de winter kon plaatsvinden. Qatar was binnen het bestuur nooit genoemd als serieuze kanshebber. Alleen FIFA-bestuurslid Mohamed Bin Hammam uit Qatar, tevens voorzitter van de Aziatische bond, maakte zich werkelijk sterk voor Qatar.'

De stem van Blatter krijgt een enigszins venijnige toon wanneer hij vervolgt met: 'Maar toen kwam de politieke interventie door president Sarkozy van Frankrijk, die UEFA-voorzitter Michel Platini duidelijk maakte hoe groot de Franse belangen waren in Qatar. Ongeveer een week voor de stemming kwam Platini naar me toe. Hij zei: "We hebben een probleem met de Verenigde Staten, want de president van Frankrijk heeft me gevraagd op een ander land te stemmen." Hij en zijn kompanen hebben toen gestemd op Qatar, terwijl eigenlijk aanvankelijk niemand naar Qatar wilde. Zelfs nu nog is Qatar ver verwijderd van waardering door de voetbalwereld. Het is in mijn ogen nog steeds niet goed om een WK te houden in Qatar. Er is altijd gezegd dat er omkoping in het spel is geweest, maar volgens mij was het vooral een politieke beslissing om naar Qatar te gaan. Platini was achteraf niet erg gelukkig met de situatie die hij zelf heeft gecreëerd in Frankrijk, ook door de relatie tussen Paris SG en Qatar. Maar dat ligt een beetje buiten de sport.' Qatar Sports Investments is eigenaar van de Franse topclub.

Platini, nog steeds bezig met het zuiveren van zijn naam, wil hangende de onderzoeken geen vragen beantwoorden. Blatter wel: 'De dag voor de stemming heb ik gebeld met president Obama, om hem te informeren dat het plan om het WK in de Verenigde Staten te houden vermoedelijk niet zou werken. Hij vroeg waarom. Hij had zijn voorganger Bill Clinton, voorzitter van de bid, nog naar Zürich gestuurd, waar de stemming was. Er was zoveel kritiek op Qatar, ook vanwege de omstandigheden voor de arbeiders. Maar in 2022 zal er nog steeds in Qatar worden gespeeld.'

Het is vreemd: velen zijn tegenstander van het WK in Qatar, en toch wordt het WK daar gehouden. 'Ik ben ook hartstikke tegen Qatar,' zegt Michael van Praag. 'Alleen de vraag is nu: waarom heb je dat nooit gezegd? Dat zal ik uitleggen. Als voorzitter van de KNVB ben je lid van de FIFA. Van de hogere politiek van de FIFA ben je als gewoon lid niet op de hoogte. Zelfs niet wanneer je een bid hebt uitgebracht op een toernooi.' Hij kan er dus niet zoveel aan doen. 'Weet je wat het is: wat is het harde bewijs van corruptie? Ik weet niet of er destijds voldoende bewijs was om bij een rechter stand te houden. Daar hebben ze heus naar gekeken. Je kon het WK gewoon in Engeland of Duitsland houden, alsnog, en daar heeft de latere voorzitter Gianni Infantino ook echt wel naar gekeken achteraf, maar het was juridisch onhaalbaar, was de gedachte bij de FIFA. Dat was een strafproces geworden van zeker tien jaar, en dan was het WK allang gespeeld.'

'Wij waren nota bene ook kandidaat, voor 2018, en we zijn ook besodemieterd door Bin Hammam, met wie ik nog bij de koning van België ben geweest. Bin Hammam kwam als FIFA-bestuurder naar ons toe. Wij regelden een gezamenlijk bezoek aan de Belgische koning. Hij was heel aardig, een slijmjurk van de eerste orde. De koning zat twintig minuten apart met hem, kwam terug en zei: "Die stemt voor 2018 op ons." Dat gebeurde dus niet. Later publiceerden media dat ook wij hadden gesjoemeld. We zouden de secretaris van Bin Hammam, Amadou Diallo, tienduizend euro hebben gegeven om hem gunstig te stemmen. We hebben toen 40 duizend euro moeten uitgeven aan een onafhankelijk onderzoek. Daaruit bleek dat we die meneer Diallo 149 euro hadden terugbetaald voor een treinkaartje van Parijs naar Brussel, om het bezoek van Bin Hammam aan de koning voor te bereiden.'

Pas jaren later, in 2017, verschijnt het onderzoeksrapport van de onafhankelijke jurist Michael Garcia in de publiciteit, onder druk van dreigende publicaties. Van de 22 bestuurders van toen zijn er inmiddels 15 van het toneel verdwenen. Geschorst, of opgepakt door de FBI. Zelfs het zeer gedetailleerde rapport toont geen onomstotelijk bewijs van corruptie aan, hoewel het daarvan alle schijn heeft. Het rapport is vooral een langdurige opsomming van onverkwikkelijkheden. Russen laten computers met mogelijk belastend materiaal vernietigen. Bestuursleden zijn in privéjets de wereld over gevlogen en in het zonnetje gezet, in een poging de twee WK's binnen te halen, die een waarde vertegenwoordigen van naar schatting vijf miljard euro. Bestuurders zijn ontvangen door de presidenten Obama en Poetin. Garcia prijst in het rapport de medewerking aan het onderzoek door Nederland en België.

Rusland en Qatar dus. Het WK in Rusland, zonder Nederlands elftal, is een succes. Het WK van Qatar is inmiddels uitgesteld naar de late herfst van 2022, vanwege de temperatuur. De wereld zit opgescheept met een WK in Qatar, inclusief blijvende verhalen over moderne slavernij, over arbeiders uit Nepal, India en Pakistan die dood van de steigers vallen. Alleen: wie denkt dat het WK nog weg te halen is, vergist zich. Van Praag zegt het zo: 'In het voetbal zegt iedereen: politiek en sport zijn gescheiden werelden, waarbij we kunnen uitsluiten dat de Emir van Qatar onze bloedgroep heeft. De manier waarop ze die stadions bouwen en de arbeiders behandelen, is natuurlijk schandalig, al is dan in de loop der jaren onder druk van buitenaf verbetering gekomen in de werkomstandigheden. Alleen: het WK elders houden is allang een gepasseerd station. Ik denk dat Blatter in de beginperiode, toen hij wist welk spelletje was gespeeld, Qatar nog heeft willen stoppen. 'Dat had misschien in het eerste jaar gekund. Maar hoe langer je wacht, des te kleiner de kans van slagen. Nu kun je het niet meer afdwingen. En afgezien van al die bedenkingen heeft Qatar net zoveel recht als Nederland om een WK te houden. Er is ook winst geboekt. Op verzoek van de vakbond FNV heb ik de UEFA gevraagd bij de FIFA aan te dringen op contractueel vastgelegde passages over mensenrechten in de voorwaarden voor het houden van WK's en andere toernooien. Dat is gebeurd. Ook de UEFA heeft dergelijke voorwaarden opgenomen in contracten, inclusief mogelijkheden om te ontbinden.'

Van Praag snapt het goed, de combinatie Qatar en gefronste wenkbrauwen. 'Het was geopolitiek van de FIFA. Ze wilden het toernooi een keer naar het Midden-Oosten brengen. Op die dag van de stemming wisten wij niets van eventuele omkooppraktijken. En ik stel me op het standpunt dat een bestuur een besluit neemt, en dat je je daaraan als lid conformeert. Dan sta je niet op met geheven vingertje. Daarvoor heb je een bestuur gekozen. Na verloop van tijd kwamen we achter zaken over eventuele omkoping, de rol van Bin Hammam, et cetera. We hebben binnen de KNVB vaak gesproken of we stelling zouden nemen. Naar buiten toe verkondigde ik de mening van de organisatie. Als wij als KNVB zouden zeggen: wij gaan niet naar Qatar, dan krijg je de spelersvakbond op je dak. Want je ontneemt spelers de mogelijkheid om geld te verdienen en in de etalage te staan. Je denkt toch niet dat wij dat als KNVB willen. En dan ben je ook nog eens lid van de FIFA. Dan zeg jij dus: wij zijn tegen. De FIFA zegt dan: "Nou fijn, en wat nu?"'

Voormalig directeur betaald voetbal Bert van Oostveen is vooral teleurgesteld in de totale kansloosheid van toen, wanneer hij nuchter terugblikt: '*It's not the man, it's the system*. Je zult het systeem moeten veranderen, om geloofwaardig door het leven te gaan als FIFA.'

Zolang bestuursleden van de FIFA mogen stemmen op het land van de organisatie, bestaat het gevaar van dit soort taferelen. Want al die bestuurders vertegenwoordigen een land, een confederatie. Ze hebben belangen thuis. Van Oostveen: 'Dat soort belangen spelen allemaal mee. Wij stappen daar makkelijk overheen door te zeggen: niet zeuren.' Een professionele directie zou de bids volgens Van Oostveen moeten beoordelen, om dan een keuze te maken. 'Je moet volgens mij af van bestuursleden die in confederaties en in nationale bonden zitten. Dus als je bestuurder van de FIFA bent, ben je professioneel bestuurder van de FIFA. Het bestuur is dan gewoon een toezichthoudend orgaan, dat niet meer gaat over verkoop van tv-rechten en de toewijzing van toernooien.'

Nog één stelling dan: als acht grote voetballanden hadden gezegd: *we gaan niet*, dan was het WK niet doorgegaan. Van Praag: 'Wij als KNVB hebben nooit geprobeerd dat voor elkaar te krijgen. Dat kun je ons kwalijk nemen. Waarbij aangetekend dat de FIFA dan misschien had gezegd tegen die landen: *nou, dan doen jullie maar niet mee*. Het topvoetbal drijft deels op oliegeld, dus de clubs willen dat ook helemaal niet. Het FIFA-bestuur had ook nog kunnen zeggen: we gaan niet. Maar welke claims denk je dat er dan komen? Een rechter zal zeggen dat de meerderheid gewoon op Qatar heeft gestemd. Dan gaat het om statuten, niet om morele afwegingen. Juridisch is de stemming juist verlopen, met Qatar als winnaar, waarbij de verhalen over omkoping niet zijn bewezen.'

Hoe onbevredigend dat ook is.

UEFA

'Ik ben er twee jaar doodziek van geweest'

Tijdens het laatste avondmaal voor het congres in Athene waar de UEFA een nieuwe voorzitter kiest, zitten Michael van Praag en echtgenote Yvonne aan tafel bij de afvalligen. Of, zeg maar: de congresleden die hun stem aan Van Praag wilden geven en al dan niet geruisloos overstapten naar het kamp van tegenkandidaat Aleksander Ceferin.

Athene, 13 september 2016, een zwoele avond. 'We kwamen als laatste de zaal in. Er was alleen nog plaats aan de tafel waar de Zweden, Noren en Denen zaten. Zij gingen voor Ceferin. Toen we vroegen of we bij ze aan tafel mochten komen zitten, zei de voorzitter van de Deense bond, Jesper Møller: "Dat is prima, maar jullie weten toch wel bij wie je dan aan tafel zit?"'

Van Praag beseft dan inmiddels dat hij de verkiezingen van een dag later zal verliezen. 'Sommigen adviseerden me de eer aan mezelf te houden en me terug te trekken. Dat wilde ik niet, uit loyaliteit naar degenen die me bleven steunen.' Hij noemt ze bij voornaam, de loyalen: Geir uit IJsland, Christian van de Faeröer Eilanden, Michael van Gibraltar, François en Paul uit België en Luxemburg, Razvan uit Roemenië, Gutins uit Letland, Bobby uit Bulgarije, Ángel uit Spanje, Andrei uit Oekraïne en een paar anderen. David Gill van de FA uit Engeland zegt tegen hem, op het moment dat duidelijk is dat hij gaat verliezen, als ultieme steunbetuiging: 'The FA does not see any reason to change its position.' Van Praag is ook dankbaar. 'Die loyaliteit zal ik nooit vergeten.'

Yvonne van Praag voelt zich aan de vooravond van de verkiezing zelfs geïntimideerd. Ze komt twee UEFA-medewerkers tegen in het hotel, wanneer de nederlaag zich aftekent. De wandelgangen spreken duidelijke taal. Yvonne: 'Michael had naar Poetin moeten gaan voor steun uit Oost-Europa, zei een van hen tegen me.'

Ze is er nog steeds verontwaardigd over wanneer ze het vertelt. 'Je voelde dat er spelletjes werden gespeeld, op veel hoger niveau dan jij en ik kunnen bedenken. Die twee mannen van de UEFA vielen mij een beetje aan. Ik schrok echt, ben naar mijn kamer gegaan en daar de rest van de avond gebleven. Wat is dit voor wereld, dacht ik. Ze spraken best indringend. Zo van: "Waar is die Michael mee bezig, is hij uit op macht? Hij ziet toch waar het heengaat. Waarom stapt hij niet uit de race?"

Ik zei dat hij dat niet deed omdat hij niet opgaf. Hij wilde het afmaken. Maar hij had volgens die twee dus met Poetin moeten praten. Nou, never nooit. Zoiets zit helemaal niet in het systeem van Michael. En het mag toch ook niet, politieke inmenging in het voetbal? Dat heb ik toen ook gezegd. Een van hen kwam de volgende dag trouwens zijn excuses aanbieden voor het gesprek.'

Van Praag: 'Iemand had al eens eerder tegen mij gezegd: "Michael, als je wil winnen, moet je contact opnemen met de Russische president Poetin, zeggen dat Rusland ongelooflijk belangrijk is en dat één van de Russen vicepresident van de UEFA wordt als Rusland op jou stemt. Dan gaat Poetin wel met de bond praten."' Hij illustreert het verhaal met een anekdote. 'Ik kom in Kazachstan, bij de toenmalige voorzitter van de bond daar, Yerlan Kozagapanov. Op een gegeven moment moesten we onze mobiele telefoons op tafel leggen en op een ander deel van het terras gaan staan. "Je weet maar nooit," zei hij, "misschien worden we afgeluisterd door onze geheime dienst of door de KGB." Hij lachte erbij.'

Elk land heeft zijn wensen. Zo vraagt Kozagapanov hulp om bij de UEFA geld los te krijgen voor stadions in het immense Kazachstan. In een gespreksnotitie schrijft Van Praag: 'Dat is mislukt omdat hij te veel geld nodig heeft en de UEFA geen instelling is voor het geven van een lening van 20 miljoen dollar. Mijn plan voor een infrastructuurfonds is volgens mij zijn belangrijkste drijfveer om mij te steunen.'

Kozagapanov geeft Van Praag ook tips om de verkiezingen te winnen. 'Je speech is cruciaal' – zo staat in het verslag van het bezoek aan Kazachstan. 'Bij verkiezingen is er altijd tien procent twijfelaars. Vijf tot zes landen. Geef aan hoeveel geld je bonden kunt geven. In het oostelijk gedeelte van de landen bij de UEFA is geld voor de bonden zeer belangrijk.' Later zegt Van Praag: 'De voorzitter van de bond in Kazachstan adviseerde mij om de schoonzoon van Poetin, de zakenman Jorrit Faassen, te bewegen zijn schoonvader te bellen met de vraag om steun. Twee telefoontjes waren genoeg. Eén van Faassen naar Poetin, één van Poetin naar sportminister Moetko. Maar wij hebben hier in een hangar een kapotgeschoten MH17 liggen.' Hij doelt op het passagiersvliegtuig dat in juli 2014 is neergehaald boven Oekraïne, met pro-Russische separatisten als verdachten, met 298 doden tot gevolg, van wie 193 Nederlanders. 'Je denkt toch zeker niet dat ik contact met Rusland zou opnemen om voorzitter van de UEFA te worden. Ik had me nergens meer kunnen vertonen. Weg reputatie van mezelf en van de KNVB. Maar het werd dus van twee kanten voorgesteld.'

De UEFA heeft in 2016 vrij onverwacht een nieuwe voorzitter nodig, na het gedwongen vertrek van Michel Platini. Dat is een tik voor de Europese voetbalbond. Platini is beroemd en populair. Hij is altijd beschouwd als de ideale opvolger van Sepp Blatter bij de FIFA, maar zijn loopbaan in het topvoetbal slaat abrupt kapot op de klippen van verdenkingen. Van Praag herinnert zich nog dat Platini om spreektijd vraagt nadat hij is afgetreden, op het congres van de verkiezing in Athene. Zijn opvolger Ceferin geeft hem tien minuten. Van Praag: 'Ik had zo met Michel te doen. Hij kwam vanaf rechts binnen, liep naar het podium en vertelde zijn verhaal voor zijn vrienden in de zaal. Hij zei bye bye. Ik zag hem weglopen. De carrière van de grote Michel Platini, die zich als voetballer, trainer en bestuurslid had opgewerkt tot UEFA-president, was zomaar weg. Hij was zo eenzaam. Het was zo sneu. Achter iedere functionaris schuilt een mens.'

Met Platini viert het opportunisme binnen de UEFA hoogtij – het zij gezegd. Van Praag memoreert een bestuursvergadering in Turkije, dat het EK van 2024 wil houden. Normaal volgt een procedure met een bieding, strenge voorwaarden en concurrentie met andere landen. 'Michel is een Fransman, die de UEFA leidde vanuit de onderbuik. Hij stelde voor Turkije het EK te geven. We waren er toch. Dat is echt zijn vriendelijkheid. Maar het kan niet.'

De periode van Platini als voorzitter van de UEFA eindigt dus op dramatische wijze. 'Maar het is wel zijn eigen schuld.' Platini stapt op na een verdachte betaling door FIFA-voorzitter Blatter van 1,8 miljoen euro. Van Praag: 'Jaren later weten we beter wat daarachter zat. Het niet meteen uitbetalen was bedoeld om Michel koest te houden, zodat hij zich niet zou kandideren. Hij heeft voor dat geld gewerkt in 2000. De FIFA stelde alleen op dat moment geen geld te hebben om hem te betalen. Maar je gaat dan niet veel jaren later zeggen: oh ja, ik was vergeten dat ik nog 1,8 miljoen kreeg. Dat vraagt dan om gedegen uitleg. En waar hebben we het over: 1,8 miljoen voor twee jaartjes werken, voor een beetje adviseren en rondreizen namens de FIFA. Het was gewoon een gentleman's agreement. Sepp wilde hem met die uitgestelde betaling nog even in de wachtkamer zetten. Michel had het bestuur gewoon moeten inlichten. Zo van: collega's, jullie moeten weten dat ik in 2000 twee jaar voor de FIFA heb gewerkt; dat geld is toen niet uitbetaald en dat heb ik nu gekregen. Maar nee, hij verzweeg dat, totdat het uitkwam. Hij had de tijdgeest tegen en de schijn tegen. Desnoods had hij het geld teruggegeven. Dat heeft hij allemaal niet gedaan.' Bert van Oostveen, toenmalig directeur betaald voetbal van de KNVB: 'Het was heel ongezond en exemplarisch voor die tijd.'

Van Praag: 'We waren bij een speciale bijeenkomst in Nyon en kregen een gepolijst verhaal te horen van een strafpleiter die hij in de arm had genomen. Dat het niet waar was en dat er niets aan de hand was. Dat was niet de manier om het UEFA-bestuur te benaderen. Michel heeft dat gewoon stom opgelost. Als hij dat goed had gedaan, was hij nooit geschorst en was hij nu misschien FIFA-president geweest. Hij was zo populair in de wereld. Hij kon met iedereen goed omgaan en hij was attent. Hij was een prima president. Hij was charismatischer dan Gianni Infantino, die in plaats van hem FIFA-voorzitter werd. Gianni was veel meer op de inhoud, en dus feitelijk een betere president. Ik heb acht jaar met hem samengewerkt toen hij secretaris-generaal was van de UEFA. Wij hebben als UEFA-bestuur gevraagd of hij het wilde doen. Wij wilden niet dat een Afrikaan, een Zuid-Amerikaan of een Aziaat voorzitter werd, want dan hadden we het kunnen schudden als Europa. Europa is helemaal niet populair in het wereldvoetbal. Gianni wilde het eerst niet doen, mede omdat hij dacht geen kans te hebben. Hij ging reizen en wist mensen voor zich te winnen, want dat kan hij erg goed.'

'Platini was een goede voorzitter voor de UEFA. Hij heeft veel voor het voetbal gedaan, voor de kleine landen ook. Hij heeft het Hattrick-hulpprogramma opgepoetst. Hij is de man achter de Nations League. Hij heeft het Europese clubvoetbal gepromoot, met meer ruimte voor de kleinere landen. Hij heeft toenadering gezocht met de European Club Association (ECA), waarna uiteindelijk twee leden van de ECA in het UEFA-bestuur zijn gekomen. Want als je de grote clubs laat meepraten, is de kans op een scheiding in het voetbal veel kleiner en het draagvlak groter. Hij kwam met het idee om het EK van 2020 in dertien verschillende landen te houden, omdat de UEFA zestig jaar bestond. Platini is een vedette. Bij hem was het altijd voetbal eerst. Hij kwam overal. Hij was actief bij de EU. Ik ben veel namens hem in Brussel geweest, in de Europese Taskforce, om zaken te bepleiten. Ik was de afgezant van Platini. We probeerden onder meer werkgevers en werknemers in de sport bij elkaar te brengen in de EU. Financial Fair Play is ontstaan, en dat werkt heel goed, ondanks de kritische gedachten van de buitenwereld. De Europese clubs samen verloren 1,5 miljard per seizoen, nu maken ze gezamenlijk winst in normale tijden zonder corona en moeten ze voldoen aan allerlei voorwaarden. De clubs hadden onderling voor 75 miljoen aan niet-betaalde rekeningen uitstaan, van transfers. Nu nog maar drie miljoen. De Europa League is opgepimpt.'

Van Praag en Platini kunnen in die tijd goed door één deur. Platini benut zijn vice-voorzitter uit Nederland ook op diens sterke punten. Van Praag noemt zaken waarin hij een actieve rol heeft gespeeld. 'Ik ben initiatiefnemer van de UEFA Youth League, en daar ben ik echt trots op. Eerst deed een commerciële organisatie dat, Next Gen. We wilden het zelf doen, want het ging ons om de opleiding en het laten opdoen van internationale ervaring door jonge spelers. Inmiddels is die competitie een succes. Alle clubs doen inmiddels graag mee. Ik heb het vrouwenvoetbal gepromoot, Gibraltar geholpen lid te worden van de FIFA, me sterk gemaakt tegen racisme. Als ik terugkijk, ben ik tevreden.' Van Praag trad dit voorjaar af als bestuurslid van de UEFA.

Theodore Theodoridis, secretaris-generaal van de UEFA, prijst hem voor al die jaren, voor zijn werk in al die commissies, als bestuurslid en als vice-voorzitter. 'Michaels grootste verdienste was zijn immense ervaring, die hij meenam als voormalig voorzitter van Ajax, van de profcompetitie in Nederland en van de KNVB. Als ik zijn erfenis mag omschrijven, zou ik dat graag in twee delen willen doen. Hij heeft voor Nederland grote evenementen binnengesleept, de finale van de Europa League, het EK voor vrouwen in 2017 en Amsterdam als een van de gaststeden van het EK. Voor de UEFA heeft hij veel betekend bij het verbeteren van stadions in zijn algemeenheid en bij de veiligheid rond het voetbal. Maar zijn grootste, tastbare erfenis is de creatie van een nieuwe competitie, de Youth League. Michael was echt de drijvende kracht achter deze Champions League voor jeugd.'

Van Praag is sinds 1998 bij de UEFA betrokken geweest, eerst in een werkgroep voor de toekomst. Hij is dan al vooraanstaand bestuurslid van de G14, de rebellenclub van topclubs die opstaat tegen de UEFA. Hij neemt zitting in steeds meer commissies. In 2000 stelt hij zich kandidaat voor de Club Competitions Committee, de belangrijkste commissie van de UEFA. In 2002 maakt hij zijn entree in de Stadium and Security Committee, waar zijn interesse ligt. Vanaf 2002 is hij voorzitter van die commissie. Hij bezoekt Europese wedstrijden als afgevaardigde ('Delegate') van de UEFA. Dat is in zijn ogen de mooiste job, ervoor zorgen dat alles rond een wedstrijd goed verloopt. 'Als bestuurder heb je normaliter weinig te maken met het voetbal zelf. Als Delegate spreek je met de scheidsrechters. Je zorgt ervoor dat alles goed is geregeld, dat teams fatsoenlijk kunnen trainen. Ach, ik heb zo vaak meegemaakt dat de thuisspelende club de trainingen van de bezoekende club verpestte. Dan moet je optreden. Als er gedonder is, bel je via de hotline naar Nyon en worden er besluiten genomen. Je was soms een soort detective. Ik heb echt leuke dingen meegemaakt.'

Van Praag doelt op bijvoorbeeld inspecties van stadions. Fenerbahçe wilde niet voetballen in het stadionnetje van de Faeröer Eilanden. 'De vertegenwoordiger zat op de tribune maar te mopperen op de UEFA; dat dit soort teams moesten worden uitgesloten. Daar doe je dan iets aan als Delegate, want zo'n klacht is onzinnig. En ik kocht stiekem bier in het stadion van Standard Luik om te proeven of het wel alcoholvrij was, want bier met alcohol was verboden.'

In zijn commissiewerk loopt Van Praag warm voor een bestuursfunctie bij de UEFA. Na de dood van Jeu Sprengers in 2008 wil de KNVB de plek in het bestuur behouden. Van Praag loopt dan al bijna tien jaar mee. 'Ik heb een week nagedacht of ik in dat bestuur wilde, want dan moest ik stoppen als Delegate, waardoor ik al die leuke dingen niet meer zou meemaken en verder van het spelletje kwam te staan. Uiteindelijk stelde ik me kandidaat en ben ik gekozen, onder voorzitter Platini. Ik weet nog dat ik voor het eerst binnenkwam als bestuurslid. Daar lag mijn naamkaartje dat ik kon dragen: *Michael van Praag, guest*. Opeens komt Platini naar me toe. Hij trekt dat kaartje van mijn jasje en zegt: "Jij bent geen gast. Ze horen hier te weten dat jij lid bent van het bestuur. Jij draagt nooit meer een badge." Dat was een beetje de manier waarop Platini zich gedroeg. Hij verwachtte respect en gaf respect.'

In 2015 is Van Praag voorzitter van de Club Competitions Committee. 'Toen kregen we dat wangedrag van 400 supporters van Feyenoord in Rome. Bij elke volgende vergadering van het bestuur (de EXCO; *red.*) ging het over veiligheid, over Rotterdam en over Feyenoord. Platini keek mij dan aan alsof ík die rellen had veroorzaakt. Toen besloot ik mijn verantwoordelijkheid te nemen. Ik vroeg of ik die mooie club-commissie kon verlaten en inruilen voor de Stadium and Security Committee. Terug op het oude nest. Verschrikkelijk leuk maar verantwoordelijk werk. Trainingen voor bonden, clubs, overheden, politie en supporters, inzake crowdmanagement, contraterrorisme, enzovoort. We gaven vooral voorlichting over de gevaren van vuurwerk en de bestrijding daarvan.'

Ja, hij weet dat supporters boos zijn omdat hij fel gekant is tegen het gebruik van vuurwerk in stadions. *No pyro, no party* – dat is hun kreet. Hij weet wel beter. 'Voor aanvang van onze masterclasses en seminars vindt meer dan vijftig procent dat het veilig kan, vuurwerk in stadions, maar na afloop is dat minder dan tien procent. Vuurwerk in stadions kan niet op een veilige manier. Het is levensgevaarlijk. 1500 tot 2000 graden, zo heet zijn die fakkels. Spetters op je kleren, met gevaar dat ze vlam vatten. Giftige rook. Die fakkels zijn bedoeld voor op zee. De minimale veilige afstand is vijf meter. En die dingen worden soms naar de doelman gegooid. Spits Lewandowski heeft zo'n fakkel bijna tegen zijn hoofd gekregen. Wat denk je dat er gebeurt als iemand zijn gehoor verliest en zijn of haar loopbaan moet beëindigen? Wie betaalt dan? De thuisspelende club is aansprakelijk. Dan kan de leiding voor de rechter komen. Laat staan wat er gebeurt als er doden vallen.'

Van Praag waakt over veiligheid en houdt van stadions. Zo komt hij ook tot zijn gewraakte tweet met dat ene woord – 'indrukwekkend' – over Bakoe, voor de Europese finale van 2019 in de Europa League. 'Een leeg stadion is zo mooi. Een lege Kuip, een lege Arena, een leeg Wembley. Je fantaseert over de power als het vol is, met geluid, beweging en vlaggen. Dan is een stadion een monster, in de positieve zin des woords. Een slapende reus die ontwaakt wanneer de mensen binnenkomen. Dus ik kwam daar aan in Bakoe, en het stadion is zo mooi, qua architectuur en belichting, qua geluid ook. Ik vond het echt indrukwekkend. Als ik daar bij had gezet dat ik dat deed als voorzitter van de Stadium and Security Committee, was er niets aan de hand geweest. Nu twitterde ik alleen: 'Indrukwekkend.' Hij krijgt de goegemeente over zich heen. Wat nou, indrukwekkend, een finale in Bakoe, met supporters die nauwelijks die kant op kunnen reizen.

Hij houdt de rug recht. 'Bakoe heeft net zoveel recht op een finale als de Arena. Het is alleen een end weg. Voor de mensen daar is het ook fantastisch om Arsenal en Chelsea te zien voetballen. De supporters riepen: schande, er mogen maar vijfduizend supporters per club mee. Maar zo was het helemaal niet. Het geval wilde dat beide clubs dezelfde reisorganisatie als sponsor hadden. Thomas Cook. En Thomas Cook had maar voor tienduizend plaatsen vliegtuigcapaciteit. Dat was de reden. En dan gaan ze het op Bakoe gooien, en 'UEFA-maffia', maar dat is allemaal ongefundeerd geklets en verdachtmakerij. Ja, en dan kom ik nog met mijn foto – 'Indrukwekkend.' Dan zijn de rapen gaar. Dat begrijp ik ook wel, dan word je uitgescholden, en zo. Dan kan ik wel zeggen dat het anders zit, maar dat werkt dan niet meer. Dan ben je weer in een hokje gestopt.'

Zo krijgt hij ook geregeld kritiek in zijn twaalf jaar als bestuurslid. Waarom heeft hij als vooraanstaand lid van het Club Competitions Committee niet weten te voorkomen dat de grote landen opeens automatisch vier clubs mogen afvaardigen naar de Champions League? 'Dat heeft mij ook veel stemmen gekost bij de verkiezingen. Wat was er aan de hand? Iets dat eigenlijk nog steeds speelt. Juventus en Real Madrid waren bijna voortdurend bezig met een breuk met de UEFA, door het willen opzetten van een eigen, gesloten competitie. Dat geschil liep op in 2015-2016, en ik was destijds vice-voorzitter van de commissie. Karl-Heinz Rummenigge van Bayern was er ook bij betrokken, al was Bayern gematigder. De clubs schermden met financiers uit Amerika, ze konden 250 miljoen per jaar per club krijgen. Er was veel druk. *We gaan weg*, zeiden die clubs, met als reden dat er meer geld te verdienen was.'

'David Gill, voormalig directeur van Manchester United en nu bestuurslid van de FA, en Fernando Gomes, voorzitter van de Portugese voetbalbond, beiden ook bestuursleden van de UEFA, voerden met mij gesprekken met de clubs. Ook de directeur competities en de secretaris-generaal van de UEFA waren bij dat overleg betrokken. We beloofden te proberen de inkomsten van de Champions League te verhogen, om de clubs te laten blijven. De enige manier om die verhoging te realiseren, zo rekenden marketeers ons voor, was door de clubs uit de beste vier landen één plek meer in het hoofdtoernooi te bieden. En waarom? Omdat de tv-zenders van de vier toplanden vijftig procent van de tv-gelden inbrengen. Die zenders wilden wel veel meer betalen, maar onder voorwaarde dat ze tot ver in het toernooi eigen clubs in het toernooi hadden. Dat was het breekpunt in de onderhandelingen. Door die wens in te willigen konden we de kikkers in de kruiwagen houden en was het gevaar van een eigen competitie van de superrijken geweken. We hebben elkaar de hand gegeven in een zaaltje op het vliegveld van Zürich, na afloop van hoogoplopende discussies. Vice-voorzitter Pedro Jiménez van Real Madrid stond te schreeuwen: "Wij zijn Real Madrid, waarom zouden wij solidair zijn? Wij kunnen het zelf wel!" Zo ging dat. Het was heel hard met de hand op tafel slaan.'

'Rummenigge heeft een goede rol gespeeld, en *Kalle* is mijn vriend. Ik ben nog een keer bij hem geweest van tevoren. Hij vroeg hoe hij kon helpen een scheuring te voorkomen, want hij wilde helemaal niet weg uit de Bundesliga. Lang verhaal kort: dat heeft allemaal invloed gehad op mijn verkiezingen, bij de UEFA en ook bij de KNVB. Al die besluiten nam de UEFA contrecoeur, want je ziet wat de gevolgen zijn: elke keer dezelfde clubs in de kwartfinales. Maar het budget is inmiddels wel 3,5 miljard, in plaats van toen 2,3 miljard. Het teleurstellende is dat sommige clubs opnieuw beginnen over afsplitsing. Zo zei voorzitter Bartomeu bij zijn afscheid van Barcelona dat zijn club zich heeft gecommitteerd aan de nieuwe competitie. Dat noem ik verraad, want hij zit ook in het Club Competitions Committee en daar zegt hij altijd dat de Champions League zo goed is. Intussen doet hij achter de rug om van de UEFA wat anders. Ik heb toen ook een sms gestuurd naar competitieleider Giorgio Marchetti, met de mededeling dat ik dit verraad vind van Bartomeu. Hij antwoordt dan: "Ja Michael, wat moeten we nog zeggen? We hebben het budget met een miljard verhoogd, iedereen was tevreden, ze mogen met alles meepraten, en achter je rug om zijn ze weer met van alles bezig."'

'Ik snap best dat ik de schijn tegen had, maar we zaten in een moeilijke onderhandelingspositie. Het was: we vertrekken, tenzij... Ik begrijp ook dat de Nederlandse clubs zeiden: wat heb jij daar zitten doen? Nou, dat heb ik ze uitgelegd. Maar wat kan ik in mijn eentje? De steen rolde van de berg af en was niet tegen te houden. Het was de enige manier om de honger van de clubs te stillen. En de enigen die uiteindelijk profiteren zijn de spelers, want die clubs hebben het geld nodig om idiote salarissen te betalen. Het is een opwaartse spiraal die de clubs zelf blijven voeden. Messi meer dan honderd miljoen per jaar. Waar hebben we het over? Een voetballertje, met alle respect.

Als alle clubs in grotere competities vanaf morgen 25 procent minder salaris betalen, hebben de voetballers nog steeds een wereldsalaris en zijn de clubs uit de financiële problemen. Maar ze poken elkaar op, in het spel met de zaakwaarnemers. En het lukt de clubs maar niet om met elkaar te zeggen dat ze stoppen met dit systeem. Het argument is steeds dat er altijd iemand zal zijn die zich toch niet aan de afspraken houdt. Dus doen we maar niets.'

Van Praag vraagt in die tijd aan secretaris-generaal van de UEFA Theodore Theodoridis de beslissing over de andere opzet van de Champions League uit te stellen, want de besluiten vallen vlak voor de verkiezing van de nieuwe voorzitter. Zijn tegenkandidaat Ceferin trekt voordeel uit de situatie, ook omdat veel landen willen breken met de oude garde in het bestuur. Ze willen vernieuwing. Uitstel blijkt onmogelijk. 'Ik wist toen overigens nog niet dat er toch al een meerderheid was voor Aleksander. Ik had al verloren. Ik weet nog dat alle bonden furieus waren, tijdens het congres op de dag voor de verkiezing in Athene. Normaal is er allerlei overleg van te voren, nu was dat niet gebeurd. De bonden werden als laatste geïnformeerd. De UEFA had onvoldoende gecommuniceerd. David Gill verdedigde na de verkiezing de nieuwe opzet met verve. Hij werd vreselijk onder vuur genomen. Deze zaak heeft mij zeker niet geholpen.' Want Van Praag, een van de vicevoorzitters van de UEFA, is dus kandidaat-voorzitter voor de opvolging van Platini, al verliest hij kansloos van Ceferin. 'Wat ik nu ga vertellen, doe ik niet omdat ik gefrustreerd ben. Wij hebben in Aleksander een fantastische president. Ja, hij was outsider. Ja, hij was onbekend en voorzitter van een kleine bond. Ja, hij is van de Balkan. Kort van stof. Daaraan moesten wij wennen. Doordat hij waar hij dat nodig acht autoritair optreedt, krijgt hij meer voor elkaar. Maar we hadden veel en goed contact met elkaar tijdens onze verkiezingsstrijd. Ik heb fouten gemaakt en ik begrijp waarom hij president is geworden en ik niet. In het begin verliep onze relatie stroef, maar nu is hij een vriend. Hij doet het grandioos.'

Alleen knagen toch de onvrede en de teleurstelling over de periode voor de verkiezingen, waarin opeens veel landen overlopen naar het andere kamp, terwijl die landen eerst openlijk hebben toegezegd hem te steunen. Hoe kan dat? Waarom? Door de Russen? Door beloftes? Het is nooit helemaal duidelijk geworden.

Van Praag neemt thuis in Aerdenhout een recent boek van Peter Ceferin uit de kast. De vader van Aleksander verzette zich tegen het feodale rechtssysteem in Slovenië, dat voorheen behoorde tot Joegoslavië. 'Daardoor is de rechtspraak democratischer en westerser geworden. Aleksander was ook strafpleiter, een hele goede. Strafpleiters zijn andere types dan gewone advocaten. Ze verdedigen soms enorme criminelen. Het zijn rechttoe rechtaan-figuren. En natuurlijk moest ook hij wennen aan zijn nieuwe rol. Het voetbal heeft ook mensen nodig die zeggen hoe we het gaan doen. Hij werkt hard en organiseert het voetbal goed. Het voorzitterschap is hem overkomen. We gaan goed met elkaar om, de vrouwen ook. En als je aan verkiezingen meedoet, moet je ook tegen je verlies kunnen.'

Ja, graag had hij afscheid genomen als voorzitter. Het mocht niet zo zijn. In 2012 heeft Van Praag al een keer met Theodoridis overlegd, met de vraag of hij op enig moment de opvolger kan worden van Platini, die dan al op de rol staat voor het voorzitterschap van de FIFA. De Spanjaard Ángel Villar is dan de belangrijkste potentiële opvolger van Platini. Met onder anderen Theodoridis bespreekt Van Praag in december 2012 de tactiek. 'Ik vind dat de UEFA eigenlijk een jongere president moet hebben,' antwoordt Van Praag op een vraag van de Griek naar zijn belangstelling. Uit het besprekingsverslag van toen: 'Ángel kan alleen *loekie loekie* en *I am happy* in het Engels zeggen en gedraagt zich vaak als popie jopie.' Eventueel wil Van Praag het wel doen, mocht het zover komen. 'Alles beter dan Ángel.'

Het grote lobbyen begint een paar jaar later, nadat Platini daadwerkelijk is vertrokken, al is het dan niet naar de FIFA maar naar de uitgang. Lobbyen en proberen te overtuigen. Op 22 april 2016 bezoekt Van Praag een vergadering van de Finse bond, die hij in zijn portefeuille heeft. 'Daar zei de toenmalige voorzitter Pertti Alaja dat hij vond dat ik de nieuwe voorzitter moest worden. Een week later stond hij in Mexico voor Ceferin te lobbyen. Waarmee ik wil aangeven dat ik niets tegen wie dan ook heb, maar dat er wordt gelogen en bedrogen in die wereld.'

Een sleutelfiguur is Karl-Erik Nilsson, voorzitter van de Zweedse bond en voorheen internationaal scheidsrechter. 'Hij kwam in Finland naar me toe en zei: "Michael, mede namens het bestuur van de Zweedse bond zou ik het mooi vinden als jij de periode van Platini afmaakt. Nog 2,5 jaar. Daarna kan Ceferin instappen. Ga jij nou eens met Ceferin praten over dat idee. Eventueel kun jij hem inwerken, als je dat wil, want hij is pas twee jaar voorzitter van de Sloveense bond."'

Een nieuwe voorzitter is prioriteit van veel bestuursleden, want interim Villar bevalt slecht. Hij leidt vergaderingen chaotisch, komt geregeld niet opdagen en gaat solistisch te werk. 'Ik wilde koste wat kost voorkomen dat Ángel Villar de nieuwe voorzitter werd. Gelukkig is dat gelukt, want in Spanje loopt inmiddels een rechtszaak tegen hem. Die is nog steeds niet afgerond.'

Van Praag bereidt een speech voor en verrast zijn collega's op de vergadering van 2 mei 2016 met zijn kandidatuur. Hij wil de eerste zijn die plannen ontvouwt, ook om Ángel Villar de pas af te snijden. 'De beste kandidaat was David Gill, jarenlang ceo van Manchester United. Hij was mijn droomkandidaat, maar hij wilde niet. Ik wist ook dat ik het maar 2,5 jaar wilde en kon doen, want 70 jaar was de leeftijdsgrens.' In zijn toespraak benadrukt Van Praag zijn ervaring. Hij spreekt vloeiend Engels, Frans en Duits en leeft al jaren op goede voet met sleutelfiguren in het internationale voetbal, variërend van voorzitter Rummenigge van de ECA tot secretaris-generaal Theo van Seggelen van de internationale spelersvakbond FIFPro en voorzitter Rob Jansen van de internationale bond van zaakwaarnemers. 'Mijn voorstel is dan om de termijn van Michel Platini uit te dienen, om te doen wat gedaan moet worden en het pad te plaveien voor de persoon die het van me overneemt in 2019.' Zo vertelt hij het ook op het congres. Hij voegt nu toe: 'Ik heb enkele collega's toen onaangenaam verrast, want ik overviel ze met mijn voorstel. Maar als ik op Ángel had gewacht en me daarna pas had gekandideerd, had ik me gekeerd tegen een collega-bestuurslid. En dat is not done.'

Op 23 mei reist Van Praag naar Aleksander Ceferin, in Ljubljana. Ze kennen elkaar oppervlakkig, al weet de Nederlander dat Ceferins invloed op de Balkan groot is. 'Hij zei: "Michael, ik was nooit van plan kandidaat te zijn, maar ik ben gevraagd. En dat voorstel van Karl-Erik Nilsson, om jou na 2,5 jaar op te volgen, zie ik niet zitten. Ik voel nu veel steun." Hij vertelde dat Gianni Infantino hem steunde, en Karl-Erik Nilsson had zelfs al voor hem getekend. Ik wilde het gewoon niet geloven, want Karl-Erik had mij juist voorgesteld het 2,5 jaar te gaan doen, en dan de weg vrij te maken voor Aleksander. Aleksander zei ook, en dat is eerlijk, dat de UEFA een nieuwe wind nodig had en dat ik van de oude garde was. Villar had aan Ceferin ook een deal voorgesteld, om Van Praag weg te krijgen. Hij, Villar, zou dan 2,5 jaar voorzitter zijn, totdat Ceferin hem zou opvolgen. Tijdens de verkiezingscampagne heb ik een paar keer een sms van Aleksander gekregen, waarin hij meldde dat Villar weer heel onaardige dingen over mij zei. Dat begreep hij niet. We zaten al jarenlang samen in het bestuur. Dan zei ik tegen Aleksander: "Tegen mij doet Villar precies hetzelfde, maar dan over jou." Het was ook wel weer mooi eigenlijk. We waren tegenstanders, maar we hadden geregeld contact.'

Ceferin denkt daarover hetzelfde, zo schrijft hij in een mail, waarin hij kort ingaat op zijn relatie met Van Praag. 'Hoewel we bij de verkiezing voor het voorzitterschap van de UEFA tegenstanders waren, koesterden we groot onderling respect.'

Slovenië is de brug tussen West en Oost. Scandinavië verschuift de aandacht naar Ceferin, juist om die nieuwe wind en de nieuwe start. Van Praag gaat nog meer reizen, om te lobbyen voor zijn kandidatuur. Hij vliegt naar landen waar voorzitters zeggen het onbegrijpelijk te vinden dat een onervaren kandidaat zonder netwerk als Ceferin zich kandidaat kan stellen. Hij bezoekt voorzitter Aziz Yıldırım van Turkije, die zelfs vindt dat het hele UEFA-bestuur moet opstappen. De Turken zullen op Ceferin stemmen, omdat hij uit de regio komt.

Van belang is 28 mei, de dag van de finale van de Champions League in Milaan, door Real Madrid na strafschoppen gewonnen van stadgenoot Atlético. De Noord-Europese landen komen bij elkaar in vergadering. Zij spreken hun voorkeur uit voor Ceferin. Infantino zou voorstander zijn van die keuze. Het

Noorse tijdschrift *Josimar* schrijft uitgebreid over de verwikkelingen. Het artikel gaat onder meer over overleg tussen de bestuurders van die landen uit het noorden en Ceferin, waarbij de Noor Kjetil Siem als verbindingsman dient. Siem, dan nog secretaris-generaal van de Noorse bond, wordt later strategisch adviseur van FIFA-voorzitter Infantino.

Van Praag: 'Ik ben toen zelfs nog naar Gianni's kamer geweest om te vragen of dat klopte, van die steun. Het zou heel dom zijn geweest als hij zich zo in de strijd had gemengd. Gianni ontkende en ik geloof hem. Maar het verhaal ging. In de bar trof ik een emotionele Geir Thorsteinsson van IJsland. Hij sprak er schande van dat de andere noordelijke landen hun principes verkwanselden. Het was een overval. Uiteindelijk hebben IJsland en de Faeröer wél op mij gestemd. Ik had Noorwegen jarenlang in mijn portefeuille. Gaan ze opeens voor een ander, zonder mij te informeren. Karl-Erik Nilsson kwam nog naar mijn kamer om te vertellen dat ik de ommezwaai niet persoonlijk moest opvatten. Hij zei te hopen dat het niet ten koste zou gaan van ons persoonlijk contact. Eerst zei ik dat het dat wel zou doen, maar later heb ik dat teruggenomen, toen ik wat was bedaard. Want ik heb ook wel respect voor hem, zeker omdat we allebei scheidsrechter waren, waardoor we een speciale band hadden. Maar ik begreep het niet. Nog steeds niet.'

Josimar schrijft dat de Noord-Europese landen kunnen rekenen op de spoedige organisatie van een EK, als ruil voor hun steun.

In de tijd dat de kansen beginnen te keren ten gunste van

Ceferin, plaatst Van Praag een tweet, op aanraden van zijn campagneleider Marjolein Kampschreur, die gewend is te werken in de veel pittiger wereld van de politiek, waar de achterkamertjes vaak zijn verlaten en de strijd zich openlijk afspeelt, in de spotlights van de arena. De tweet luidt, in vertaling: 'We hebben een eerlijke leider in het voetbal nodig, geen naar macht hongerende politicus. Iemand die je kunt vertrouwen.' Kritiek daalt op hem neer. Ze denken dat hij op Ceferin doelt, maar het is meer een algemene kreet, gericht tegen het vermoeden van Russische invloed op de verkiezingen. Ceferin is immers jurist, geen politicus.

Kampschreur: 'We kregen steeds meer het idee dat het allemaal doorgestoken kaart was, dat het een soort Eurovisie Songfestival was met allerlei verbonden, door Rusland opgezet. Er moest echt iets gebeuren om de winst nog te kunnen pakken. De kansen slonken. In diezelfde periode was er die publicatie in *Josimar*, dat Noorse blad van onderzoeksjournalistiek. Als het allemaal waar was wat daarin stond, zou de voetbalwereld dat niet moeten pikken. Het bood kansen voor ons. Maar het bericht bleef klein. Na een paar dagen besloten we het vuurtje wat op te poken en kwam ik met de suggestie van die tweet, die achteraf misschien te scherp was gesteld. We wilden dat de media het oppakten, door te stellen dat de UEFA geen politicus nodig had, geen wat kille man van buitenaf, maar een bruggenbouwer. Een type als Michael. Maar de tweet leverde nogal wat ruzie op. Zo van: wat is dit voor een aanval. Die harde aanpak van elkaar zijn ze niet gewend in het voetbal. Voetbal is toch nog meer een wereld van achterkamers en herenakkoorden. Je valt elkaar niet af onder de schijnwerpers. En het was ook wel moeilijk om die wereld te doorbreken met een man als Michael, die al jaren onderdeel uitmaakte van die wereld.'

Van Praag: 'Marjolein legde me de tweet voor en ik was het ermee eens. Ik draag zelf de verantwoordelijkheid en heb het bericht zelf geplaatst. Maar nu weet ik dat ik dat nooit had moeten doen. Ik legde Aleksander tijdens de race nog uit hoe ik het bedoelde. Hij wist net als ik dat het een fout van mij was die me stemmen zou kosten.'

Van Praag begrijpt dat ook de korte termijn van zijn eventuele zittingsperiode hem parten speelt. 'De enige die dat eerlijk tegen me zei, en die dus meteen toegaf dat hij niet op me zou stemmen, was voorzitter Aivar Pohlak van Estland.' Hij blijft landen en bonden bezoeken, hij blijft praten met voorzitters. Met Reinhard Grindel bijvoorbeeld, van de Duitse bond, die het EK voetbal van 2024 wil houden en die bij het uitgeleide doen nog terloops zegt dat hij een president wil die hem daarmee behulpzaam kan zijn. Van Praag: 'Ik heb hem niets toegezegd. Ik had, gezien onze relatie, echt op de Duitsers gerekend. Maar ik werd in de auto gebeld door Grindel, dat ze toch op Ceferin stemden en dat ze dat een uur later gingen bekendmaken. Hij vertelde dat het in hun vergadering eerst mijn kant op ging, maar dat de stemming plotseling keerde. Met drogredenen over mijn programma, maar misschien had dat ook aan de vertaling gelegen, zei hij.'

Het is sowieso een avontuurlijke tijd, waarbij Marjolein Kampschreur hem bijstaat. Ze noemt het een gekke campagne. Snel werken, met een heel specifieke doelgroep: 54 bonden. Wat willen ze? Hoe zullen ze die benaderen? Wat schrijven ze in een mail om steun? Ze reist geregeld mee, naar Georgië, Moldavië, Athene, Londen en Kopenhagen. Ze geniet, en ze verbaast zich ook over de wondere wereld van het voetbal. 'Michael kende iedereen en ook hij genoot. Ik herinner me een boottocht over de Donau, met een zigeunerorkest. Overal werden we verwend en als koningen ontvangen, ook in landen die niet op Michael zouden stemmen. Maar overal was gastvrijheid en hoffelijkheid, al viel dat ook uit te leggen als berekening, want stel dat de stemming uiteindelijk toch onze kant op zou vallen. Maar ik heb geen rare dingen gezien. Ja, bonden vroegen aandacht voor *futsal* bijvoorbeeld, en dan hoopten ze op een bedrag om plannen te verwezenlijken. Maar zo werkt dat nu eenmaal. Sommigen denken dat de UEFA de bank is van de bonden, en de UEFA is loaded, die heeft zoveel geld. Ik heb eens iemand horen zeggen dat de UEFA van plan was vliegtuigen te kopen, om zo een eigen vloot op te bouwen en daarmee kosten voor de clubs te besparen. Dat is soms gewoon megalomaan.'

Hoewel ze soms twijfelen over de kansen op winst in de verkiezing, reist Van Praag kriskras door Europa om stemmingen te peilen. Hij raakt dan geregeld teleurgesteld. Hij bezoekt een bevriende voorzitter. Voorkomende man. Schitterende gastheer. 'Toen Aleksander zich kandidaat stelde, gaf hij alleen maar op hem af. *Wat kan hij nou? Hij heeft geen ervaring, geen netwerk. Hij is te jong, komt net kijken.* Zo ging het op vele plekken.' Kort na een vergadering waar de kandidaten Ceferin, Villar en Van Praag een presentatie geven, arriveert een persoonlijke brief in Zeist, met de mededeling dat de bewuste voorzitter toch zal stemmen op Ceferin; vanwege diens leeftijd vooral. Ceferin is twintig jaar jonger dan Van Praag, die een brief terugstuurt waarin hij geen geheim maakt van zijn teleurstelling. 'Je hebt me, als medebestuurslid, in de prullenbak laten vallen. Als excuus kom je met de leeftijdslimiet. Ik heb al gezegd dat ik die wil verhogen, want in Europa wordt een leeftijdslimiet als discriminatie gezien, zodat ik 6,5 jaar voorzitter zou kunnen zijn. En vanaf de eerste dag wist je van die limiet en van mijn leeftijd. Toch heb je altijd je steun voor me uitgesproken. In je brief vraag je en verwacht je dat onze persoonlijke samenwerking en die tussen onze bonden hetzelfde blijft. Samenwerking is gebaseerd op vertrouwen. Dus ik kan je wens alleen vervullen als je me eerlijk laat weten waardoor je van gedachten bent veranderd. Ik wil de waarheid horen, hoe pijnlijk die ook kan zijn, in plaats van een gemakkelijk excuus over leeftijd.' Veel voorzitters veranderen van mening. 'En Aleksander heeft in intellectueel opzicht meer bagage dan ik, dat is gewoon zo.'

Na een bezoek aan Chisinau, de hoofdstad van Moldavië, krijgt Van Praag een compliment van Nicolai Cebotari, secretaris-generaal van de bond, zonder dat hij expliciet te weten komt hoe de bond zal stemmen. Cebotari zegt op het vliegveld, bij het vertrek: 'Als je een pak gaat kopen, wil je ook het stofje voelen. Zo gaat dat ook met deze verkiezingen. Nu hebben we ook je ziel mogen zien.' In een ander land zegt de bondsvoorzitter dat hij 'tegenover de nieuwe president van de UEFA' zit.

Aanvankelijk krijgt Van Praag van al die bezoeken een goed gevoel over de afloop. In een rapportage aan de KNVB, ongeveer drie weken voor de verkiezing, schrijft hij: 'Het blijft natuurlijk gissen, maar op dit moment kom ik met mijn campagneteam al rekenend uit op zo'n 27 tot 28 stemmen, en er zijn nog zo'n vijf stemmen onbeslist. Maar het worden nog belangrijke drie weken.' Het blijkt allemaal veel te positief gedacht. Verwachte stemmen gaan dus naar een ander. Zoals die van John Delaney uit Ierland, inmiddels weg bij de Ierse bond omdat hij in diskrediet raakte door het oneigenlijk gebruik van de creditcard van de bond. Hij is een zekerheid – denkt Van Praag. 'Vanaf dag 1 zei hij: "Michael, are you running?" Waar ik hem ook tegenkwam, hij zegde mij zijn steun toe. Maar op een gegeven moment heeft Aleksander hem bezocht en die heeft blijkbaar een goede indruk achtergelaten. Wij maakten daarbij ook een foutje. Wij bezochten de *home countries* van Groot-Brittannië, en de Engelse boden aan de bijeenkomst te regelen. Maar Ierland behoort niet tot die home countries. Dus John was niet uitgenodigd. Dat hielp niet. Maar John Delaney liet me ongelooflijk in de steek. Ik heb alle begrip en waardering voor mensen die twijfelen, of die zeggen op een ander te stemmen, maar mij alle steun toezeggen en dan op een ander stemmen, dat kan ik niet verkroppen.'

Menigeen vertelt hem dat Poetin persoonlijk achter de opstelling van Rusland zit. 'Toen Aleksander Ceferin zich kandideerde, kregen dertien Zuid- en Oost-Europese bonden al heel snel een uitnodiging om naar Rusland te komen. Dat hoorde ik ook van een Nederlander die bij de UEFA werkte. En ik weet van de toenmalige voorzitter van de Bulgaarse bond dat iedereen onder grote druk werd gezet om te tekenen dat ze voor Ceferin gingen. Dat staat ook in dat boek van de vader van Ceferin, al staat er niets in van dwang.'

Zelfs het Russische persbureau TASS verspreidt een bericht over de steun van de voetbalbond aan Ceferin, uitgesproken tijdens een bijeenkomst in Moskou, waar een groep bonden uit Zuid- en Oost-Europa bij elkaar komt. Sportminister Moetko zegt tegen TASS: 'Bijna alle deelnemende landen, inclusief Rusland, steunen de kandidatuur van de bondsvoorzitter van Slovenië.'

Saillant is een uitnodiging van de Italiaanse bond FIGC aan alle bondsvoorzitters voor een bijeenkomst in Florence op 9 september, minder dan een week voor de verkiezingen. Het blijkt een bijeenkomst ter meerdere eer en glorie van Aleksander Ceferin, wat niet is op te maken uit de uitnodigingsbrief, waarin sprake is van een lunch, een informele bijeenkomst, een chic diner en een programma op de tweede dag voor de late vertrekkers, met een bezoek aan het Palazzo Vecchio, een toespraak van de burgemeester en de mogelijkheid het beroemde museum het Uffizi te bezoeken.

'Kort voor die bijeenkomst ging ik op bezoek bij de Italiaanse bond, waarvan ik toen nog dacht dat ze mij trouw waren, na alles wat ik had gedaan voor de Italiaanse clubs. Daar werd me eigenlijk verteld dat ik beter niet kon komen naar die bijeenkomst in Florence. Want Aleksander zou ook komen, de Italianen gingen hem steunen en wilden hem voorstellen aan iedereen. Ze wilden dat ik alleen kwam als ik vooraf een deal zou sluiten met Aleksander.'

Het bezoek aan de Italiaanse bond is ontluisterend. Voorzitter Carlo Tavecchio is dan al eens voor zes maanden geschorst geweest vanwege racistische opmerkingen. Uit het verslag van Van Praag aan het thuisfront in Zeist: 'Nu gooide hij erin dat hij volgende week tegen Frankrijk speelde en dat Frankrijk nu eenmaal veel kolonies had en dus veel spelers met een migratieachtergrond kon opstellen. Tja, die mogelijkheid had Italië niet.'

Tavecchio vindt dat de nieuwe voorzitter iemand van buiten het huidige UEFA-bestuur moet zijn. Hij wil ook af van allerlei voordelen voor de Engelsen, bijvoorbeeld hun voortdurende aanwezigheid in spelregelfederatie IFAB. Wanneer het gesprek op de vergadering in Florence komt, zegt Tavecchio dat er 31 landen komen die hun steun aan Ceferin hebben toegezegd. De Italianen waarschuwen Van Praag dat de bijeenkomst ontluisterend voor hem zal zijn. Van Praag is boos.

In zijn verslag: 'Ik vind het eigenlijk schandalig, dat mij feitelijk te verstaan wordt gegeven liever niet te komen. Ik zei dat ik sowieso zou komen, omdat ik als KNVB-voorzitter was uitgenodigd. Daarna ontstond wat verwarring. Ja, ik was natuurlijk welkom, maar ze hielden deze bijeenkomst voor Aleksander Ceferin. Dat moest ik toch begrijpen. Kortom dames en heren, een onvervalst stukje Italiaanse intimidatie door mensen die een fris, nieuw gezicht willen, maar zelf de oude school bedrijven. Het zal me daar wat worden in Florence. Duidelijk is wel dat ik hun feestje verstoor.'

Van Praag krijgt ter plekke nog een shirt in Italiaanse kleuren en een pen. 'Die spullen wilde ik eerst thuis in de prullenbak gooien.' Maar hij gaat dus toch naar Florence. 'Het was de vreselijkste bijeenkomst waar ik ooit ben geweest.' Hij leest ook een notitie voor uit zijn telefoon, van 9 september 2016: 'Ik vind dit verschrikkelijk om mee te maken. Voorstanders en tegenstanders zijn hier aanwezig. Sommigen weten dat niet van anderen. Ik moet vriendelijk zijn tegen mensen van wie ik weet dat ze niet op me zullen stemmen. Ik weet niet of ze nog zullen veranderen van mening of niet. Mensen draaien om elkaar heen. Tegen mij doet men of er geen verkiezingen zijn. Ik krijg schouderklopjes van iemand die me eerst steunde, maar gisteren zei dat hij Ceferin zal kiezen. Wat een dag is dit. Italië bevestigde het beeld van iemand die op het paard wordt getild, terwijl ik ook kandidaat was.'

De beelden zal hij nooit vergeten. 'Op een gegeven moment moesten we met z'n allen naar een zaaltje, de perszaal van het trainingscomplex van de Italiaanse bond, en alleen Aleksander mocht iets zeggen. Ik denk dat hij zich ook opgelaten voelde en uit piëteit met mij niet veel zei, omdat ik ook in de zaal zat. Het was bedoeld om de verkiezingen te bespreken, maar het bleek een promotiefeestje voor Aleksander. De mensen die daar waren, waren eigenlijk allemaal voor Aleksander, terwijl er ook veel rondliepen die eerder hadden gezegd dat ze op mij zouden stemmen. Het was een heel nare bijeenkomst.'
Tijdens de rondvraag stelt niemand een vraag. 'Waarop John Delaney de historische woorden sprak tot Ceferin: "Ik hoop zó dat u de president van de UEFA wordt." Mijn broek zakte af. Wat een slijmjurk.'

Bert van Oostveen, in die tijd directeur betaald voetbal van de KNVB: 'We hebben er twee dingen aan overgehouden. Ten eerste een prachtige dagtocht door Florence. Ten tweede het inzicht dat ruim dertig bonden, waarvan er vele hadden toegezegd op Michael te stemmen, blindelings achter Ceferin aanhobbelden. Ik denk dat het de eerste keer is dat ik zag dat Michael uit het veld was geslagen. We zaten op de oude campus van de Italiaanse bond in Florence. Er waren toeristische uitjes. Daar hoorde je alles. Dus ik in busjes, met Hongaren, Bulgaren. Toen kregen we een beeld: dit gaat 'm niet worden. 's Avonds was er een diner in de bergen, in een wijngaard.'

Waarom en hoe het is gekanteld? Van Oostveen: 'Ceferin stond uiteindelijk op. Het is in het noorden begonnen met Noorwegen. Vervolgens Zweden. Hij werd gesteund door Italië en Frankrijk. Toen volgde Ierland. Eigenlijk allemaal landen waarmee wij goed waren. Toen gingen we tellen. Als je dan kijkt naar het lijstje met herverkiezingen, met bestuursverkiezingen. Waarom stemmen gasten zoals ze stemmen? Om zélf gekozen te worden – dat kwam allemaal uit. Delaney, onze vriend uit Zweden, onze vriend uit Hongarije, ze zaten binnen no time in het bestuur van de UEFA. De Balkan en Oost-Europa vertegenwoordigen bijna 35 landen, met Italië en Frankrijk. Dus eigenlijk wisten we al dat de zaak verloren was.'

Terugtrekken of niet? Dat is de vraag. Van Praag wil dat niet. Hij heeft zich al eens eerder teruggetrokken, voor de FIFA-verkiezing. Van Oostveen: 'Het is een spel. Je sondeert van tevoren, je hebt je netwerk. Hoe stem jij? Ik ben dan intermediair. En na afloop komen er toch weer veertig naar je toe dat ze op je hebben gestemd. Dat is een beetje die wereld. Daar kan ik slecht tegen, en dat heeft ook te maken met al die culturen. In veel landen in Azië of Afrika, maar ook in Europa, is het not done om zittende presidenten te bekritiseren. Dat maakt het in die wereld lastig te functioneren.'

Van Oostveen: 'Er was maar één goede kandidaat te bedenken, en dat was Michael. De Duitser Niersbach was de gedoodverfde opvolger van Platini, maar hij lag onder vuur vanwege het onderzoek naar de toewijzing van het WK van 2006 aan

Duitsland. Wolfgang had alles. Maar hij was van het toneel verdwenen. Nou, dan Ángel Villar, uit Spanje. Zeer populair, met name bij Oost- en Zuid-Europa. Heel amicale man. Maar wat wij over Sepp zeiden, gold ook voor Villar: *over our dead body*. Dat vonden wij in elk geval bij de KNVB. Hij heeft het ritselen uitgevonden. Zo hield hij al die bonden te vriend. Gomez uit Portugal, dat had nog gekund. David Gill had gekund, maar die wilde niet, en Engeland is ook niet populair. Michael als kandidaat werd binnen de UEFA redelijk breed gedragen. Maar het punt was: andere krachten waren aan de gang en de verkiezingen werden uitgesteld, van april naar september, na het EK. En naarmate dat uitstel langer duurde, kantelde de situatie. Wij waren niet op het EK, wel bij het congres. Ik heb nog wel een paar wedstrijden bezocht. Dan werd gezegd: *let op, er is een dark horse*. Dat bleek. Ceferin stelde zich kandidaat, en toen bleek de verdeeldheid van Europa.'

Kort voor de verkiezing stuurt Van Praag nog een bedankbrief naar alle werknemers van de KNVB, waarin hij onder meer schrijft: 'Ik heb alle hoeken van Europa gezien. Ben langs vele bondshoofdkantoren, trainingscentra, hoofdsteden en vliegvelden gegaan. Het was een spectaculaire achtbaan. Nu zijn we in Athene, de bakermat van de democratie. Als bestuurders gaan we hier straks stemmen over wie de voorzitter wordt van alle voetballiefhebbers in Europa. Die voorzitter wil ik zijn.'

Nog een quote: 'Het gaat al zo lang zo weinig over voetbal in onze bestuurlijke omgeving. Het voetbal is gepolitiseerd.

De belangen van het geld, de belangen van bepaalde regio's, de belangen van bepaalde competities, de belangen van, ja, van wie eigenlijk niet? Maar we vertegenwoordigen hier op de eerste plaats onze sport en alle mannen en vrouwen die die sport hartstochtelijk beoefenen en ervan houden. Daarvoor heb ik het willen opnemen.'

In zijn speech voor het congres voor de verkiezing benadrukt hij het belang van ervaring. Hij verwijst naar de Rolling Stones, die nog rocken terwijl ze ruim de zeventig jaar zijn gepasseerd. *Time is on my side* – zo besluit van Van Praag zijn toespraak. De uitslag van de verkiezing is duidelijk. Dik verloren. 42-13.

Van Praag: 'Dat is wel een nederlaag hoor.'

Secretaris-generaal Theodoridis van de UEFA: 'Volgens mij is timing de belangrijkste factor geweest in de verkiezingen. Na alles wat er was gebeurd, ook een jaar eerder bij de FIFA, wilden de bonden de pagina omslaan en verder met een vertegenwoordiger van een nieuwe generatie, niet met iemand die al in het bestuur zat.'

Van Praag: 'Bij de bekendmaking van de uitslag, toen bleek dat Ceferin had gewonnen, zat mijn Yvonne schuin achter Moetko, de toenmalige voorzitter van de Russische bond. Hij maakte toen het yes-gebaar. De Russen hebben een belangrijke rol gespeeld.' Yvonne: 'Ik zat achter Moetko, met andere vrouwen van bestuursleden. Hij maakte echt zo'n overwinningsgebaar onder tafel. Ik let altijd op lichaamshouding. Gianni Infantino was heel erg nerveus. Toen kreeg je de uitslag. Iedereen stond op. Moetko werd gefeliciteerd door zoveel mensen, dat je je afvroeg: waarom wordt hij gefeliciteerd? Hij heeft toch niet gewonnen? Achteraf hoor je dat het op onderdelen één groot spel was. En daarom ben ik er nog trotser op dat Michael gewoon heeft meegedaan. Het is een lastige wereld, met enorm veel geld.'

Campagneleider Kampschreur: 'In zekere zin is de campagne toch succesvol geweest. We hebben een serieus programma geschreven, over transparantie, jeugdvoetbal en veel meer. Daar werd wel naar gekeken. Wie schrijft er nu een programma? Daarvan hebben we letterlijk zaken teruggezien in het beleid van Ceferin. In de wereld van het lobbyen zou onze campagne succesvol zijn geweest, in het voetbal niet. Persoonlijk vond ik het wel een wereld van mannen en mannetjes, en doorgaans niet heel erg inspirerende mannetjes. Te veel handjeklap.'

Van Praag: 'Het is overigens best spannend, zo'n verkiezing. De voorzitters van de nationale bonden lopen om de beurt naar voren met hun stembriefje dat ze in een doorzichtig bakje stoppen. De kandidaten wachten af, achter een tafel. Sommigen kijken je niet aan. Dan weet je al hoe laat het is.'

Van Praag vraagt het woord na zijn nederlaag, feliciteert Ceferin en geeft aan dat hij met hem zal samenwerken. Van Praag blijft bestuurslid.

Van Oostveen: 'Dat is ook Michael. Je kunt ook zeggen: je stapt op en verliest de positie van Nederland. Tegelijkertijd had je al twee kroonjuwelen binnen, het EK vrouwen van 2017 en vier duels tijdens Euro 2020. Hij had kunnen zeggen dat zijn tijd was geweest. Ik heb hem dat ook voorgehouden. Focus je op Nederland of op de UEFA. Dat wilde hij niet. Maar als je zoiets overkomt, sta je er internationaal minder op. Dat is gewoon zo.'

Kampschreur: 'Michael is soms flegmatiek, maar mede daarom heeft hij het zo lang volgehouden. Ze vertrouwden hem ook. En hij genoot ook echt, met zijn indrukwekkende talenkennis. Hij kon met iedereen omgaan.'

Wanneer Ceferin heeft gewonnen, roept hij Van Praag bij zich. Hij wil samenwerken, maar zegt ook dat hij het anders gaat doen met die vicepresidenten. Andere mensen benoemen. 'Dat vond ik nog het ergste van die hele affaire. Dat hij won: chapeau. Dat hij een goede campagne had: chapeau. Dat hij het echt kan: chapeau. Maar dat hij mensen die nog niets hadden bewezen binnen de UEFA zomaar vicepresident maakte (er zijn er vijf; *red.*)... dat hij mij daarmee gewoon degradeerde, dat vond ik vernederend. Het was even bijten en daarover heb ik tot op de dag van vandaag een naar gevoel. Maar Aleksander heeft natuurlijk ook gekeken naar wat voor vlees hij in de kuip had. Of ik een verongelijkte verliezer was of iemand die constructief samenwerkte. En dat begrijp ik ook wel weer. Dat laatste was het geval. Sindsdien is daarom toch een hechte vriendschap gegroeid.'

Ceferin dankt Van Praag voor zijn 'immense bijdrage' aan het Nederlandse en Europese voetbal. Hij schrijft in zijn mail aan de biograaf: 'Hij is zo'n zeldzaam karakter dat eerst scheidsrechter is geweest, daarna voor een club werkte, voor de competitie en later voor de bond. Die brede ervaring maakte hem uitermate geschikt voor een bestuursfunctie bij de UEFA.' Ceferin prijst de inzet van Van Praag na diens verlies van de verkiezing in 2016. 'Hij is de UEFA blijven dienen met ijver en intelligentie. Ik zal veel van zijn bijdragen missen, tot aan zijn optredens met zang tijdens de kerstfeesten van het bestuur toe. Ik heb hem zelfs uitgenodigd voor het diner in 2021, om de traditie in stand te houden. Ik hoop ook dat hij zijn ervaring op het gebied van veiligheid in en rond stadions blijft delen met ons.'

Mooie woorden van de voorzitter, maar denk niet dat het makkelijk is geweest. 'Dat is mijn façade. Ik ben er twee jaar doodziek van geweest. Twee jaar. Ik ben er nu wel overheen. Ook omdat mijn periode als bestuurder door corona als een nachtkaars uitging, omdat Aleksander heel aardig is, mijn situatie begreep en me met respect bleef behandelen. We werken goed samen en hij neemt me serieus. Ik heb er twee jaar vreselijk mee gezeten, omdat ik in een zaal zat met enkele mensen van wie ik vind dat ze me in de steek hebben gelaten. Dus ik begrijp het helemaal; mijn leeftijd, de beslissing over de clubs in de Champions League, de onvrede over het bestuur, de nieuwe generatie en een topkandidaat als Aleksander. Alles bij elkaar. Maar wat ik niet begrijp is dat er mensen zijn die vanaf dag 1 zeggen: *Ik stem op jou, wat moeten we met die Ceferin, die komt net kijken.* En die dan toch voor hem gaan. Zeg dat dan niet. Wees dan gewoon eerlijk. Want ze gaven mij het gevoel dat ik hun man was. Maar ja, Platini werd ooit met 27 stemmen gekozen tot voorzitter van de UEFA. Na afloop, bij het feliciteren, zeiden veertig mensen dat ze op hem hadden gestemd. Zo gaan die dingen. Ik had het dus wel kunnen weten.'

Van Oostveen: 'Je krijgt nooit het hele verhaal. Zelfs wij kregen dat niet, terwijl wij er middenin stonden, omdat er altijd dingen achter je rug gebeuren. Ik geef een simpel voorbeeld. Op 7 april 2017 was de laatste herverkiezing van Michael in Helsinki. Hij had in 2016 een klap gekregen. Het was geen uitgemaakte zaak dat hij herkozen zou worden als bestuurslid, want er waren meer kandidaten dan zetels. Van een aantal wisten we dat ze het zouden redden. En er was nog een Turkse kandidaat, en Turkije is een machtsfactor. Die had al een keer verloren, dus Turkije kon geen gezichtsverlies meer lijden. Toen moest ik op de avond voor de verkiezing nog een rondje lobbyen, zelfs bij Luxemburg, dat we dachten mee te hebben. Eigenlijk was het sneu dat Michael, deze man die zoveel voor het voetbal heeft gedaan, die zijn nek uitstak in een tijd dat het helemaal niet gebruikelijk was, zo werd bejegend en behandeld. Dat is het voetbal. Men vergeet snel de verdiensten. Ik was blij dat hij het redde.'

Ceferin zegt hem ook hulp toe bij die verkiezing, wanneer hij ziet dat Van Praag niet tegen hem is. Van Praag: 'Aleksander legde me uit dat er mensen waren die dachten dat we vijanden waren, omdat we bij de verkiezingen tegenstanders waren. Hij zou ze wel uitleggen dat dat niet zo was. En wat krijg je ook na zo'n nederlaag met 42-13, een afgang, terwijl ik daarna toch blijf? Commentaar. Dat ik een plucheplakker ben.'

Yvonne: 'Maar Michael houdt niet van opgeven. Hij gaat dan gewoon door.'

Dochter Nicoline: 'Hij gooit geen handdoek in de ring na één tegenvaller. Er is wel een beweging gekomen binnen FIFA en UEFA om het anders te doen, al krijg je nooit alle corruptie in het voetbal uitgebannen. Veel mensen beseffen beter dat het een bizarre wereld is, die voetbalwereld.'

Yvonne: 'Het frustreerde mij als mensen riepen dat hij een baantjesjager was, een plucheplakker.'

Van Praag: 'Wie heb ik daarmee als ik was opgestapt? De KNVB. Voor mezelf was het heerlijk geweest. Wegwezen, niets meer mee te maken willen hebben. Maar ik ben KNVB-functionaris, gekozen door Nederlandse clubs om de belangen van de KNVB te behartigen. Als ik was opgestapt, had ik me een heel slecht verliezer getoond. Dat had zijn weerslag gehad op mijn opvolger, want dan waren we onze invloed al een tijdje kwijt geweest en hadden de KNVB en ik als verongelijkte, slechte verliezers te boek gestaan. Ik zie het bestuurderschap in het voetbal als een omgekeerde wasstraat. Je gaat er schoon in, maar komt er vuil uit. Maar dạt is mij niet gebeurd. Ik draag mijn KNVB-speld met trots. Maar ik heb mezelf twee jaar veel geweld moeten aandoen.'

EPILOOG

'Sind Sie Mark Roete aus der Niederlande?'

Voor, achter, tussen en in de coulissen van het voetbal is veel gebeurd in ruim dertig jaar met Michael van Praag als bestuurslid. Nog een verhaal ter illustratie, met hoofdrollen voor de voorzitter van de Duitse bond Reinhard Grindel en de Nederlandse premier Mark Rutte.

Het verhaal vergt enige uitleg vooraf. Een land dat meedoet om een internationaal kampioenschap te mogen houden, mag daarvoor buiten zijn eigen landsgrenzen geen reclame maken voordat de organisatie vergeven is. Dus als Duitsland een toernooi wil, mag de Duitse bondsvoorzitter niet naar Frankrijk afreizen om daar aan het fungerende UEFA-bestuurslid te vragen of die alsjeblieft op Duitsland wil stemmen, of aan iemand anders daar vragen dat bestuurslid te beïnvloeden. Maar hij mag buitenlanders in zijn eigen land ook niet beïnvloeden, of vragen te beïnvloeden, of, als bijvoorbeeld Van Praag daar zou zijn, hem niet vragen of hij op Duitsland wil stemmen.

Het Duitse blad *der Spiegel* schrijft op een gegeven moment over een toevallige ontmoeting tussen Grindel en Rutte in een Duitse plaats, na een optreden van een orkest dat muziek van de componist Richard Wagner speelt. Bij die gelegenheid vraagt Grindel aan Rutte om een goed woordje voor kandidaat Duitsland te doen bij Michael van Praag, de voorzitter van de KNVB en bestuurslid van de UEFA. Van Praag: 'Dat is dus zwaar tegen de UEFA-regels. Maar goed, het staat in *der Spiegel* en verder gaat iedereen door met leven.'

Het verhaal krijgt allen een staartje. De Nederlandse Sportraad, waarvan Van Praag voorzitter is, biedt een advies over bewegen aan bij Mark Rutte, in het Torentje. Rutte en Van Praag praten nog wat na. Van Praag stelt een vraag: 'Klopt het dat mijn collega Grindel jou is tegengekomen op een terras in Duitsland, rond een concert van Wagner?' Rutte antwoordt verbaasd. 'Hoe weet je dat?' Nou uit *der Spiegel* dus. Rutte wil het verhaal wel vertellen, als het toch al is gepubliceerd.

Van Praag parafraseert Rutte: 'Rutte vertelde over een man die telkens naar hem zat te kijken op een terras. Hij wist niet wie het was. De man kwam naar hem toe en vroeg of hij '*Mark Roete was, aus der Niederlande*'. Grindel stelt zich voor en vraagt of er te praten is over de stemming op kandidaten, Turkije of Duitsland. Rutte zegt dat niet te zullen doen, omdat het een KNVB-aangelegenheid is. Het is niet zijn taak als minister-president om de Nederlandse bond te beïnvloeden. Zijn medewerkers willen ook niet dat hij dat doet, want dat zou politieke inmenging zijn.

Van Praag ziet zijn kans schoon. Hij schrijft een giftige brief aan Grindel. Dat hij niet meteen zoals Grindel dat eerder deed na een bezoek van Van Praag aan Turkije, naar de UEFA-president stapt. 'Als ik dat zou doen, weet je wat er gebeurt. Dan is je bid weg, want je overtreedt de regels.' Hij krijgt meteen een sms van Grindel, die graag wil komen praten in Nederland, eventueel zelfs in het vrije weekeinde. 'Hij belde op. Ik had nog nooit een Duitser zo nederig horen praten als Grindel, terwijl hij normaal een grote mond had, en al twee keer achter mijn rug om over mij had geklaagd bij de UEFA-president. Hij werd helemaal klein. Zo wilde ik hem ook hebben. Ik heb er verder nooit iets mee gedaan. Duitsland heeft het EK gekregen.'

Grindel is inmiddels afgetreden bij de Duitse bond, nadat hij in opspraak raakt. Hij krijgt van collega Soerkis uit Oekraïne een duur horloge voor zijn verjaardag en verzwijgt dat voor de Duitse bond, waarmee hij de codes van gedrag schendt. Daarnaast heeft hij een betaalde nevenfunctie bij een Duits mediabedrijf. Van Praag: 'Ik wil ermee zeggen dat hij mij verlinkte en ik hem niet. Dat is nu een kwestie van reputatie, van betrouwbaarheid.'

Maar nu verdwijnt Van Praag dus. Weg uit de coulissen. Wat gaat een man doen die in 2021 op 73-jarige leeftijd afscheid neemt, die ruim dertig jaar voetbalbestuurder was en genoot van relaties en netwerken? Genieten allereerst, terugkijken op prachtige jaren. 'Ik vind dat ik in het Nederlandse voetbal de meest bevoorrechte persoon ben geweest op bestuurlijk gebied. Ik mocht voorzitter van Ajax zijn, een internationale club. Ik heb de ECV mogen opbouwen. Ik ben voorzitter van de KNVB geweest en bestuurslid van de UEFA.' Dat stemt hem nederig. 'En dat voor een man die totaal niet kon voetballen, een tijdje scheidsrechter was en het spel op zijn 32ste vaarwel zegde. Voetbal is niet echt mijn ding, maar de mensen daaromheen wel, en de arbitrage zeker. Ik ben een bestuurder en vind het gewoon leuk om van niets iets te maken, of van iets iets beters.'

Hij is trots op zijn onderscheidingen. Erevoorzitter van Ajax, erelid van de KNVB. Officier in de Orde van Oranje-Nassau. 'Wie maakt dat allemaal mee? Wie heeft het voorrecht om dat allemaal te doen?' We hoeven ons geen zorgen te maken om zijn bezigheden in de toekomst. Hij heeft zijn gezin. Hij is voorzitter van de NLsportraad. Hij bouwt websites voor startups en jonge ondernemers, zonder daarvoor geld te vragen. 'Zo geef ik iets terug aan de maatschappij. Maar ik kan de chocomel en de gevulde koeken die ik daarvoor vraag niet meer zien', glimlacht hij. Hij golft en heeft een zomerhuisje op Mallorca. Hij zou nog graag een commissariaat in de zorgsector bekleden. Hij gaat het theater in met optredens. Hij is voorzitter van de Groene Leeuwen bij Telstar, een stichting die beoogt het stadion duurzaam en energieneutraal te maken. Hij is ambassadeur voor het vrouwenvoetbal bij die club, en bestuurslid bij de Johan Cruyff Foundation.

Hij wil de verkoop van zijn biografie een kontje geven en zijn muziek van vroeger digitaliseren. Cabaretnummers opnieuw inspelen en inzingen. Vakantiefilms monteren. En piano spelen natuurlijk. 'Toen ik 42 jaar of zo was, kon ik heel goed Chopin spelen. Al die boeken liggen hier. De muziek zit nog in mijn hoofd, maar mijn vingers kunnen het niet meer. Nee, niemand hooft zich zorgen te maken om mij. Ook kan ik weer eens naar Ajax, om heerlijk te juichen. Als bondsvoorzitter kon ik niet juichen bij Ajax. Met Gerard Bouwer, het andere erelid van de KNVB, ga ik ook vergaderingen bezoeken. Dan gaan we als Waldorf en Statler op het balkon zitten. Ik ben in staat twee plaksnorren te halen.'

DANKWOORD

Op de late avond van 27 mei 2019, kort nadat hij als bondsvoorzitter van de KNVB was opgevolgd door Just Spee, belde Michael van Praag mij op. Of ik zijn biografie wilde schrijven. Dat was best een verrassende vraag. Door de jaren heen had ik over het algemeen goed met hem kunnen werken, maar hij negeerde me ook een tijd opvallend na een kritische column in *de Volkskrant*. Althans, zo voelde ik dat.

Nochtans was ik meteen geïnteresseerd. Niet alleen omdat ik graag boeken schrijf, maar vooral omdat Van Praag een interessante persoon is, in de afgelopen dertig jaar de opvallendste voetbalbestuurder van Nederland. Hij zou naast belevenissen en intriges als voetbalbestuurder een tijdsbeeld kunnen schetsen over ontwikkelingen rond en op de velden.

Ik stelde twee voorwaarden. Allereerst dat we de tijd hadden om zijn leven en werken goed te documenteren. Dat kon, want het boek hoefde pas in het voorjaar van 2021 te verschijnen, bij zijn afscheid als bestuurslid van de UEFA. De andere voorwaarde ging over openhartigheid. Ik vond dat hij alles, of in elk geval vrijwel alles dat hij wist, moest vertellen over verwikkelingen in FIFA, UEFA, KNVB en bij Ajax. Daartoe was hij bereid. Hij wilde zelfs praten over zijn vijf huwelijken, want 'misschien kunnen anderen daarvan nog wat leren'.

Ook wenste ik met anderen te praten *over* Van Praag. Over zijn werkwijze, zijn persoonlijkheid en zijn wezen. Het hoefde niet per se allemaal positief te zijn, al wilde ik wel een boek maken waarover we allebei tevreden konden zijn. Het moest liefst worden zoals het nu min of meer is geworden.

Een boek schrijven is altijd meer werk dan je denkt. Het is bijvoorbeeld niet eenvoudig om Sepp Blatter of Michel Platini te spreken te krijgen over Michael van Praag. Toch hebben veel mensen hun licht laten schijnen over hem. Dat doet me deugd. En ik wil Michael bedanken voor zijn mooie verhalen en zijn gastvrijheid bij hem thuis in Aerdenhout.

Ook mijn echtgenote Bernique ben ik dank verschuldigd, omdat ik weer vaak zat te tikken. Ze is dat inmiddels gewend. Haar liefde is onvoorwaardelijk. Mijn oudste zoon David leverde het idee voor de cover, uitgevoerd door Floor Wesseling. Onze meervoudig beperkte zoon Samuel was weer luidruchtig op de achtergrond aanwezig tijdens het schrijven, zijn jongste broer Joshua zat net als ik vaak met een koptelefoon op. Hij is de echte voetballer in huis. Onze documentalist Sytze de Boer heeft de tekst gelezen en me behoed voor feitelijke fouten. Marieke Derksen heeft het boek helpen uitgeven.

Met dank verder aan: Frits Barend, Harry Been, Karin Blankenstein, Sepp Blatter, Miel Brinkhuis, Renske Bruinsma, Danny Blind, Aleksander Ceferin, Janke Dekker, Tom Egbers, David Endt, Arie van Eijden, Gijs de Jong, Jan de Jong, Louis van Gaal, Ruud Gullit, Jorien van den Herik, Marjolein Kampschreur, Monique van de Keer, Henk Kesler, Alex Klusman, Thomas Kwakernaat, Map Nihom, Chris van Nijnatten, Bert van Oostveen, Arie van Os, Ronald Pieloor, Yvonne van Praag, Nicoline van Praag, Peggy van Praag, Marga van Praag, Vera Pauw, Pieter van Santen, Edwin van der Sar, Theodore Theodoridis, Bep Thomas en Pieter de Waard. Het valt niet helemaal uit te sluiten dat ik iemand vergeten ben. Bij voorbaat sorry.

Ik heb geput uit talloze boeken en archieven. Waar hct UEFA en FIFA aangaat las ik vooral het werk van mijn eminente collega's Willem Feenstra en Mark Misérus bij *de Volkskrant*, de krant die ik in bijna 25 jaar veel dank ben verschuldigd vanwege het geschonken vertrouwen.

VRAGEN

'Ik heb geen verstand van voetbaltechnische zaken'

Michael van Praag heeft door de jaren heen duizenden vragen gekregen, waarvan sommige zeer kritisch van aard. Via social media hebben we een oproep gedaan vragen te stellen.

Hierbij een greep, binnengekomen via Twitter. Voorwaarde was dat de vraagstelling binnen de grenzen van het fatsoen bleef en dat de antwoorden niet elders in het boek uitgebreid aan bod zijn gekomen.

Hans Botman
U heeft een blauwe maandag in de Zandvoortse gemeenteraad gezeten. Waarom bent u zo snel vertrokken en waarom bent u eraan begonnen? Het had iets weg van kiezersbedrog.

Van Praag: 'Ik begon eraan omdat ik toen in Bentveld woonde, gemeente Zandvoort. Ik vond en vind dat Zandvoort verpaupert en wilde een steentje bijdragen aan het verfraaien, namens de VVD. Ik had ongeveer 750 voorkeurstemmen. Het was hartstikke leuk om te doen en ik ben blij mijn bijdrage te hebben geleverd aan de parkeergarage onder theater De Krocht. Maar ik ben eruit gestapt omdat ik niet tegen die vriendjespolitiek kon. Er waren strandtenthouders van wie de vergunningen niet klopten, maar er was geen handhaving omdat ze een relatie waren van een voorzitter van een andere fractie. Ik kon er ook niet tegen om drie kwartier te vergaderen over een parkeerpaaltje bij een buurman van een ander raadslid. Dat zijn geen onderwerpen voor de gemeenteraad.

Wat de deur dichtdeed, was de discussie over de opslag van illegaal ingenomen vuurwerk. Dat lag in het politiebureau, in een hoek achter een secretaresse. Als je als sigarenhandelaar vuurwerk verkoopt, moet je aan allerlei wetgeving voldoen. Je moet een soort kluis hebben. Maar in ons politiebureau lag het gewoon achter een secretaresse. Daarover ontstond discussie. Laten we het liggen, of gaan we het opslaan? Dan krijg je de discussie: het is maar vier kilo, we laten het wel liggen. Nee, dat kan niet. Want de politie heeft het voorbeeld te geven.'

Willem van der Veer

Waarom heeft u als voorzitter van Ajax nooit iets gedaan aan de spreekkoren met verwijzing naar het jodendom? Voelde u zich niet geroepen of vond u dit niet belangrijk genoeg?

Van Praag: 'We hebben daaraan alles proberen te doen, zeker met Uri Coronel in het bestuur, die daarin veel feller was dan ik. Op mijn manier heb ik steeds geprobeerd het onderwerp bespreekbaar te maken. Maar Joark bijvoorbeeld, een bekende supporter in die tijd, zei eens tegen mij: "Wat zeur je nou, mijn vader heeft in de oorlog Joden te eten gegeven. Wij zien het niet als anti-Joods, we zien het als geuzennaam." En je kunt het ook niet verbieden. Je kunt een nazivlag verbieden, maar niet de Israëlische vlag. We hebben van alles geprobeerd. Het is alleen niet gelukt.'

Jan Dirk Stouten
De grootste successen in het clubvoetbal zijn geboekt onder 'alleenheersers' als voorzitter, onder mannen die het gezicht waren van de club. Feyenoord onder Van den Herik, Ajax onder Van Praag senior en junior, PSV onder Van Raaij. Is dat toeval?

Van Praag: 'Ik heb geen verstand van voetbaltechnische zaken, dat heb ik altijd gezegd. Die voorzitters horen bij de tijd waarin je voorzitters had die op de voorgrond traden. Ze waren aanspreekpunt en daardoor het gezicht van de club. Bij de KNVB zeiden nog veel mensen tegen me: "Hé, daar is de baas van de KNVB." Dat was ik allang niet meer, want dat zijn de directeuren. Ik geloof niet dat de successen per se door die voorzitters komen, al hebben ze hun aandeel gehad. Dat aandeel was om samen met hun bestuur de voorwaarden te scheppen voor spelers en de technische staf, om optimaal te presteren.

Maar het komt vooral door – bij Ajax zeker – de goede jeugdopleiding. Het Bosman-arrest was pas later in mijn tijd. Toen konden spelers met aflopende contracten zonder transfersom weg. Ze waaierden uit en het ging meteen niet meer zo goed.'

Martin van Neck
Waarom stelde u meer vertrouwen in de leden van de FIFA dan in de onderzoeksjournalisten van de Britse krant *Guardian*, toen het over dode arbeiders in Qatar ging?

Van Praag: 'Ik heb helemaal niet méér vertrouwen in die FIFA-bestuursleden, want we weten inmiddels hoe het met velen van hen is afgelopen. Ik vind die doden in Qatar ook vreselijk, maar de FIFA gaat failliet als het contracten voor het WK moet afkopen. Ik ben degene geweest die bij de UEFA heeft aangedrongen op clausules in toekomstige contracten over eisen voor mensenrechten; de UEFA heeft die eisen doorgezet naar de FIFA en die zijn overgenomen. Ik heb er iets aan gedaan voor de toekomst, maar de FIFA kan niet zeggen: "We gaan maar niet naar Qatar." En als de KNVB dat zegt, reageert de spelersvakbond FIFPro: "Hoezo niet naar Qatar? Het WK is de etalage van mijn spelers." Het is jammer, maar dat ligt misschien aan mijn houding, dat men denkt dat ik het niet erg vind wat daar gebeurt. Ik neem dat overigens niemand kwalijk. Misschien heb ik me verkeerd geuit.'

Jos de Leijer
Wat weten de mensen niet over de voetbalwereld?

Van Praag: 'Ik denk dat we dankzij de journalistiek in de laatste tien jaar bijna alles weten. Voordien was dat veel minder, toen lukte het bestuursleden makkelijker om bepaalde dingen onder tafel te houden. Bijna niets kan meer onontdekt blijven nu, door onderzoeksjournalistiek en social media. Dat is goed. Het voetbal is transparanter nu.'

Geert Looyschelder
Op welke wijze heeft uw Joodse afkomst een rol gespeeld in uw leven en bij uw werk in de voetbalwereld?

Van Praag: 'Geen rol, denk ik. Ik stel wel vragen. De voorzitter van de Palestijnse voetbalbond klaagde veel over Israël. De Israëliërs lieten de FIFA-spullen niet door naar de Gazastrook. Dan ben je gauw geneigd te denken: ik heb Joodse wortels, dus Israël heeft gelijk. Maar Israël heeft niet altijd gelijk. Waarom zou je die kinderen in de Gazastrook die spullen niet geven? Waarom mogen teams uit de strook niet in Israël voetballen? Maar dan spreek ik de voorzitter van de Israëlische bond, en die zegt dan: "Ja Michael, dan komen ze met twintig man de grens over om bij ons te voetballen en gaan er maar vijftien terug. En die andere vijf duiken onder. Dat wil onze regering niet." Er zijn altijd twee kanten aan een medaille.'

Daniël Veltman
Kunnen we de FIFA ooit helemaal los zien van corruptie?

Van Praag: 'Ik denk van wel. Het is zo gauw gezegd dat iemand corrupt is. Maar wat is corruptie? Ik denk dat met de huidige structuur binnen de FIFA de corruptie oude stijl verdwijnt. De toewijzing van het WK wordt nu door het congres bepaald, niet meer door het bestuur. Dan zouden ze 215 landen moeten omkopen. Niets blijft nog geheim. En er komt een nieuwe generatie bestuurders. We zijn aardig op weg, en daar heeft Gianni Infantino met zijn bestuur veel aan bijgedragen.'

Joop van der Laan
Hoe zou het kunnen dat u het beeld oproept van iemand die zichzelf te belangrijk vindt?

Van Praag: 'Als bestuurder ben je helemaal niet zo belangrijk. Het enige wat je moet doen is faciliteren dat sporters op een optimale manier het maximale uit zichzelf kunnen halen. En als je de woordvoerder bent van een organisatie, en dat was ik bij Ajax, krijgt men snel een hekel aan je. Als je met je hoofd boven het maaiveld uit komt, wordt het afgehakt. Dat is inherent aan Nederland. Misschien heeft het ook met afkomst te maken, omdat ik Ajacied ben. Ik zou best de discussie willen aangaan met mensen die zo over mij denken.'

Pedro Coenen

Weet u dat er in Sittard nog wordt gevoetbald? Sterker: dat er een Sittardse club in de eredivisie speelt?

Van Praag: 'Ik heb al tig keer gezegd dat het een vergissing was van mij, een hele domme vergissing ook nog eens, een *slip of the tongue*, de grootste verspreking van mijn leven, misschien uit vermoeidheid. Ik was net terug uit het buitenland. Het werd meteen onrustig in de zaal.' [Van Praag betreurde het verdwijnen van Fortuna Sittard in een vraaggesprek, terwijl Fortuna juist een faillissement had afgewend.] 'De mensen waren zeer beledigd. Ik begrijp alleen niet waarom ze mij daaraan na al die jaren nog steeds herinneren, dit omdat ik al een paar keer sorry heb gezegd. Verder kan ik wel tegen een plaagstootje.'

Roderick Stokx

Waarom liep u ooit weg uit een bijeenkomst van de JOVD waar u als hoofdgast was uitgenodigd?

Van Praag, na langdurig nadenken: 'Ben ik daar weggelopen?' Hij zoekt op Google en leest wat voor: 'Oh ja. Ik was uitgenodigd voor een spreekbeurt. Er zaten acht mensen, en degene die me zou interviewen had afgezegd. Daarin had ik geen zin. De voorzitter had heel veel noten op de zang, maar hij kon niet eens voor een redelijke hoeveelheid publiek zorgen. Ik liet de organisatie weten open te staan voor een nieuwe bijeenkomst. Ik heb nog een brief gehad.'

Joris van Dooren

Een vraag over reflectie: wat waren momenten dat u wakker lag omdat uw morele kompas niet overeenkwam met de belangen van organisaties die u vertegenwoordigde? Wat had u achteraf anders willen doen?

Van Praag: 'Jeetje, ik lig nooit wakker. Morele kompas... sowieso de hele gang rond de toewijzing aan Rusland en Qatar. Maar niet op dat moment. Toen dachten wij dat we met ons bid uit Nederland en België gewoon hadden verloren. En Engeland had ook maar één stem. Later pas werd bekend wat zich had afgespeeld. Dan moet je als KNVB wat vinden, en dan vorm je samen een standpunt. Maar privé ben ik feller dan het officiële standpunt.'

TIPS VOOR BESTUURDERS

1.

Houd elkaar in positie. Ken je eigen beperkingen, en omring je met bestuurders die die beperkingen compenseren. Wees loyaal naar bestuurders en laat nooit merken dat je het met een in meerderheid genomen beslissing niet eens bent. Laat ze ook 'shinen' en naar buiten toe aan het woord over hun eigen expertise of portefeuille.

2.

Praat nooit in de media over anderen.

3.

Weet dat er niets aan is als iedereen voor dezelfde club is. Doe dus nooit denigrerend over andere clubs of over de functionarissen en supporters van die clubs.

4.

Zorg ervoor dat je een grote 'gunfactor' hebt. Daarmee kom je zeker internationaal het verst en bereik je het meest. Daarbij hoef je je eigen normen en waarden niet te verloochenen. Maar in het buitenland heeft men een hekel aan het opgestoken Nederlandse vingertje en aan personen die het altijd beter menen te weten en met grote voeten door de porseleinkast stappen.

5.
Verwaarloos je gezin en familie en vrienden niet. Zonder hun steun kan je dit allemaal niet doen.

6.
Zorg ervoor dat je iemand om je heen hebt die ook eens zegt dat je iets doet wat niet zo sympathiek is.

7.
Als je ergens bent afgetreden, kom dan niet meer in de media met meningen over die organisatie of personen daarin. Daarmee loop je je opvolgers voor de voeten.

Curriculum vitae

Sport internationaal

2009–heden

-Lid UEFA Executive Committee (bestuur)

-Voorzitter Stadion & Veiligheidscommissie

-Vicevoorzitter Club Competitions Committee

-Lid Club Licensing Committee

-Lid van de RvC van TEAM marketing SA, 3 jaar

-Initiatiefnemer UEFA Youth League

Sport nationaal

2016-heden

-Voorzitter NLSportraad

2012-heden

-Bestuurslid Johan Cruyff Foundation

2008-2019

-Voorzitter KNVB

2003-2008

-Voorzitter RvC van de ECV

-Lid Bondsbestuur KNVB

1998-2003

-Voorzitter RvC Ajax NV

1989-1998

-Voorzitter AFC Ajax

Bedrijfsleven

2012–2017

-Directeur en mede-eigenaar Janke Dekker Producties

1980–2006

Directeur eigenaar Multitronics / Dutyfree Electronics

1995–1998

-Lid van de RvC van O'Neill Shoes Europe

1998-2007

-Voorzitter van de RvC van Joint Services International